beyaz Yalanlar

NEMESİS KİTAP / Roman
Yayın Numarası: 736

Beyaz Yalanlar Helena Hunting

Kitabın Özgün Adı: A Lie for a Lie
Çeviren: Yeşim Öksüzoğlu

Yayın Yönetmeni: Serap Çakır Özcan
Yayın Koordinatörü: Melih Günaydın
Editör: Gizem Toy
Kapak Tasarımı: Cem Özcan
Sayfa Düzeni: Pınar Şeker
Sosyal Medya: Damla Tuzcu

Yetişkin okurlar içindir.

ISBN: 978-625-6947-65-8
Baskı: Eylül 2023

Nemesis Kitap:
Gümüşsuyu Mah. Osmanlı Sok. Osmanlı İş Merkezi 18/9 Beyoğlu/İstanbul
Tel.: (0212) 222 10 66 info@nemesiskitap.com • www.nemesiskitap.com
Sertifika No: 49065

Baskı ve Cilt:
Optimum Basım San. Ve Tic. Ltd. Şti
Tevfikbey Mah. Dr. Ali Demir Cad. No:51/1
34295 Küçükçekmece/İstanbul
Tel : (0212) 463 71 25
Sertifika No: 41707

HELENA HUNTING

beyaz Yalanlar

Çeviren: Yeşim Öksüzoğlu

NEMESİS
KİTAP

Helena Hunting

New York Times ve *USA Today* çoksatan yazarı Helena Hunting, inanılmaz derecede hoşgörülü ailesi ve orta derecede hoşgörüsüz iki kedisiyle Toronto'nun banliyölerinde yaşıyor. Helena, bütün duyguların yer aldığı çağdaş romantizmden sizi ağlatana kadar güldürecek romantik komedilere kadar bir sürü konuda yazıyor.

Yeşim Öksüzoğlu

Gazi Üniversitesi Eğitim Fakültesi mezunudur. 2011 yılında, İstanbul'da öğretmenlik hayatına atıldı. Birkaç sene sonra çevirmenliğe başladı ve sevdiğin mesleği yaparsan hiç çalışmıyorsun demektir sözünün izinden gitti. Çeviriye aşk romanlarıyla başladı, ancak kişisel gelişim ve psikoloji kitaplarının yanı sıra çeşitli alanlarda da çevirileri mevcuttur.

HELENA HUNTING'İN ROMANLARINA ÖVGÜLER

"Helen Hoang'ın *Aşkın Formülü* hayranları için mükemmel. Yüksek riskler ve bolca duygu içeren eğlenceli ve ateşli bir aşk hikâyesi."

–*Kirkus Reviews, Meet Cute* hakkında

"Çoksatan yazarı Hunting'in en son mizahi ve içten aşk hikâyesi... Zekice planlanmış ve mükemmel bir şekilde uygulanmış başka bir romantik komedi, keskin bir zekâ duygusu ve için için yanan cinsel kimyanın cömert yardımı ile."

–*Booklist, Meet Cute* hakkında

"Eğlenceli, komik ve duygusal."

–*Harlequin Junkie, Meet Cute* hakkında

"Hunting, romantizmin en önemli seslerinden biri olarak hızla ilerliyor!"

–RT Kitap Eleştirileri

"Seksi. Komik. Duygusal. Şehvetli ve yumuşak ve bir kitaptan çok daha fazlası. *Hooking Up* bana neden aşk romanı okumayı sevdiğimi hatırlatıyor.

–*USA Today* çoksatan yazar L. J. Shen

"İçten, komik, sıcak ve çok fazla seksilik!"

–*New York Times* çoksatan yazarı Tijan,
Shacking Up hakkında

"Helena karşı konulmaz adamlar yazıyor. Bu seksi, komik ve enfes bir şekilde yaramaz hikâyeyi sevdim!"

-*USA Today* çoksatan yazarı Liv Morris,
Shacking Up hakkında

"Eğlenceli, seksi ve duygu dolu... Patlayıcı kimya ve sevimli karakterlerle, kahkahalarla dolu bir aşk hikâyesi. Helena Hunting yine başardı!"

-*USA Today* çoksatan yazarı Melanie Harlow,
Shacking Up hakkında

"Mükemmel Helena Hunting, yeteneğiyle *Shacking Up*, seksi, tatlı ve komikliğin mükemmel birleşimi. Kaçırmak istemeyeceğiniz, iyi hissettiren bir sahil okuması!"

–*New York Times* çoksatan yazarı
K. Bromberg

"Dövme ve piercing dünyasına bir bakış, biraz mizah ve iyi hissettiren bir son, hem hayranları hem de yeni okuyucuları aynı şekilde memnun edecek."

–*Publishers Weekly, Inked Armor* hakkında

"Eşsiz, lezzetli bir şekilde sıcak, sevecen bir şekilde tatlı, yüksek sesle kahkaha atan, fevkalade iyi vakit geçiren bir romantizm! ... Her bir sayfasına bayıldım!!"

New York Times çoksatan yazarı Emma Chase,
Pucked hakkında

"İç geçirten baş dönme hali ve kendimi yelpazelememe neden olacak kadar seksi. Bütün yıldızlar!"

-*USA Today* çoksatan yazarı Daisy Prescott,
Pucked serisi hakkında

"Tam bir hız treni!"

-*New York Times* ve *USA Today* çoksatan yazarı
Julia Kent, *Pucked Over* hakkında

"Pucked Over, Helena Hunting'in şimdiye kadarki en komik ve en seksi kitabı. Altınıza kaçırtan kahkahalarla kavurucu sıcak. Kunduz Kraliçesine selam olsun."

-*USA Today* çoksatan yazarı T. M. Frazier

"Kalbinize dokunacak karakterler ve sizi nefessiz bırakacak bir aşk."

-*New York Times* çoksatan yazarı Tara Sue Me

"Coşturucu, seksi, çarpık, karanlık, inanılmaz derecede erotik ve eşi benzeri olmayan bir aşk hikâyesi. Tüm zamanların favoriler listemde."

-*Wallbanger* ve Redhead serisi yazarı, *New York Times*
çoksatan yazarı Alice Clayton, *Clipped Wings* hakkında

Den için. Her gün yüzümü güldürüyorsun.
Okumaya olan bitmeyen tutkun ve inanılmaz
toplum bilincin için teşekkürler.

BİRİNCİ BÖLÜM

Doğum Günü Bunalımı

Rook

"Üç yaşındaki ikiz çocukların doğum günü partisinde alkol olma ihtimali nedir?"

"Ee... Sıfıra yakın?" Kız kardeşimin sesi arabanın hoparlörlerinden alaycı bir şekilde çatırdadı. "Hem sen neden küçük bir çocuğun doğum günü partisine gidiyorsun ki? Yeni kız tavlama taktiğin mi? Kadınlar küçük çocuklarla anlaşabildiğini gördükleri zaman daha çok kız mı tavlıyorsun? Ah! Kyle'ı ziyarete gittiğimizde, Max'i hayvanat bahçesine götürdüğümüz zaman, beş kadın sana numarasını vermişti ya, onun gibi mi?"

Bu yazın başında Los Angeles'ta abimiz Kyle'ı ziyarete gittiğimde olan bir hadiseden bahsediyordu. Bizim yeğen kadınlar için mıknatıs gibiydi. "Hayır, Stevie, öyle değil. Bu parti, takım arkadaşımın çocukları için ve kayınbiraderi de eskiden takım kaptanıydı, o yüzden bir görünmem iyi olur."

"Doğru. Tamam. Ah, bu işin heyecanını azalttı şimdi."

"Hayatımdaki her şey o kadar da heyecan verici değil. Peki sen? Bugün için planın var mı?" Sohbeti birileriyle çıkmaktan uzaklaştırmam gerekiyordu çünkü küçük kız kardeşimin sönük aşk hayatım hakkında hep bir fikri vardı.

"Bu akşam randevum var. Yani önce gardırobumun yarısını deneyeceğim, en sonunda da giyecek bir şeyim olmadığına karar verip çıkıp yeni bir şeyler alacağım."

"Randevu demek? Kim bakalım bu adam? Nasıl tanıştınız?"

"Ağzından çıkanları bir duysan, babam gibi konuşuyorsun." Gülse de sesi hüzünlüydü. Babamızı üç yıl önce şeker hastalığının neden olduğu sorunlar yüzünden kaybetmiştik. Ben Şikago'da yaşıyordum, abim West Coast'taydı ve annemle kız kardeşim New York'tan Los Angeles'a taşınmıştı ama epey bağlı bir aileydik. Kız kardeşim okul için taşınmıştı, annem de emekli olma zamanının geldiğine karar vermiş, bu yüzden evi ve çiftliği satıp geçen yazın sonunda, Max doğduktan hemen sonra batıya taşınmıştı.

"Aynı bölümdeyiz, birkaç ortak dersimiz var ve adı Joseph."

"Kaç kere çıktınız?"

"Bu ikinci olacak. Randevu demişken, sen en son bir kadınla çıkalı ne kadar oluyor?"

Direksiyonu sıktım, tekrar bu konuya dönmek canımı sıkmıştı. "Bilmem. Bir süre. Meşguldüm."

"Alaska kızı için kendini harap etmekle meşguldün yani."

Geçen yazın büyük kısmını Alaska'da birlikte geçirdiğim kadın için bu lakabı kullanmaya devam etmesi beni rahatsız etti. "Ona böyle hitap etme."

"Bir yıl oldu, RJ. Sence de..."

Akvaryumun otoparkına girdim. "Partiye geldim. Kapatmam gerek. Sonra konuşuruz." Telefonu kapattım. Bunun sık konuşmadığımız bir konu olduğunu söylemeyi ne kadar istesem de maalesef yalan söylemiş olurdum. Ya Stevie ya Kyle, ikisinden biri ayda bir bu konuyu açıyordu. Adı Lainey'di. *Lainey.* Tabii hâlâ oralarda bir yerlerdeyse.

Gümüş ve siyah SUV'larla dolu bu otoparkta göze çarpan devasa mavi kamyonetin yanına park ettim. Elinde telefon bagaj kapısına yaslanmış, mesajlaşan takım arkadaşım Randy Ballistic'ti.

Motoru kapatıp arabadan indim. Randy benimle yürümeye başladı, otoparkı geçerken telefonu cebine koydu. "Seni burada gördüğüme biraz şaşırdım." Gözü kolumun altına sıkıştırdığım, roket süslemeli hediye paketine sarılı hediyelere takıldı.

"Çocukların çoğunu elemelerden beri görmedim, o yüzden uğramak iyi olur diye düşündüm."

Anlayarak başıyla onayladı. "Evet, ben de yan çizmeye çalıştım ama Lily gelmemiz için ısrar etti. Hazırlıklara yardımcı olmak için o erken geldi." Randy ve Lily, ben takıma girdiğimden beri birlikteydi, çocukları yoktu ama köpekleri vardı. Bu da bebek büyütmek gibi bir şeydi zaten.

Akvaryumun* içinde, takım arkadaşlarımdan birinin çocuğu elinde dev bir şişme köpekbalığıyla, ciğerlerini patlatacak çığlıklar atarak koşuyordu. Çocukları severdim, çocuklar da genellikle beni severlerdi. Ama yeğenim Max'in amcası olarak şu anki rolümü tercih ederdim. Harika hediyeler veren amca olarak Max ağlamaya başladığında onu abime veya yengeme geri verip, çekip gidebilirdim.

"Burası tam bir doğum kontrol reklamı gibi," diye mırıldandım, kızıl saçlı küçük bir çocuk, yüzü çikolata içinde ve elinde çörekle paytak paytak yürüyordu. Çocuk -kesinlikle kızıl saçlı İskoç takım arkadaşım Lance Romero'nundu- çöreği tutan eliyle Randy'nin bacağına uzandı ama on beş santim ıskalayarak kendi ayağına takılıp düştü.

* Deniz canlılarının sergilendiği su müzesi. (e.n.)

Yüzüstü yere yapışmadan önce harekete geçerek onu tuttum. Şaşırdı, çöreği elinden düşünce ağlamaya başladı.

"Hey, dostum, bir şeyin yok."

"Çörekim!" diye haykırıp çöreğe doğru atıldı.

"Beş saniye kuralı." Randy omuz silkti.

"Quinn! Yerden yiyecek yenilmez," diye bağırdı Poppy, odanın diğer ucundaydı. Çocuğun annesi, Randy'nin karısıydı.

Çocuğun önünde çömeldim. "Hadi bunu çöpe atıp sana yeni bir tane alalım?"

"Ben bunu istiyoyumm!" diye bağırdı yüzüme, sonra kendini yere atıp büyük bir sinir krizi geçirdi.

Romero yanımıza geldi. "Siz ikiniz çocuğuma ne yapıyorsunuz?"

Randy ellerini havaya kaldırdı. "Ayağı takılınca çöreğini düşürdü."

Romero bana baktı. İyi bir adamdı, onu seviyordum ama bazen çabuk parlardı. Bu yüzden onu sinirlendiren kişi olmamayı tercih ederdim. "Yeni bir tane çörek alalım dedim. Bu fikir pek hoşuna gitmedi."

Romero çocuğunu yerden kaldırdı, suratını görünce yüzünü buruşturdu. "Quinn, dostum, böyle giderse hanımları tavlayamazsın. Hadi yüzünü yıkayıp sana yeni bir çörek bulalım, olur mu?"

"Bu çöreki istiyoyummm!" Yeri işaret etti.

Romero yerdeki çöreğin üstüne bastı. "Hangi çörek?"

"Babaaaa! Benim çörekim!"

Romero ikimize bir bakış attı. "Bununla ilgilenmem lazım. Parti bitince, bara gideceğiz. Gelecek misiniz?"

"Çocuklar da gelecek mi?" Randy tek kaşını kaldırmış, babasının kontrolüne karşı mücadele eden ve yüzüne yayılmış çikolatayı babasının koluna bulaştıran Quinn'e bakıyordu.

Romero gözlerini devirdi. "Gelmeyecek. Gelirlerse ne anlamı olur?" Çocuğu başının üstüne kaldırıp uçak sesleri çıkararak banyoya koşturdu.

"Matarada içki getirmeliydim," diye mırıldandı Randy, plastik bir bardağa soda dolduruyordu.

Ben de bir şişe su tercih ettim. Takım arkadaşlarımızla havadan sudan sohbet ederken bir gözüm Alex Waters'ın üzerindeydi. Hokeyden emekli olur olmaz spor yayınına geçmişti. Kamera onu severdi; ancak bir takıma koçluk yapacak geçmişe ve mizaca da sahipti. Önümüzdeki birkaç yıl içinde, bu iki alan arasında geçiş yapmayı düşündüğüne dair söylentilerin doğru olup olmadığını öğrenmek istiyordum.

"Hey! Rookie! Nasıl gidiyor? Partiye Alaska'dan tam zamanında yetişmene sevindim." Alex sırtıma pat pat vurdu. Sağlam durmasam darbenin etkisiyle öne yuvarlanacaktım. Alex iri bir adamdı ve artık buzun üzerinde olmasa da cüssesinden bir şey kaybetmemişti.

Sarılıp sırtımızı sıvazladık. "Ben de. İyi gidiyor. Sadece adapte olmaya çalışıyorum, nasıl olduğunu biliyorsun. Sezon öncesi antrenmanlarını dört gözle bekliyorum."

"Bu yıl takım iyi görünüyor. Strateji filan konuşmak istersen, bana bir alo dersin."

Konuya giremeden karısı geldi. "İşte buradasın! Robbie'yi tuvalete götürebilir misin, lütfen? Kadınlar tuvaletine gittiğimiz her seferinde, lavaboya tırmanıp oraya işiyor." Violet bize hafiften gergin bir şekilde gülümsedi. "Selam çocuklar, araya girdiğim için kusura bakmayın ama çocuğumun lavaboya işemesine izin verdiğim için akvaryumdan atılmak bugünkü yapılacaklar listemde yok."

Başka bir çocuğu işaret etti, sanırım Miller Butterson'un dört çocuğundan biriydi. İsimlerini öğrenemiyordum ve şu an gördüğüm çocuğun ikizlerden biri olduğundan emindim, bu işi daha da zorlaştırıyordu. "Şuradakinin saksılardaki yapma çiçeklere işemesini bekliyorum. Bu yaz Miller, Liam ve Lane'e tuvalet eğitimi vermenin en iyi yolunun, pipileri açıkta dolaşmalarına izin vermek olduğunu düşündü. Böylece her zaman ve her yerde işeyebileceklerdi. Şimdi Liam bitki gördüğü zaman işemeye izni olduğunu düşünüp pantolonunu çıkarıyor."

"Bu gerçekten harika," dedi Randy bir homurtuyla.

Violet sırıttı. "Biliyorum, değil mi? Liam başıma gelen en iyi şey."

Alex boğazını temizlerken Violet gözlerini devirdi. "Kendi küçük düşürücü anlarımı dengelemek açısından demek istiyorum. Geçen hafta bir barbekü yaptık ve Liam seraya girdi. Orada bir sürü kirli bilim deneyi olduğunu söyleyebiliriz."

"Baba, artık tablet hokeyi oynayabilir miyiz?" Robbie, diğer eliyle pantolonunun içinden pipisini tutarken, Alex'in kolunu çekiştirdi.

"Tabii, evlat." Bizi başıyla onayladı. "Hemen dönerim."

Violet onların erkekler tuvaletine girişini izledi. "Robbie pisuvara hedef almayı seviyor. Pipisiyle hokey oynuyormuş gibi olduğunu düşünüyor."

Randy başıyla onayladı. "Sayılabilir aslında."

Beş dakika sonra bütün çocuklar koşarak yunus sergisine gitti. Görünüşe göre rehberli tur vardı. İkimizin de çocuğu olmadığı için Randy ile yemek masasının yanında takıldık. Bara gidene kadar bunun daha ne kadar süreceğini merak ederek bir tavuk wrap ve bir su daha aldım. Sanırım turun bitmesine daha vardı, yani henüz pasta falan ortada olmadığına göre.

Çocuk sürüsünden çığlıklar geldi. "Orada neler dönüyor?"

"Hiçbir fikrim yok. Gidip bir bakayım, belki sen de şu kızlardan biriyle sohbet etmelisin." Başıyla bir arada duran, fısıldayan ve aval aval bakan bir grup kadın akvaryum personelini işaret etti. Hepimiz takım şapkaları ve formaları giydiğimiz için bugün pek mütevazı sayılmazdık.

"Yok, kalsın. Hepsi muhtemelen lise öğrencisi." Onun peşinden yunus sergisine gittim, çığlıklar, haykırışlar ve biri ağlıyormuş gibi bir ses beni meraklandırmıştı.

"Herkes sakin olsun! Çiftleşme döneminde böyle bir şeyin yaşanması gayet doğal!" Tiz, paniklemiş ses tanıdıktı. Belki de arkadaşlarımın eşlerden biriydi?

"Ah, siktir," diye mırıldandı Randy. Benden biraz daha uzundu, ben 1.88'dim. O yüzden benim göremediğim bir şey gördüğünü düşündüm.

Grubun kenarından dolandım, bazı anneler çocuklarının yüzlerini karınlarına bastırıyordu ve bir çocuk birinin bıçaklandığını haykırıyordu.

Ancak kargaşayı pek anlamlandıramadım çünkü çığlık atan, gülen ve ağlayan çocuklar suyun karşısında, akvaryumun üniforması olan bej düğmeli bir bluz giymiş çok tanıdık bir kadın vardı.

Lainey.

Alaska kızı.

İKİNCİ BÖLÜM

Çatlak Tavşanlar*

Rook
On dört ay önce

"Aman Tanrım! *Aman Tanrııııııııım!*"

Çığlığın tiz yüksekliğinden büyük ihtimalle kulak zarım patlamıştı, kulaklarımda aniden bir çınlama başladı.

Bir zamanlar, bu tepkiyi inanılmaz vuruş becerilerimden alırdım, buz üzerinde olan değil. Ancak şu anda Seattle'a giden bir uçakta oturmuş, diğer yolcuların binmesini bekliyordum. Halka açık alanda seks yapmak hoşuma gitse de, genellikle bunu lavabo gibi kapısı olan yerlerle sınırlı tutardım. Ama artık bunu da yapmıyordum. Ben iflah olmuş bir umumi tuvalet düzücüsüydüm.

Çığlık atan kişi yanımdaki koltuğa çökerken yüzümü buruşturdum, hâlâ kulağımın dibinde haykırıyordu. "Rook, seni ne za-

---

* Bunny/ Tavşan: Kadın demek için de kullanılıyor. Ayrıca buz hokeyi dünyasında kullanılan "puck bunny" anlamını da taşıyor bu kitapta. *Puck*: Buz hokeyi topu demek. *Puck Bunny* de buz hokeyi oyuncularının peşinde koşan, onlarla yatmaya çalışan kadın demek. Kitapta tavşan buz hokeyi oyuncularının peşindeki kadın anlamına gelmektedir. (e.n.)

mandır görmedim! Ne kadar çılgın bir durum bu? Aynı uçakta olduğumuza inanamıyorum!"

"Tam bir delilik?" Tanınmadan gözlerden uzak durmayı başarmıştım... şu ana dek. "Senin koltuğun mu?" *Lütfen hayır de.*

"Hayır." Kadın bir an somurttuktan sonra yüzüne yeniden geniş bir gülümseme yayıldı. "Ama tam arkandayım! Biletimi son dakikada yükselttim. Yalnız mı uçuyorsun? Seattle'da ne yapacaksın?"

"Kardeşimle görüşeceğim." Bu tam olarak doğru değildi, abimle Anchorage'da buluşacaktık ama bu detaya gerek yoktu. *Bu hatunu ben nereden tanıyorum?* Bir isim, bir şey, herhangi bir şey hatırlamak için beynimi zorladım. Tanıdıktı ve iyi bir tanışıklık değil gibiydi.

"Seattle'da mı?"

Başımla onayladım.

"Yani *yalnız* uçuyorsun. Ben de! Ama kesin bu koltukta oturacak kişiyi yer değiştirmeye ikna edebiliriz."

"Ah, buna hiç gerek yok."

"Elbette gerek var, şapşal!" Koluma sarıldı. "Böylece arayı kapatabiliriz!"

Hâlâ kim olduğunu çıkarmaya çalışıyordum ama bu genelde kolay değildi. Şikago'da profesyonel hokey oynamaya başladığımda, birkaç yıl önüme gelenle düşüp kalktığımı itiraf etmekten utanıyordum. Gerçekten. Kucağıma düşen hemen hemen her tavşanı becermiştim. Ta ki işler boka sarana kadar.

Kaşıntılı bir kasık biti vakasına yakalandıktan sonra tavşanlarla işim bitmişti – bu olay yüzünden pislik takım arkadaşlarım bana o sezonun çoğunda Bitli diye seslenmişti. Arada bir, partilediğim günlerde yattığım kadınlarla karşılaşıyordum. Her zaman tuhaf olurdu. Çok kısa bir süre içinde çok fazla kadın olmuştu. Bazen aynı anda birden fazlaydı. Kötüydü. Gurur duymuyordum.

Ve bir de şu sahte hamilelik şantajı vardı...

Ah, kahretsin, hayır. Şimdi kim olduğunu tam olarak çıkarmıştım. Şantajcı, bu kadındı. Gerçekten de yaşadığım en garip deneyimdi. Birkaç haftada bir kız kardeşinin büyüyen hamile karnının alçılarla kalıbını alıp bunları gömleğinin altına yapıştırmış ve fotoğraflarını sosyal medyada paylaşarak her birine beni etiketlemişti. Ta ki avukatım devreye girene kadar. Kaşıntılı kasık biti olayı da tam o sıralarda olmuştu. Böylece hayran tavşanlarla olan günlerim sonsuza dek sona ermişti.

"Nasılsın? Neler yapıyorsun? Harika görünüyorsun! Seattle'da ne yapacaksınız? Bekle, son soruyu sormuştum zaten!"

Önümüzdeki beş saat boyunca onun yanında oturup da ayık kalmam mümkün değildi.

Yanımda olması gereken kadın nihayet uçağa bindiğinde, ekstra hevesli arkadaşım koltuk meselesini ayarladı. Koluma sarılıp yanağını omzuma bastırdı, kocaman gülümsemesi ekstra geniş gözleriyle uyumluydu. Bence masum görünmeye çalışıyor ama aslında üşütük görünüyordu.

"Selaaaam!" dedi orta yaşlı kadına. "Şey, umarım sorun olmaz ama erkek arkadaşım koltuklarımızı ayırtırken yan yana alamamış. Birinci yıl dönümümüzü kutluyoruz ve ilk defa birinci sınıfta uçuyoruz." Burnunu buruşturdu. Şimdi daha da tuhaf görünüyordu. Üstelik kendi söylediği yalana rahatsız edici şekilde inanıyormuş gibi gözüküyordu. "Birlikte oturabilmemiz için benimle koltukları değiştirebilir misiniz?"

Kadınla göz teması kurmaya çalıştım ama o, şantajcıya o kadar odaklanmıştı ki, benim paniklemiş ifadem dikkatini çekmemişti. "Ayy. Siz ikiniz ne tatlısınız öyle. Tabii ki sizinle koltukları değiştiririz."

"Teşekkürleeeeeeer! Koltuğum 3C."

Kadın arkamızdaki sıraya geçti. Harika. Artık kaçışım yoktu.

Sissy –adını nihayet hatırlamıştım– kalkış boyunca konuşup durdu. Uçak kalkar kalkmaz buzlu duble viski istedim. Bunu atlatmak için çok fazla alkole ihtiyacım olacaktı.

Kalkıştan yaklaşık yarım saat sonra eğildi, ağzı kulağımda ve eli bacağımdaydı. Aletime haddinden fazla yakındı. Elini çekmeye çalıştım ama tırnaklarını batırdı. "Lavaboyu kullanmam lazım. Benimle orada buluşmak ister misin?"

"Ee, oraya zor sığıyorum, başkasıyla imkânsız."

"Belki de bunun yerine üzerimize örtmek için battaniye istemeliyim." Bana abartılı bir şekilde göz kırptı.

Sesimi alçaltarak fısıltıyla konuştum. "Hamile rolü yaptığını ve çocuğun benden olduğunu söylediğini hatırlıyorsundur. Hem de her sosyal medya platformunda."

Başını geriye savurup gürültüyle kahkaha attı. "Aman Tanrım! Rook, sen çoooooook komiksin! O sadece bir şakaydı!"

Hatun resmen tiyatro çeviriyordu. "İki hafta boyunca paylaşmaya devam etmiştin."

"Pekâlâ, mesajlarıma cevap vermemeye başlamıştın ve bir ay kadar gerçekten hamile olabileceğimi düşündüm."

"Prezervatif kullanmıştık."

"Evet, ama kız kardeşimin içtiği bir şey vardı, ben de onu denemiştim." Elini savurdu. "Her neyse. O içecek bende ondaki gibi işe yaramadı ama yazık oldu çünkü ikimizin harika bebekleri olurdu." Tekrar pazımı sıktı. "Seattle'da bir süre kalacaksan, tekrar deneyebiliriz."

"Bunun iyi bir fikir olduğunu sanmıyorum."

"Neden olmasın?"

Çünkü zırdelisin. "İlişkim var," diye yalan söyledim.

"Ah." Kolumu bıraktı. "Gerçekten mi? Seni kimseyle görmedim, üstelik tüm sosyal medya hesaplarını takip ediyorum. Beni engelledikten sonra, yenilerini açmak zorunda kaldım." Buna gıcık olmuş gibiydi.

"Çok yeni."

"Başka bir saat dilimindeyiz, yani teknik olarak bu aldatmak sayılmaz, değil mi? Ya da bunun büyük bir sorun olduğunu düşünüyorsan, bir kaba boşalıp bana verebilirsin. Kurumazlarsa iki gün canlı kalıyorlar."

Sonraki birkaç saati onun tekliflerini savuşturmakla geçirdim. Tüm uçuşlarım arasında en kötüsüydü. Sissy yerine türbülans ve ağlayan bir bebeği tercih ederdim. Pilot, inişten önce havaalanını bir saat daha turlamamız gerektiğini söyleyince işkence daha da uzadı.

Nihayet uçaktan indiğimizde Sissy yanımda koşturuyordu. Hâlâ beni başka bir saat diliminde olmanın aldatmak sayılmayacağına ikna etmeye çalışıyordu. Beni kapıya kadar takip etti, sonra da bir ahtapot gibi etrafıma dolandı.

Sonunda güvenlik devreye girdi ve beni bırakmak zorunda kaldı. Bütün bu durum, ne kadar seksi olursa olsun başka bir tavşanla asla yatmama yeminimi iyice pekiştirdi.

ÜÇÜNCÜ BÖLÜM

Güvenlik Sarılmaları

Rook

Geç inmemize rağmen Anchorage'a olan transfer uçuşuma yetiştim. Yanımdaki kişinin bu kez takım elbiseli biri olmasına şükrettim. Koltuğuma yerleştim. Pencere yerine koridordu, pek tercih etmezdim ama yanımda çılgın bir tavşan olmadığı sürece atlatabilirdim.

Kulaklıklarımı takıp önümdeki ekranda bir film açtım. Son uçuştan sonra, üç saatlik bir eğlenceyi hak etmiştim.

Tam bir aksiyon filmi ayarlamıştım ki, kucağıma biri düştü. Yine birinin sarkıntılık ettiğini düşündüm. Kadınların kelimenin tam anlamıyla üzerime atlamaları ilk defa olmuyordu. Sadece genelde uçaktayken olmazdı ama son uçuşumu göz önünde bulundurunca, hiçbir şeye şaşırmamam gerekirdi. "Neler olu..."

"Çok özür dilerim!" dedi kucağımdaki kişi. Kendini toparlamak için çabalıyordu ama çaresizce geriye kaydı ve ipeksi, koyu renk dalgalı saçları yüzüme çarptı. Saçları nane ve salatalık gibi kokuyordu ama ağzımda olmasa güzel olurdu.

Bir eliyle gömleğimi tutup kulaklıklarımı kavradı ve çıkardı. Diğer eli boğazına sıkıca sardığı kumaşın altında kıvrılmıştı. Kucağıma yayılmış, bacakları kolçaktan sarkıyordu ve yüzü yüzümle aynı seviyedeydi. Koridoru tamamen kapatmıştı, insanların geçmesi imkânsızdı, seyirlik bir manzara oluşturmuştu.

"Fularım sıkıştı," dedi hırıltılı bir sesle. "Aman Tanrım. Kendimi boğuyorum. Çok özür dilerim. Bu çok utanç verici." O mücadele ettikçe fular daraldı, bu da daha da debelenmesine neden oldu.

Sırtını kolumla destekledim. "Bir saniye kıpırdama."

Donakaldı, hâlâ gömleğime sıkıca yapışmıştı ve gözleri panik doluydu. Kafamı yana çevirip öne eğildim. Dudakları yanağıma dokundu.

"Ah!" Başını çevirmeye çalıştı ama gerçekten sıkışmıştı, haliyle burnu kulağıma girdi ve dudakları hâlâ çeneme dayanıyordu.

"Bana birkaç saniye daha ver, sonra özgürsün." Çeneme doğru ağır bir şekilde nefes veriyordu, ılık nefesi tenimi karıncalandırdı. El çantasını kaldırdım, ayağımı kullanarak fuları sıkıştığı yerden kurtardım.

Kumaşı boynunun etrafından çözdü ve uzun, derin bir nefes aldı. "Teşekkür ederim. Çok teşekkürler. Yakışıklı bir adamın kucağında kendimi boğmak pek de ölmek isteyeceğim bir yol değil." Gözlerini sımsıkı kapatıp ayağa kalktı. "Çok özür dilerim."

Sonsuz uzunlukta gibi görünen fularını toplarken bakışlarını kaçırdı. Bu sırada onu süzebileceğim bir fırsatım oldu. Kahretsin. Kadın seksiydi. *Üzerime bir bidon benzin dök ve beni ateşe ver* kıvamında seksiydi. Uzun saçları koyu renkti, o kadar koyu bir kahverengiydi ki neredeyse siyahtı. Gözleri de kahve ya da çikolata rengiydi – içinde kafein olan bir şey gibi. Bana güç veren bir şey. Ve yüzü… kahretsiiiiin. Çıkık elmacık kemikleri, dolgun dudaklar, sivri bir burun, kalkık kaşlar, dolgun kirpikler.

Geri kalanını süzdüm, bu da beni duraksattı çünkü kıyafeti... tuhaftı. Vücudunu gizleyen upuzun bir parka giymişti ama bacaklarına bakılırsa büyük ihtimalle zayıftı. Yine de üstündeki onca katman düşünülünce bu sadece bir tahmindi. Ve o fular, neredeyse kendini boğacak kadar boynuna defalarca doladığına bakılırsa, metrelerce uzunlukta olmalıydı.

Onun küçük kıyafet problemi, insanların uçağa binmesine engel olmuştu, bu yüzden koridorda ekonomi bölümüne doğru koştu, gözden kaybolmadan önce omzunun üzerinden dönerek bir kez daha, "Çok özür dilerim," dedi.

Neredeyse hayal kırıklığına uğradım. Neredeyse, ama tam olarak değil. Kulaklıklarımı tekrar takıp sonraki üç saat filmin keyfini çıkardım.

Anchorage'a indiğimde, abimi aradım. Onunla burada buluşup Kodiak Adası'na gidecektik. Bu ergenliğimden beri bir aile geleneğiydi. Babamız iki yıl önce ölse de Kyle'la bu geleneği sürdürüp, Alaska'da birkaç hafta balık tutarak vakit geçiriyorduk. Sezon bittikten sonra bu benim en sevdiğim zamandı ve babam olmasa da dört gözle bekliyordum.

"RJ, kardeşim, saatlerdir sana ulaşmaya çalışıyorum." Sesi kötüydü– endişeli gibiydi hatta.

"Uçakta internete bağlanmakla uğraşmadım. Sen neredesin? Her şey yolunda mı?"

"Sorun, Joy." Öksürdü, duygularını kontrol etmeye çalışır gibiydi.

En yakın koltuğa çöktüm. "O iyi mi?" Joy, hamile eşiydi. Kyle'ın önümüzdeki sene benimle üç hafta Alaska'ya gelmesinin imkânı olmadığını biliyordum. Bebeği yeni doğmuşken gelmezdi. Uzun bir hafta sonu geçirebilirdi ancak bu, birkaç yıl boyunca birlikte çıktığımız son seyahat olacaktı, üstelik bir çocuk daha yaparlarsa daha da uzayabilirdi.

"Gebelik şekeri teşhisi konuldu. Doktorlar yatak istirahati verdi."

Sesindeki duraksamayı açıklıyordu. Babamı şeker hastalığından kaynaklanan sorunlar nedeniyle kaybettiğimizden, midemde bir sıkışma hissiyle daha da dikleştim. "Bu ne demek? Joy iyi mi? Bebek iyi mi?"

"Sıkıntı yok. Joy iyi. Bebek de iyi." Bana değil de kendine güvence veriyor gibiydi. "Sadece gözlem altında olması gerek. Doktor bunun yaygın bir şey olduğunu söyledi. Babamda olan gibi değil – ondan çok farklı."

Biraz rahatladım. "Tamam, bu iyi. Los Angeles'a gelmemi ister misin?"

"Hayır. Buna gerek yok. Biz iyiyiz. Annem ve Stevie, Stevie'nin eşyalarını yazın sonunda değil de şimdi taşımayı düşünüyorlar." Küçük kız kardeşimiz yüksek lisans yapıyordu, olmak istediği yerin batı olduğuna karar vermişti, soğuk havadan uzakta.

"Annemle Stevie mi geliyor? Benim de gelmem gerekmediğine emin misin?"

"Eminim. Annemizi tanıyorsun. Yatak istirahatini duyar duymaz, eşyalarını toplamaya başladı. Olduğundan daha ciddi gösteriyor durumu ama öyle olmasa da Alaska'ya gelemiyorum. Şu an Joy'u bırakmak istemiyorum, ondan o kadar uzak olmak seçenek bile değil. Üzgünüm RJ, bunu ne kadar sabırsızlıkla beklediğini biliyorum." Sesi dağılmış gibi geliyordu ve Joy sorun yaşarken böyle hissetmesini istemedim.

Hayal kırıklığımı sakladım. "Özür dilemene gerek yok. Anlıyorum. Joy ve bebek, bir numaralı öncelik."

"Kendi başına gitmek istemezsen, buraya gelebilirsin."

Teklifi düşündüm. Abimi severdim. Aramızda binlerce kilometre olsa da epey yakındık ama bu tatile ihtiyacım vardı. Medyadan ve bitmek bilmeyen isteklerden uzak, benden hiçbir beklentinin olmadığı bu zamana ihtiyacım vardı. Babama yakın hissettiğim o yerde olmaya ihtiyacım vardı. Her şeyden çok, Alaska'da bulduğum huzuru ve yalnızlığı, hayatımın dönüştüğü sirkten kaçışı arzuluyordum.

Geçen yıl takım kaptanımız emekli olmuş, kaptan ben olmuştum. Takım onu severdi ve bu sporda bir efsaneydi, o yüzden üstüme büyük iş düşüyordu.

"Teşekkürler, Kyle, ama biraz somon yakalayacağım, uzun bir sakal bırakacağım ve dört günde bir duş alacağım."

Güldü. "Bu kararı vereceğini biliyordum. Ayın ilerleyen günlerinde gelebilecek olursam, ararım. Şey, her türlü ararım. Birkaç günde bir arar, bir ayının seni yemediğinden emin olurum – hem de buradaki durumla ilgili seni bilgilendiririm."

Kaldığımız yerde telefon pek de çekmiyordu ve bu durum hoşuma gidiyordu. Dünyadan soyutlanmak ve bir NHL* takım kaptanı değil, sadece bir insan olmak istiyordum. "Beni merak etme. Ayılarla baş edebilirim– sen ailenle ilgilen. Fotoğraf atarım."

Vedalaştık, kafamı duvara yasladım. Abimin gelemeyecek olması berbattı ama yine de kendi başıma yapmak zorunda kalsam da kulübede vakit geçirmek istiyordum.

Yarım saat sonra çantamı Cessna'ya taşıyordum. İlk kez bu kadar küçük bir uçakla uçtuğumda içim dışıma çıkmıştı, bu yüzden Seattle'dan Anchorage'a giden uçakta içki içmemem gerektiğini öğrenmiştim.

Bu sekiz koltuklu uçakta son sıradaydım, ki bu iyiydi. Kısa bir uçuştu ve neredeyse her koltuğun harika bir manzarası vardı. En arkadakiler hariç – onlar biraz dardı.

Uçağa binmek için eğilip yan dönmem gerekti. 1.80'in üzerinde ve 90 kilodan ağır olunca böyle şeyler oluyordu. Uçak doluydu, sadece bir koltuk kalmıştı... uçağın en arkasında. Dar koridorda yalpalayarak ilerledim. Bir önceki uçuşta kucağıma düşen aynı koyu kahverengi saçlı kadın, elinde bir çantayla köşeye sıkışmıştı. Pekâlâ, bu tuhaf olacaktı.

Bakışlarını pencereden alınca, gergin gülümsemesi kayboldu ve gözleri kocaman açıldı. Yanakları kızardı ve eliyle ağzını kapattı. "Ah, hayır."

Sırıttım ve gülmemek için kendimi zor tutarak yanındaki koltuğa oturdum. Aslında bir okul otobüsündeki, aşağı yukarı ancak o kadar alanı olan, koltuklardan biri gibiydi.

---

* National Hockey League (ing): Ulusal Hokey Ligi (ç.n.)

Bana daha çok alan açmaya çalışarak pencereye doğru kaydı. Elini indirdi. "Üzerine düştüğüm için çok özür dilerim."

Ona sırıtarak göz kırptım. "Bu yolculukta en heyecan verici an şimdiye kadar oydu, yani kafana takma."

"Seni öpmek istememiştim. Yanağından yani." Daha da kızardı. "Aman Tanrım, Lainey, sadece sesini kes ve zavallı adamı kendi haline bırak," diye mırıldanarak başını eğdi.

"Gerçekten sorun değil. Olur böyle şeyler, değil mi?"

Bana baktı, ağzının sağ tarafında küçük bir gülümseme belirdi.

Elimi uzattım. "Ben, RJ."

Ona neden bu ismi söylediğimi bilmiyordum. Bana babam böyle seslenirdi ve bir de kardeşlerim, sadece bu kadardı. Herkes bana Rook veya Rookie derdi. Belki de o kim olduğumu bilmediği ve ben de öğrenmesini istemediğim içindi? Ah aslında, artık çok geçti.

Eldivenli elini benimkine yaklaştırdı, sonra yüzünü buruşturdu. Eldivenini çıkarıp tekrar denedi. Eli sıcak ve biraz nemliydi -ve benimkinden çok daha küçüktü- ama tutuşu sağlamdı. Benimle güçlü bir şekilde tokalaştı. "Ben de Lainey."

"Merhaba Lainey."

"Merhaba RJ." Gözleri birkaç dakika bana odaklandı. Hâlâ tanıdığına dair bir iz yoktu ve bu harikaydı.

"Peki niye Alaska'dasın?" diye sordum, kemerimi bağlıyordum o sırada.

Gözleri ışıldadı. "Şey, son zamanlarda yüksek lisans tezim üzerinde çalışıyorum ve konum da suda yaşayan hayvanlar. Yunuslara ve balinalara bayılıyorum, bu yüzden altı haftalığına onları inceleyeceğim."

"Yüksek lisans tezi demek? Baya zekisin o zaman."

Omuz silkti. "Sadece öğrenmeyi çok seviyorum. Bu üçüncü yüksek lisansım."

"Üçüncü mü? Kaç yaşındasın?" Üçüncü bir yana, ilk yüksek lisans için bile çok genç görünüyordu. Gerçi kıyafeti yüzünden olabilirdi.

"Yirmi beş."

"Ve bu senin *üçüncü* tezin mi?"

Altdudağını ısırarak başıyla onayladı. "Hı-hı. Yeni şeyler öğrenmeyi severim ve hep tam burs alıyorum, işte o yüzden buradayım. Biri seks terapisi ve diğeri de jeoloji üzerine yüksek lisansım var. Bu da deniz biyolojisi üzerine olacak. Özellikle de okyanus memelileri. Balinalara karşı yunusların çiftleşme modellerini incelemenin ilginç olacağını düşündüm."

"Üç alan hangi noktada kesişiyor?"

Omuz silkti. "Kesişmiyorlar aslında. Sadece birçok farklı şeyle ilgileniyorum. Örneğin, yunusların insanlar gibi sadece üremek için değil aynı zamanda zevk için de çiftleştiğini biliyor muydun?"

"Hah. Bunu bilmiyordum." Ama seks hakkında düşünmeme neden oldu ve uzun süredir yapmadığım aklıma geldi.

"Ah evet, cinsel olarak *fazlasıyla* aktifler. Ve bazı insanlar onların ıstakozlar gibi ömürlük tek eşli olduğunu sanıyor ama değiller. Birçok partnerleri oluyor. Tıpkı bazı insanların yaptığı gibi ancak Batı toplumunda sosyolojik olarak yunusların aksine bir eş seçip ona bağlı kalmaya şartlandırılmışız. Sadece eğlenceli olduğu için bunu yapmayı seviyorlar."

Parmağının ucunu ısırdı. "Pardon, kendimi kaptırdım. Bu yolculuğa ön hazırlık olarak epey okuma yaptım ve beynim yeni öğrendiklerimle dolu, bazen de ağzımdan dökülüveriyor. İstersen konuşmayabilirim." Elimdeki kulaklık etrafına dolanmış telefonumu işaret etti.

Telefonu cebime koydum. "Yok, sen orada dinleyebileceğim herhangi bir şeyden daha ilgi çekicisin."

Gülümsemesi büyüdü, kızararak tekrar başını eğdi. Tanrım, utangaç kadınları özlemiştim. Utangaç kızlar, ünlü biriyle yatmak için kendilerini üzerime atmazdı.

"Peki ya sen? Sen neden Kodiak Adası'na gidiyorsun?" Beni anlamaya çalışıyormuş gibi değerlendiren bir tavırla bana baktı.

Üzerimde sıradan bir kot pantolon, tişört ve kapüşonlu eşofman üstü vardı. "Her yaz abimle buraya balık tutmaya geliriz ama bu yaz gelemedi, o yüzden tek başıma geldim."

"Ah. Bu kötü olmuş."

Omuz silktim. "Sorun etmiyorum. Bazen tüm çılgınlıklardan uzaklaşıp doğayla iç içe olmak güzeldir, sence?"

"Kesinlikle öyle. Bir yıl Seattle'da okudum. Aslında, sanırım bir ay demeliyim. Çok fazla geldi." Omuzlarını silkerek başını iki yana salladı. "Ben şehirli değilim. Kasabamızda iki yüzden az insan yaşardı, yani büyük bir değişiklik oldu. Şehirler heyecanlı olabilir – ama korkutucu da. Sen Seattle'lı mısın?"

"New York'ta büyüdüm."

"Her zaman oraya gitmek istemişimdir ama çok… bunaltıcı görünüyor."

"Doğruyu söylemek gerekirse, ben şehre hiç benzemeyen Kuzey New York'ta büyüdüm. Bazı bölgeler baya kırsaldır."

"Ah evet, bir yerlerde okumuştum."

Pilot kalkış iznimiz olduğunu bildirdi. Piste doğru ilerlerken Lainey eldivenlerini göğsüne bastırdı.

"İyi misin?"

"Daha önce hiç bu kadar küçük bir uçağa binmemiştim," dedi.

"Sorun olmayacak. Söz. Bunu en az on iki defa yaptım ve her seferinde sağ salim indim."

Başıyla onaylarken gözleri fal taşı gibi açıldı, ardından biz hızlanırken pencereden dışarı baktı. Tekerlekler asfalttan kalktığında, kolumu tuttu. "Ah! Bu büyük uçaklardan daha sarsıntılı, değil mi?"

"Evet. Birazcık. Alışırsın."

Kolumu bırakıp tekrar eldivenlerine sarıldı. "Aslında bugün ilk kez uçağa bindim."

"Gerçekten mi?"

"İlk uçuş güzeldi. Aslında yanımda naftalin gibi kokan, burnu kıllı çok yaşlı bir adam vardı ama onun dışında iyiydi. Sen ondan çok daha güzel kokuyorsun." Tekrar kızardı. "Neyse, sanırım böyle küçük bir uçakta her şeyi daha çok hissediyorsun."

Bu kadın temiz hava gibiydi. Ve masumiyeti cezbediciydi, özellikle de önümüzdeki birkaç hafta tek başıma olacağım için. Yine de Kodiak Adası oldukça büyüktü, bu yüzden onu göreceğim tek yerin bu kısa uçuş olma ihtimali yüksekti. Normal biriymiş gibi geçirdiğim bu zamandan en iyi şekilde yararlanacaktım. "Uçağa ilk kez bindiğine inanamıyorum."

"Genelde treni kullanıyorum ama adaya tren yok. Uzun bir feribot yolculuğunu kaldırabileceğimden emin değildim, o yüzden buradayım." Bir türbülansa girince ciyaklayarak yüzünü omzuma gömdü. "Özür dilerim," diye mırıldandı koluma doğru. "Beni tanımıyorsun bile ama seni oyuncak ayı gibi kullanıyorum."

Güldüm. "Bana sarılabilesin diye kucağına doğru gelirdim ama oraya sığacağımı sanmam." Ama o *benim* kucağıma kesinlikle tam uymuştu.

"Maalesef, hayır –biraz kocamansın." Pazılarımı sıktı ve ağır bir nefes vererek bıraktı.

"Peki sadece şöyle yapsam?" Kolumu omzuna doladım.

"Bu hoş." Biraz yaklaşıp yan tarafıma yaslandı. "Bu bana kendimi... daha güvende hissettirdi."

Benimle flört mü ediyordu yoksa endişesini azaltmak için gerçekten herhangi bir insan temasına mı ihtiyacı vardı emin değildim ama bundan zevk alıyordum, bu yüzden devam ettim. "Daha güvende hissetmek güzeldir."

"Öyle," diyerek bana katıldı.

Sonraki birkaç dakikayı o pencereden dışarı bakarken coğrafyayı açıklamakla geçirdim ama tekrar türbülansa girdiğimizde yüzü bembeyaz oldu.

"Ah hayır!" Eliyle ağzını kapattı.

"İyi misin?"

Başını iki yana salladı ama aniden durdu ve rengi daha da soldu. "Pek iyi hissetmiyorum."

Önümüzde duran koltuk cebine uzanıp kusmuk torbasını çıkardım. Açmak için içine üfleyip ona verdim. "Belki de sadece bunun içine doğru nefes almalısın."

Titreyen elleriyle torbayı benden alıp öne doğru eğildi, saçları omuzlarından aşağı kaydı. Onları topladım, yumuşak, ipeksi telleri önünden çekmek için elimin etrafında kıvırdım.

Ve sonra kustu. Birkaç kez daha öğürürken sessiz olmaya çalışıyordu. Başparmağımı boynunun arkası boyunca okşadım ve tenindeki tüyler diken diken oldu.

Boştaki elimle ceplerimde mendil aradım, kapüşonlumda bir avuç dolusu mendil bulduğuma sevindim. Buruşuk ama kullanılmamışlardı, ona uzattım. Lainey başını çevirdi ve ağzını silerek kirli mendilleri torbaya attı. Üstünü birkaç kez kıvırıp torbayı kapattı.

Elime doladığım saçlarını bırakıp avucumu sırtında gezdirdim. "İyi misin?"

"Utançtan yerin dibine geçmem dışında, sanırım iyiyim," diye mırıldandı. "Bununla ne yapmam gerektiğini bilmiyorum." Torbayı kaldırdı.

"Ver bana, hallederim."

"Ah Tanrım, hayır. İçinde kusmuğum var."

"Başka yere gideceğine çöpe gitmesi daha iyi, değil mi?"

"Ah evet, çöpe gitmesi çok daha iyi." Bana uzattı.

Emniyet kemerimi çözüp yalpalayarak koridorda ilerledim, ön tarafındaki çöp kutusuna attıktan sonra koltuğuma geri döndüm. "Daha iyi hissediyor musun?"

"Biraz. Çok özür dilerim. Uçakta yanına oturulacak en kötü insan benimdir."

"Hiç de değil. Aslına bakarsan, birinin özel oyuncak ayısı olmak hoşuma gitti. Mümkün olsa, kalıcı olarak bu pozisyona başvururdum." Elimi cebime atıp karıştırarak sakız paketi buldum ve ona uzattım.

Paketi elimden aldı. "Şu anda seni çok seviyorum."

Güldüm. "Ağzının tadı o kadar kötü, ha?"

"Çok fena. Havaalanında *burrito** yemiştim."

"Aaaah. Kötü seçim olmuş."

"Hiç sorma." Ağzına bir sakız atıp gözlerini kapattı, birkaç kez çiğnedi.

"Daha iyi mi?"

"Çok daha iyi." Paketi geri uzattı ama elini paketin üzerine kapattım.

"Hepsi senin."

"Teşekkürler." Paketi çantasına koyup küçük bir şişe el dezenfektanı çıkardı, eline sıktıktan sonra bana verdi.

Ben farkına bile varmamıştım ama inişe geçmiştik. Elleri kucağında yumruk, gözleri sımsıkı kapalıydı.

"Hey." Kolumu tekrar koltuğunun arkasına attım. "Güvendesin. Güvenlik sarılmaları için insandan oyuncak ayın hemen yanı başında."

Gergin bir şekilde gülümseyerek daha da yaklaştı, yan tarafıma yaslandı. "Bu kadar iyi davrandığın için teşekkürler, RJ."

Gerçekte kim olduğumu gizlediğimi bilseydi, böyle söyler miydi acaba? Ama burada, bu uçakta, NHL forveti ve takım kaptanı değildim, buzda ve buz dışında oyuncu geçmişim yoktu. Ben sadece bir erkektim, o da sadece bir kızdı.

---

* Burrito: Tortilla denen Meksika gözlemesi içine dürüm edilmiş et ve fasulyeden oluşan Meksika yemeği. (e.n.)

DÖRDÜNCÜ BÖLÜM

Ormandaki Kulübe

Lainey

Eğer bu uçak düşerse, en azından layıkıyla ölecektim.

RJ, bir kadının yaptığı işte dikkatini dağıtmasına ve neredeyse kendini kendi fularıyla boğmasına neden olacak kadar çekiciydi. Uzun boylu ve yapılıydı, ensesinde kıvrılan siyah saçları, koyu yeşille çevrelenmiş ela gözleri ve içimi sızlatan bir gülümsemesi vardı.

Onun yanına sıkışmıştım, kolu koltuğun arkası boyunca uzandı, parmakları omzumun etrafında kıvrılarak beni iyi ve güvende tuttu. RJ'in kolu bir ağaç gövdesi gibi çok sağlam, güçlü ve kalındı. Ayrıca harika kokuyordu, taze çamaşırlar ve biraz da nane gibiydi, muhtemelen ağzımın tadını değiştirmem için bana verdiği sakızdandı.

Kusmuk torbamın icabına bakmıştı ve bu hem mide bulandırıcı hem de delicesine tatlıydı. En azından fularla kısmen boğulma ben kusmadan önce olmuştu. Şu anda bir elimle eşofman üstünü kavramıştım ve diğer elimle eldivenlerimi göğsüme bastırıyordum. Ayrıca yüzümü koltuk altına gömmeye çalışıyordum. Seattle'dan uzun uçuşuna ve bu uçaktaki küçük, sıkışık yere rağmen, yine de deodorant gibi kokabiliyordu.

Elini eşofman üstünü kavrayan elimin üzerine koydu.

"Özür dilerim." Parmaklarımı yumuşak kumaştan çektim ama elimi kendi vücuduma yaklaştırmadan, parmaklarını parmaklarıma geçirdi. Bu beklenmedik bir yakınlıktı.

"Birkaç dakika daha, sonra tekrar yerde olacağız," diye güvence verdi bana.

Uçak inerken elini sıktım ve tekerler yere değdiğinde, endişeyle ciyaklayıp yüzümü RJ'in göğsüne gömdüm.

Sonunda, piste indiğimizi anlayınca yukarı baktım.

RJ bana sırıtıyordu, dizlerimin bağını çözecek kadar cezbediciydi. "Atlattık."

Pencereden sağımda yükselen dağlara, solumdaki suya baktım. "Atlattık." Artık yerde olduğumuz için, utançtan tekrar yerin dibine girdim. "Özel destekçim ve insan oyuncak ayım olduğun için teşekkürler."

RJ daha da genişçe gülümsedi. "Dürüst olmak gerekirse, benim için zevkti."

"İçimin dışına çıkışını izlemek birine ne kadar zevk verir bilmem ama bu kadar nazik olduğun için teşekkürler." Çantamı ve eldivenlerimi aldım ve inmeden önce bir şey unuttum mu diye kontrol ettim. Valizlerimiz bizi pistte bekliyordu. Sudan gelen soğuk hava beni ürpertti, muhtemelen son bir saattir parkamın içinde kavrulduğum içindi. Eldivenlerimi giydim, saçımı yüzümden çekmeye çalıştım– şiddetli rüzgâr nedeniyle pek bir işe yaramadı.

"Sana yardım edeyim," diye teklif etti RJ, mücadelemi görünce. Kocaman spor çantasını omzuna atıp valizimin kulpunu tuttu ve gelen yolcu terminalinin sıcaklığına ve güvenliğine doğru yola çıktık. Uzun adımlarına yetişmek için acele ediyordum.

İçeri girdiğimizde artık rüzgâr problemi yoktu, eldivenlerimi çantama koydum ve dışarı çıktığımda yine sorun çıkarmasın diye saçlarımı hızlıca ördüm. Araç kiralama bankosuna geldiğimizde RJ durdu. "Buradan nereye gidiyorsun?"

"Kodiak'ın merkezinden on beş kilometre uzakta bir kulübe kiraladım. Suyun üstünde olması gerekiyordu. Gerçek Alaska deneyimi yaşamak istiyorum." Havaalanından kulübeye giden yol için harita çıktısı çantamdaydı.

"Kiralık arabaya ihtiyacın var, o zaman?" RJ bankoyu işaret etti. "Ben bir araç seçeceğim. İstersen seni Kodiak'ın merkezine götürebilirim, sen de oradan gidersin– havaalanı vergileri olmadan çok daha ucuza gelir."

Utanarak örgümün ucuyla oynadım. "Ah, bu gerçekten çok nazik bir teklif ama ehliyetim yok."

RJ başını yana eğdi, ifadesi meraklıydı. "Kulübene nasıl gitmeyi planlıyorsun?"

"Otobüsle kasabanın merkezine giderim, oradan da taksiyle devam ederim."

"Ya da seni ben bırakabilirim."

"Senden bunu isteyemem. Farklı yönlere gidiyor olabiliriz."

"Kodiak'ın on beş kilometre dışında dedin, değil mi? Zaten o yöne gideceğim. Seni bırakmak sorun olmaz– tabii birini beklemiyorsan?"

"Ah hayır, yalnızım." Konuşurken ellerimi kullanmak yerine sabit tutmaya çalışıyordum, gerginken yaptığım bir şeydi. Tesadüfe bakın ki çok sık geriliyordum.

RJ kaşlarını çattı. "Yani burada arabasız tek başına mısın?" Bu onu endişelendirmiş gibiydi, haliyle ben de endişelenmeye başladım.

"Kasabaya gitmem gerektiğinde her zaman taksi çağırabilirim." Eskiden evde her yere bisikletle giderdim. Seattle'da kısa süreli kalışımda ise toplu taşıma kullanmıştım. O kesinlikle sinir bozucuydu. O kadar insan dip dibe.

Bisiklet almak iyi bir fikir olabilirdi, böylece market ve diğer şeyler için kasabaya gidip gelebilirdim. Hem böylece taksi şoförleriyle kibar gevezelik yapma konusunda çok fazla endişelenmeme gerek kalmazdı. Ayrıca, masum kurbanları falan yakalayan psikopat katiller hakkında birçok film vardı. Buradayken hiçbiriyle karşılaşmak istemiyordum. Bisiklet satın almayı aklımdaki yapılacaklar listeme ekledim. Fazlasıyla yorgundum, bu uzun günün ardından bir duşa ve belki biraz dinlenmeye ihtiyacım vardı.

"Tamam." Ensesini kaşıdı. "Ama en azından bugün seni ben bırakayım."

"Sana sorun olmayacaksa." Güvenilir görünüyordu, psikopat bir katile de benzemiyordu.

Beni daha önce olduğu gibi, aynı beyin eriten gülümsemesiyle şereflendirdi. "Hiç sorun değil, Lainey."

O aracının anahtarını alırken, ben valizlerimizin yanında bekledim. Ardından valeye gittik, kaldırım kenarına park edilmiş, denge çubukları ve bel hizasında lastikleri olan büyük gri bir kamyonet vardı.

RJ çantalarımızı bagaja koydu ve yolcu koltuğuna oturmama yardım ettikten sonra aracın önünden dolanıp kendi de bindi. Radyoyu yerel bir istasyon çalacak şekilde ayarladı, biz Kodiak tabelalarını takip ederken sesi kıstı.

"Burası çok güzel." Solumdaki sudan ve uzaktaki dağlardan gözlerimi alamıyordum.

"Gerçekten öyle- ve huzurlu, özellikle de kasabadan çıkıp suya vardığımızda," dedi RJ.

Çok geçmeden Kodiak kasabasına vardık ve market alışverişi için mola verdik. Tanımadığım biriyle yiyecek alışverişi yapmak biraz garipti ama çantamda sadece birkaç granola bar olduğu için temel ihtiyaçlarımı stoklama şansı bulmuş olmak harikaydı.

Yiyeceklerimi kamyonete yüklememe yardım ettikten sonra kulübemin adresini navigasyona yazdı, bana çarpık bir şekilde gülümsedi. "Kaldığım yerden yaklaşık bir kilometrelik bir mesafedesin. Tesadüfe bak."

"Çok tuhaf bir tesadüf, değil mi?" Ayrıca gerçek olamayacak kadar iyi geliyordu.

Vitrinler ve evler yerini yol boyunca uzanan uzun ağaçlara bırakırken midem bulandı. Pek tanımadığım bir adamla bir araçta yalnızdım ve pek fazla insanın olmadığı vahşi doğaya gidiyorduk. Tanıdığım ve güvendiğim ailem yanımda değilse, bu bir sorun olmazdı. Ama şu anda gergin ve kararsızdım. "Kulübemde uydulu televizyon varmış. Discovery Channel'ı çok severim ve Animal Planet de büyüleyicidir." Gevezelik ettiğimi fark edince bir soru sordum. "Televizyon izler misin?"

"Evet, televizyon izlerim." Gülümsüyordu ama yola odaklanmıştı.

"Çok sevdiğin bir program var mı?" Bu iyiydi. Onun hakkında daha çok şey öğrenebilirdim. Belki Alaska'yı sevmek dışında ortak noktalarımız da vardı.

"Tabii, ruh halime ve ne kadar zamanım olduğuna göre değişir. Bazen dizileri bir oturuşta bitiririm."

"Ah, ben de! *Criminal Minds*'ın* bütün bir sezonunu tek oturuşta izledim, bu kötü bir fikirdi. Tamamen paranoyaklaştım ve bir seri katil tarafından kaçırılacağımı düşündüm." RJ'ye bir bakış attım, sinirlerim iyice gerildi.

Kocamandı, benden çok iriydi. Savunma dersleri almış olsam da onun kadar iri biri karşısında pek işe yarayacağını sanmıyordum. Ya beni kulübesine götürüp orada evcil hayvan gibi alıkoymayı planladıysa? Ya da rehin tutmaya karar verdiyse? Bu düşünceyle daha çok paniğe kapıldım. Kalbim küt küt atmaya başladı.

Bir anlığına gözlerini yoldan ayırdı. "Yemin ederim seri katil değilim."

---

* Criminal Minds: İlk yayınına 22 Eylül 2005 tarihinde başlayan ABD'nin CBS kanalında yayınlanan polisiye dizi. (e.n)

"Zihin mi okuyorsun?" Uçakta tanıştığım bir adamla bir kamyonete binerken ne halt etmiştim ki? Üstelik verdiğim bu kötü karar karşısında annemin aklını kaybedişini duyabiliyordum. Eğer beni kaçırırsa, bir daha asla onun azarlarını duymayacaktım. Bu konuda ne hissettiğimden emin değildim. Annemi seviyordum ama burada olmamın nedenlerinden biri de o kadar üstüme düşülmesinin bunaltıcı olmasıydı.

RJ gülünce, düşüncelerimin endişeli sarmalında kaybolmadan önce bir soru sorduğumu hatırladım. "Hayır, ama yüzündeki ifade her şeyi söylüyor. Ben sadece birkaç balık yakalama umuduyla vahşi doğada vakit geçiren bir adamım. Benimle güvendesin."

"Umarım." Ellerimi ovuşturdum, kaygı ağzımı kurutmuş, ellerimi terletmişti. Kahretsin. Neden her konuda endişelenmek zorundaydım?

Ayağını gazdan çekip yolcu tarafındaki camı işaret etti. Üzerinde *Sweet View Home* yazan kırmızı bir posta kutusunun yanından geçiyorduk. "Burası benim ev. Sen de yolun aşağısındasın, çok uzak değilsin."

Bir dakika sonra, ortası otuz santimlik yabani otlarla kaplı dar bir toprak yolda sağa döndü. Biz yanlarından geçerken ağaç dalları aynalara değiyordu. Keşke şehirdeyken tuvalete girseydim dedirten türden inişli çıkışlı bir yolculuktu.

Patika bir açıklığa ve ufak bir kulübeye çıktı.

"Ah! Çok tatlı!" Ellerimi çırptım, nihayet burada ve hâlâ hayatta olduğum için heyecanlıydım.

Hayatımda ilk defa gerçek bir maceraya atılıyordum. Kendi başıma. Bu Seattle Üniversitesi'ndeki kısa dönemime benzemeyecekti. Huzurlu ve tamamen güvenli olacaktı. Burada başıma kötü bir şey gelmeyecekti. Harika olacaktı. Kendime söylediğim buydu en azından, o sırada midem düğüm düğüm olmuştu, öyle ki profesyonel bir düğüm çözücü bile epey zaman harcardı bu düğümleri çözerken.

Kulübeye yaklaştığımızda tatlılığı düşündürücü bir hal aldı. Aslında kulübe epey yıpranmıştı.

RJ kaşlarını çattı. "Doğru yer olduğuna emin misin?"

Teyit e-postasının çıktısını bulmak için çantamı karıştırdım. Buruşmuş kâğıdı düzelttim. Kulübenin yan tarafındaki numara, e-postadaki adresteki numaraydı ancak kulübe resimde çok daha iyi görünüyordu. "Evet, burası. Belki de ilan eskiydi."

"Evet. Belki. Yerleşmene yardım edebilir miyim?"

"Çok şey yaptın zaten. Eminim senin de yerleşmen gerekiyordur." Ellerimi tekrar ovuşturmamak için çantamın askısını kavradım. Tabii şimdi onu içeri davet etmem gerektiğinden ve kalıp takılmak isteyeceğinden endişeleniyordum. Yorgundum ve bu parkanın altında pek güzel koktuğumu düşünmüyordum.

"Sorun değil. En azından eşyalarını kulübeye taşıyayım."

Bu teklifi beni yatağıma zincirleyebilmek için yaptığına dair paranoyayı bastırdım. Eğer gerçekten bir seri katil olsaydı, beni kulübeme bırakmak yerine sığınağına götürürdü. Ayrıca, o araçta otururken benim eşyalarımı taşımam garip olurdu. "Peki. Olur. Teşekkürler."

Ben yiyecekleri aldım, RJ bavulumu ön kapıya getirdi. Talimatlarda anlatıldığı gibi anahtarı paspasın altında bulup kilide soktum, kulübenin dışının sadece biraz yeni boyaya ihtiyacı olduğunu ve içinin bu şekilde görünmediğini umuyordum. Ben kapıyı ittirirken gıcırdadı. Işığı açtım ve önümüzdeki altı hafta boyunca yeni evime baktım, tozu solurken öksürmeye başladım.

"Rustik bir yer." Küf kokuyordu ve muhtemelen çürüyen bir şey gibi.

RJ çantalarımı bıraktı, dirseğinin içine doğru birkaç kez öksürdü. "Evet öyle görünüyor."

Ağır ağır etrafta dönerek asıl evimden uzaktaki küçük evimi inceledi. Temelde banyosu ve tuvaleti olan tek odalı bir kulübeydi. Bir köşede, büyük-büyükannem benim yaşımdayken moda olan bir yorgan serilmiş çift kişilik bir yatak vardı.

Bebek kakasına benzeyen, sarımsı, kahverengimsi yeşil gibi bir renkte komodin yetmişler dönemi televizyon koltuğu için sehpa görevi de görüyordu. Karşı duvara çok eski bir tüplü televizyon yerleştirilmiş ve tel anten takılmıştı, bunların hâlâ var olduğundan haberim bile yoktu.

Gördüklerim, uydu hizmetiyle ilgili bilgilerin doğruluğuna gölge düşürüyordu. Kulübenin diğer tarafında mutfak vardı, tabii buna mutfak denilebilirse. Tekli ocak, mikrodalga fırın, lavabo ve küçük bir mini buzdolabı vardı. Kampüs dışındaki öğrenci evlerinde yaşadığımda bende olan türdendi, gerçi çok kısa bir süre yaşamıştım.

Yatak dışındaki en büyük mobilya parçası, uzak duvara yaslanmış iki kişilik masaydı. Odanın ortasındaki tüplü televizyonun yakınındaydı. Şanslıydım: elektrikli ocağa bakılacak olursa, birincil besin kaynağım olacak olan eriştemi yerken yatağımdan, uzandığım koltuktan veya masadan televizyon izleyebilirdim. Ve belki sahanda yumurta ve domuz pastırması da pişirebilirdim.

"Bu harika!" Sesim yüksek ve tizdi. Burası harikanın tam zıddıydı ve sanırım panik atağın eşiğindeydim. RJ buradayken bundan kaçınmak istiyordum. Bu yüzden sahte bir coşkuyla, o buradan gidene kadar beynimi bunun doğruluğuna ikna edebileceğimi umuyordum. Boğazımı temizledim. "Bayıldım! Mükemmel!"

RJ şapkasını düzeltip ensesini ovuşturdu. "Burada kalabileceğine emin misin?"

"Harika olacak!" Biraz güneş ışığı girsin diye perdeyi çekince küflü bir toz bulutu düştü. Bu kez konuşabilmeden önce tam otuz saniye öksürdüm. "Sadece biraz temiz hava gerek ve iyice tozunun alınması lazım!" Sürgülü kapının üzerindeki perdeleri açarken çok daha dikkat ettim. Cam bir kir tabakasıyla kaplıydı ancak bunun ardındaki manzara inanılmazdı. Ön bahçedeki ağaçlar gölü ve ötesindeki adaları çevreliyor, parlak mavi gökyüzü suya yansıyordu.

Kilidi çevirdim, güvenlik çubuğunu kaldırdım ve kapıyı kaydırarak açtım. Ya da açmayı denedim. En azından RJ bana yardım edene kadar ciddi bir çaba gerekti. Sudan soğuk bir hava esiyordu ve ceketimin yakalarını birbirine çektim. Gıcırdayan verandaya birkaç adım attığımda neredeyse bir delikten düşüyordum. Neyse ki, RJ ışık hızında refleksleriyle beni kurtarmak için hazırdı.

Beni belimden yakalayıp kendisine çekti. "Bu yerden pek emin olamadım, Lainey." Beni kulübenin içinde, tehlikeden uzakta yere indirdi.

"Sorun yok. Sadece kiralayanları arayıp verandaya birkaç yeni tahta gerektiğini söylerim." Sayemde tahtalardan biri artık yoktu. Altında bir hayvan koşuşturuyordu. Muhtemelen yuvasını bozmuştum. Olumlu yanı, burası vahşi yaşamı gözlemlemek için harika bir yer olacaktı. RJ'in göğsüne hafifçe vurdum, kolu gibi ne kadar sağlam olduğunu fark ettim. "Söz veriyorum iyi olacağım."

Dudaklarını ısırıp ensesini kaşıdı, bunu şimdiye kadar birkaç kez yapmıştı. İfadesinden bana inanmadığı anlaşılıyordu, bu da beni biraz gıcık etti. Beni tanımıyordu bile ama varsayımlarda bulunuyordu. Annemle babam da muhtemelen bu varsayımlara katılırdı ve büyük olasılıkla doğruydu ama burada kaldığım sürede kendimi kanıtlamaya kararlıydım.

Yirmi beş yaşındaydım. Dünya etrafımda bin parça olmadan da bağımsız olabilirdim. Rustik bir kulübede altı hafta tek başıma kalmayı başarabilirdim. "Gerçekten, RJ. Koca kızım. Kendime bakabilirim." Ellerimi ovuşturmaktan başka yapacak bir işim olsun diye yiyeceklerimi boşaltmaya başladım.

"Tamam. Şey, işleri halledebileceksen, ben de kendi kulübeme gideyim o zaman?" Daha çok soru sorar gibiydi.

Omzumun üzerinden ona döndüm. "Bütün yardımların için çok teşekkürler, kucağına düştüğüm için ve... Cessna için de çok özür dilerim." Yüzümü buruşturdum, keşke teşekkür edip sussaydım.

"Hiç sorun değil, herkesin başına gelir. Numaranı alsam olur mu?" Eski tip çevirmeli telefona dokundu. Numara, bu yapışkan etiketlerden biriyle ön tarafa yapıştırılmıştı.

"Tabii. Alabilirsin." Ellerimi parkamın ceplerine soktum. Ortam pek de sıcak değildi ama her nedense hâlâ sıcaklıyordum.

Numarayı alıp kâğıdı cebine soktu. Sonra aklına gelen bir düşünceyle ahizeyi kaldırdı.

"Ne yapıyorsun?"

"Çevir sesinin olduğundan emin olmak için." Ahizeyi geri koyup topuklarının üzerinde yaylandı. "Tamam. Umarım buralarda görüşürüz."

"Ben de. Yani evet." Başımla onaylarken fazla coşkulu görünmemeye çalıştım. "Her şey için tekrar teşekkürler."

"Benim için zevkti, Lainey."

Onu kapıya kadar geçirdim. Tereddüt edip bana doğru küçük bir adım attı. Ona sarılmaya karar verdim çünkü bana çok nazik davranmıştı. Ayrıca yakışıklıydı, hoş kokuyordu ve büyük bir oyuncak ayı gibi sıcacıktı.

"Tekrar teşekkürler." Kollarımı beline dolayıp tüm vücudumu onunkine yapıştırdım.

"Rica ederim." Kolları beni sardı. Bir saniyeliğine onun gerçekten seri katil olduğundan ve sonumu kucakladığımdan endişelendim. Ama tek yaptığı beni bir anlığına sıkıp bırakmak oldu. Altdudağını yaladı, bakışları ağzıma odaklanmıştı.

Umarım dişimde bir şey yoktu. Ve umarım uçakta kustuğum anı düşünmüyordu. İstemsizce dudaklarımı ovuşturdum, bakışları tekrar gözlerime döndü.

"Eğer bir şeye ihtiyacın olursa, hemen yolun az ilerisindeyim. Muhtemelen sahil boyunca on beş dakikalık bir yürüyüş mesafesindedir ancak yerinde olsam keşfe çıkmadan önce sabaha kadar beklerim."

"Sanırım sadece eşyalarımı yerleştirip birkaç şeyi düzenleyeceğim. Uzun bir gün oldu."

"Bir de bana sor. Sabahın beşinden beri ayaktayım."

"Dayak yemiş gibi olmalısın."

"Kısmen, evet." Kulübeme şöyle bir göz attı, gitmeye pek niyetli görünmüyordu ama söylenecek başka bir şey olmadığı için sonunda kamyonetine yöneldi. Kapıyı kapatmadan önce uzun garaj yolunda gözden kaybolana kadar bekledim.

"Sorun yok, Lainey. İyisin. Sadece biraz müzik aç ve hayatındaki ilk maceranın tadını çıkar," diye mırıldandım kendi kendime. Çantamda taşınabilir hoparlörü bulup açtım ve mutlu, hareketli şarkılar açtım.

Yiyecekleri boşaltmaya devam ederek önce buzdolabına konulacakları çıkardım. Dolap büyük değildi, o yüzden yerleştirirken bulmaca çözer gibi sığdırmaya çalıştım ama dolabı çok hızlı kapatırsam, her şey yerli yerinde duruyordu.

Sonra kuru gıdaya geçtim. Her şey yolundaydı. Bunu kesinlikle yapabilirdim. Büyük bir yere ya da yemek pişirecek gerçek bir ocağa ihtiyacım yoktu. Bir elektrikli ocak ve mikrodalga fırın bana yeterdi.

Mutfak dolaplarını açınca bir fare kapanıyla karşılaştım, içinde leş gibi kokan baya baya ölü bir fare vardı. Çığlığı bastım çünkü bir zamanlar gözlerinin olması gereken yerdeki siyah boşluklar bana bakıyordu ve iğrençti. Geriye sendeledim ve mutfağın ortasında popomun üstüne düştüm. Yerler yontulmamış ahşaptı ve avcuma yığınla kıymık battı.

"Sorun yok. İyisin," dedim, lambayı avucuma doğrulttum ve oturup tenimdeki her bir tahta parçasını alırken yüzüncü kez söylemişim gibi hissediyordum.

Ama hiç iyi değildim. Görüşüm bulanıklaştı ve panik dolu bir nefes aldım.

Kendimi neyin içine sokmuştum ve önümüzdeki altı haftayı bu boktan kulübede tek başıma nasıl atlatacaktım?

BEŞİNCİ BÖLÜM

Alıştırmalar İnsanı Gerer

Lainey

"Merhaba, RJ!"

"Selam, RJ." Yansımama başımı iki yana salladım. "Hey, RJ!"

Nefesimi bıraktım.

Son yirmi dakikadır aynanın karşısında durmuş selamlama alıştırması yapıyordum. Öğrenmeye gerçekten meraklı olmakla ilgili olan sorun şuydu ki, insanlarla nasıl iletişim kuracağımı öğrenmek için çok fazla zaman harcamamıştım. Bilgi ve bulguları sunma konusunda gerçekten iyiydim ama sohbet etmek pek benim olayım değildi.

RJ kulübesinin sahilden on beş dakikalık mesafede olduğunu söylemişti. *Sahil* dediysem de bir anlam ifade etmiyordu. Bu daha çok, bir tarafında su bulunan çimenli, yer yer kayalık araziye oyulmuş bir patika gibiydi.

İki gündür buradaydım. İnternet sinyali yoktu. Bir sürü kuş ve kemirgen görmüştüm, uzaktan birkaç balina da gözüme çarpmıştı. İnsanlarla tek etkileşimim, bugün öğle yemeği yediğim lokantadaki kasiyerler ve bir garson olmuştu.

Burada olduğum kısa süre boyunca, bazı ilginç şeyler keşfetmiştim, mesela gündüzlerin uzun olması berbattı. Ayrıca internete bağlanamadığımdan e-postalarımı kontrol edemiyor ya da herhangi bir araştırma yapamıyordum. Uydum yoktu ve ateş yakmakta iyi değildim.

Tüm bunlar bir yana, kulübe rezaletti. Soğuk, cereyanlı, tozlu, küflü ve gıcırtılıydı. Bir sürü örümcek vardı, yığınla kemirgen ev arkadaşım olduğundan emindim ve muhtemelen geldiğim gün gömdüğüm farenin akrabasıydılar. Ayrıca sıcak su tankı sorunlu gibiydi. Şu ana kadar aldığım duşlar buz gibiydi, bu da pek harika sayılmazdı çünkü ateşim sönüp duruyordu– üstelik Kız İzci olarak açık hava macerası için eğitim almışlığım da vardı. Gerçi gerçekten açık hava macerasına çıkma iznim yoktu çünkü anneme göre bu çok tehlikeliydi.

Kiralama ofisini aramıştım. Bana yardımcı olabileceklerini ya da belki insan habitatına daha uygun alternatif konaklama imkânları olduğunu ummuştum ama tatile çıkmışlardı ve bir sonraki haftaya kadar yoklardı. Yani ders kitaplarım ve çoktan okuduğum iki romanla bu çöplüğe sıkışıp kalmıştım. Ayrıca pek uyuyamadığım için biraz duygusaldım.

Bu sabah annemleri aradığımda onlara yalan söylemiştim, genelde yalan söylemezdim. Ama bunu başarmaya kararlıydım, bu yüzden yalan söylemem gerekmişti. Onlara harika zaman geçirdiğimi söylemiştim. Telefon etmeden önce on dakika boyunca sahte coşku alıştırması yapmak zorunda kalmıştım. Bir yandan telefonun doğru dürüst çekmiyor olmasının iyi yanları da vardı. Ailem beni görüntülü arayamıyordu, böylece şişmiş gözlerimi göremiyor veya yalanlarımı anlayamıyorlardı.

Telefonu kapattığımda en iyi planın kasabaya inip birkaç depo kutusu almak olduğuna karar verdim, kıyafetlerimi ve kuru gıdaları koyacak yer lazımdı. Bunun kulübede kemirgenlerin ortaya çıkışını azaltmasını umuyordum.

İki taksi yolculuğu, üç saat, biraz sınırlı insan etkileşimi, bir akşam yemeği ve bir alışveriş girişiminden sonra kulübeye geri döndüm. Tüm kıyafetlerim ve kuru gıdalarım güvenle depolanmıştı ve günün geri kalanı boştu. Yapacak hiçbir şeyim yoktu.

RJ'e teşekkür hediyesi almıştım. Ah, aynı zamanda özür hediyesi de olacaktı. Bir taşla iki kuş. Gerçi hiç kuş öldürmemiştim. Ama çok nazik olduğu ve uçakta -uçaklarda- çok anlayış gösterdiği için bir teşekkür ve kucağına düştüğüm, yanağından öptüğüm ve Cessna'da kustuğum için bir özür niteliği taşıyordu. Ha, bir de beni havaalanından buraya getirdiği için teşekkür vardı.

Kasabadayken ona altılı bira almıştım, beraber alışveriş yaptığımızda aldığını gördüğüm markadandı. Parmaklarımı saçlarımdan geçirip şapkamı düzelttim. Belki biraz makyaj işe yarayabilirdi.

Biraz dudak parlatıcısı sürdüm ama çok pembeydi ve ağzıma fazla dikkat çekmesi hoşuma gitmedi. RJ'in yanağını öptüğüm ağız. Kirli sakallı yanağı tıraş losyonu kokuyordu. Aynı zamanda kustuğum ağızdı. Hayır. Ağzıma dikkat çekmek istemiyordum.

On dakika alıştırma yaptıktan sonra, en fazla bu kadar hazır olabileceğime karar verdim. Minik, tek odalı kulübemden çıkıp RJ'in kaldığı yere doğru yürümeye başladım.

Temiz hava güzeldi ama on beş dakikalık yürüyüş aslında yirmi beş dakikaya dönüştü ve kulübesi görüş alanına girdiğinde parkamın altında tere batmıştım bile. Tabii kulübe demek ne kadar doğruydu bilmiyorum.

İki katlı A-şeklinde kulübenin, büyük bir verandası ve sudan yukarıya uzanan merdivenleri vardı. Bu yerin yanında benim kaldığım yer, terk edilmiş bir kulübe gibi kalıyordu ki aslında öyleydi de. Beni orada bırakma konusunda endişelenmesine şaşmamak gerekirdi.

Rüzgâr sayesinde her yöne uçuşan saçlarımı düzeltip derin bir nefes aldım. *Bunu yapabilirsin, Lainey. O sadece bir insan.* Cesaretimi kaybetmeden önce kapısını çaldım.

Kapı hızla açılınca karşımda bir göğüs gördüm. Çıplak bir göğüs. İri, çıplak bir göğüs. *Tanrım.* Bakışlarımı biraz aşağı indirdim. Yüce Tanrım, baklavaları mükemmeldi. Ve gözlerimi aşağı indirirken kalçasındaki V şeklindeki kası kotunun içinde kayboluyordu. Bu V'yi sadece dergilerde görmüştüm, gerçek hayatta pek tanık olmamıştım. Bronzlaştırıcı filanla yapmıştır belki diye düşündüm ama bu konuda yanıldığım ortadaydı. Geri kalanının da bu kadar biçimli olup olmadığını düşünürken... gözlerimi yüzüne çevirdim. "Selam."

"Selam, ben de seni düşünüyordum." Dudaklarını ovuşturdu, yüzünde hafif bir gülümseme belirdi.

"Yarı çıplak beni mi düşünüyordun?" Tanrım. Bunu öylece sormuş olamazdım.

Otuz iki diş sırıttı. Gülümsemesi çok güzeldi. Dişleri düzgündü. Aslında kusursuz demek daha doğru olur. "Dürüst olmak gerekirse, yarı çıplak bir sürü şey düşündüm, ama bunlardan biri sendin."

"Doğru. Elbette." Başımla onayladım. "Gelmeden arayacaktım ama numaranı almamışım."

"Bugün daha erken saatte seni aradım, ama açmadın."

"Beni mi aradın?"

"Bir yoklamak istedim. Nasıl gidiyor merak ettim."

"Bu çok tatlı. Fena gitmiyor. İyi bile denebilir." Birayı kaldırdım. "Sana bir hediye aldım. Şey, teşekkür ve özür amaçlı. İkisi de."

Başını yana eğdi. "İçeri gelmek ister misin? Birer tane içebiliriz."

"Ah, şey." Tek planım birayı getirmekti aslında, devamını düşünmemiştim. "Ben aslında bira içmem."

"Yine de içeri gelebilirsin. Evde içebileceğin başka şeyler de var, tabii gitmen gereken başka bir yer yoksa." Yanağında bir gamze belirdi.

"Gitmem gereken bir yer yok."

Kenara çekilip içeri girmemi işaret etti. Gerçekten de dev gibi bir adamdı. Ben uzun değildim ama 1.62'lik boyumla kısa da sayılmazdım, bana kendimi minik hissettiriyordu.

Arkamdan kapıyı kapatıp elini belirgin karın kaslarında gezdirdi. "Bir gömlek giysem iyi olur."

"Zorunda değilsin." İnanılmaz göğsünü işaret ettim. "Yani karşımda üstsüz oturmak seni rahatsız etmiyorsa. Ediyorsa lütfen giyin ama üstsüz rahatsan lütfen böyle kal. Nasıl rahat edeceksen." Konuşmayı kesmem lazımdı. Birayı tezgâha koydum ve dolaplardan birini açtım. Ne yaptığımın tam olarak farkında değildim- muhteşem göğsüne ağzım bir karış açık bakmamaya çalışmak dışında. Tam da bu yüzden bir gömlekle örtmemesini içten bir şekilde umuyordum.

Dolapta bardakları bulup çıkardım. "Sana doldurayım mı?" diye sordum.

Yanıma geldi, yüzde yüz tamamen üstsüz görünüyordu. "Ben koyarım."

"Hallederim." Kapağını açıp içeceği bardağa döktüm ama deli gibi köpürünce, bardağın yarısı bira yerine köpük doldu. "Hımm, bir terslik var gibi?"

"Gerçekten de birayla pek aran yok, değil mi?" diye sordu gülerek.

"Tadını sevmiyorum. Mahvettim sanırım?" Büyüdüğüm küçük kasabada bira sunan iki restoran vardı ama ailem pek dışarıda yemek yemezdi ve annemle babam sadece tatillerde alkol alırdı. Üniversitede bira denemiştim ama bana çok acı gelmişti.

"Mahvetmedin. Sadece biraz durulması gerekiyor." Etrafımdan uzandı, o kadar yakındı ki, nefesimi tuttum. RJ altılı paketten bir bira daha alıp kapağı çevirerek açtı ve fazladan bir bardak çıkardı. Şişeyi eğerek içindekini bardağa boşalttı, sadece üçte ikisi dolmuştu. Onunkinde çok az köpük vardı. "Limonata mı seversin, greyfurt suyu mu?" diye sordu.

"Greyfurt suyuna bayılırım!"

Gülümsemesi, gündoğumu gibiydi. Buzdolabına doğru yürüdü, o bir sürahi meyve suyu alırken onun oldukça belirgin sırt kaslarını hayranlıkla izleyeceğim bir dakikam vardı. Bardağı tamamen doldurup bana verdi. "Tadına bak bakalım."

Deneme için bir yudum aldım. "Ah! Çok lezzetli. Sanırım birayı düşündüğüm kadar sorun etmiyorum."

Gülümsemesi genişledi. "Sen dünyadaki en iyi şeysin, biliyor sun değil mi?"

Sıcak bir his tüm vücuduma yayıldı. Kimse bana daha önce böyle hoş bir iltifat etmemişti. Dünyada bir sürü muhteşem şey vardı ve benim en iyisi olduğumu düşünmesi, şey… şaşırtıcıydı. Haliyle kendimi özgüvensizliğimi belli ederken buldum. "Tuhaf ve gerginimdir."

"Şey, benim hoşuma gidiyor. Hem de çok." Birkaç saniye süren yoğun bir sessizlikten sonra kanepeyi işaret etti. "Benimle biraz oturur musun? Beraber tuhaf ve gergin olabiliriz."

"Sen tuhaf değilsin."

Omuz silkti. "Bazen öyleyim. Konuya ve duruma bağlı olarak hepimiz öyleyiz bir bakıma."

Kulübesi açık konseptti, kabukları soyulmuş, zımparalanmış devasa ağaç gövdeleri odaları ayıran duvarlar olmadan direk işlevi görüyordu. Tavan yüksekti ve kulübenin tüm ön cephesi suyu direkt gören pencerelerle kaplıydı.

Odanın karşısında bir ateş yanıyor, sıcaklık yayıyordu ve sanırım bu da RJ'in üstsüz dolaşmasınız açıklıyordu. Burası kesinlikle sıcaktı.

RJ ve başka iki adamın –biri muhtemelen babasıydı– dev bir balık tutarken çekilmiş büyük çerçeveli bir fotoğrafı duvarda asılıydı ve yanında da iki kadının olduğu başka bir fotoğraf vardı: Genç kadının yanağındaki benzer gamzeye bakılacak olursa, kız kardeşi ve annesiydi. Etrafa saçılmış çok fazla spor ıvır zıvırı da vardı, genellikle hokeyle alakalıydılar. Kırlentlerinde "*PUCK*[*] *YEAH!*" yazıyordu. Köşede, ayağı hokey sopası şeklinde yapılmış bir lamba vardı. Bardak altlıkları bile eski hokey diskleriydi.

"Vay be, sağlam spor taraftarı olmalısınız." Disk altlıklardan birini aldım.

RJ ensesini ovuşturdu. "Çok belli oluyor, demek?"

"Babamın bodrumdaki odasına çok benziyor, sadece orada hokey değil beyzbol var."

"Sen sporla ilgileniyor musun?"

Başımı iki yana salladım. "Ah, hayır. Ben hiç sportif değilim. Ama babamla abilerim sürekli beyzbol izlerdi. Nasıl oynandığını bana birkaç kez göstermeye çalıştılar ama spordaki kuralları anlamıyorum. Ben genelde kitaplara gömülü olurum."

Bardağımı iki elimle tutuyordum; böylece ellerimi ovuşturmaya, tırnaklarımı yemeye ya da gergin olduğumda yapmaya meyilli olduğum diğer kıpır kıpır hareketlere kapılmamaya direniyordum. "Bu gerçekten çok hoş bir kulübe."

"Burayı yıllar önce babam buldu ve tatil yapmak için iyi olacağını düşündü. Kız kardeşim Stevie'yle gerçekten çok yakınım oldum olası ama o ve annem balık tutmakla pek ilgilenmiyorlar. Bu yüzden onlar New York'ta kalır, biz de erkek erkeğe tatile çıkardık; bu da abim, babam ve benim bağımı kuvvetlendirmeye yaradı. Ergenliğimden beri her yaz buraya gelirdik."

"Ama bu yaz abin gelemedi?" diye sordum.

"Karısı Joy hamile ve bazı sorunlar varmış, o yüzden orada kalması gerekti." Hikâyede daha fazlası varmış gibi gülümsemesi biraz gergindi.

"Ah, hayır. Her şey yolunda mı?"

"Joy'da gebelik şekeri çıkmış, sanırım bu yaygın bir şey ama gözlerini üstünden ayırmıyorlar. Her şeyin yolunda olduğunu söyledi ve genelde sözüne güvenirim."

---

* Puck (ing): Buz hokeyi topu. (e.n.)

"Peki ya baban– o hâlâ geliyor mu?" Benim ailem seyahat etmeyi pek sevmiyorlardı. Annem uçaktan korkardı ve özellikle de arabayla yapılan uzun yolculukların tehlikesinden hoşlanmazdı, o yüzden büyüdüğüm kasabadan çok uzağa gitmezdik.

RJ gözlerini bardağına dikti. "Babam birkaç yıl önce öldü."

İçeceğimi sehpaya bırakıp elimi dizine koydum. "Çok üzgünüm. Çok zor olmalı." Bana yakın olan kimseyi kaybetmemiştim, nine ve dedelerim bile hayattaydı, bu yüzden bunun ne kadar zor olduğunu ancak hayal edebilirdim.

"Teşekkürler ve evet, kolay olmadı. Tatiller ve doğum günleri zor geçiyor. Ailemle her zaman çok yakınız, o yüzden yokluğu hissediliyor."

"Yaşı genç olmalı." Uzayan fiziksel temasımla işleri daha da tuhaflaştırdığımı düşünerek geri çekilmeye başladım ama RJ elini elimin üstüne koydu.

"Sadece ellilerinin ortasındaydı. Tip 1 diyabeti vardı -kendine gerçekten iyi bakardı- ama bazı bedenler hastadır işte, anlarsın işte. Neyse, bir sürü sorun yaşadı. Kör oldu, sonra vücudu düzgün çalışmayı bıraktı. En çok annem için zor oldu, sağlığının böyle kötüye gidişini izlemek zorundaydı. Hayatta olduğu son yaz, hali olmadığı için bu geziyi iptal etmek zorunda kaldık ama sonraki yaz Kyle ile buraya geldik. Maalesef bu yıl kendi başımayım." Gülümsemesi hüzünlüydü. Elini benimkinden çekti ve bardağını kafaya dikerek sağlam bir yudum aldı. "Peki ya sen, ailenle yakın mısınızdır?"

Ellerimi meşgul etmek için bardağımı aldım. "Ah evet, çok yakınızdır."

"Kardeşin var mı?" Konuyu değiştirmekten memnun olmuş gibiydi, çok anlaşılır bir durumdu.

"Yedi kardeşim var."

Bira neredeyse boğazında kalıyordu. "Yedi mi?"

Başımla onayladım. "Evet. Ben en küçükleriyim ve dört abim var. Bizim evde akşam yemekleri tam anlamıyla bir gösteriydi."

RJ güldü. "Tahmin ediyorum. En büyükle aranızda kaç yaş fark var?"

"On üç yaş var. İki çift ikiz de var arada."

"Vay be, böyle büyümek nasıl bir şeydi?" Beni heyecan verici buluyormuş gibi yanağını avucuna dayadı.

Onun kadar çekici birinin dikkatini tamamen bana vermiş olması neredeyse sinir bozucuydu. Ayrıca, yarı çıplak oluşuna hayranlık duysam da düşünmeyi biraz zorlaştırıyordu. Şikâyet ettiğimden değildi, iyi bir meydan okumayı severdim. "Birbirlerine şaka yapan fazladan bir sürü ebeveyne sahip olmak gibiydi. Çoğunlukla etrafta bir sürü kişinin olması güzeldi ama bazen biraz alanım olsun istiyordum, bilirsin işte. Hepsi sürekli işlerime burnunu sokuyordu."

Tek kaşını kaldırdı. "Birileriyle çıkmak eğlenceli olmuştur."

"Pek sayılmaz."

Gür ve boğazdan gelen bir kahkaha attı. "Lisede bunu senin için imkânsız hale mi getirdiler?"

"Kısmen. Hepimiz evde eğitim aldık, yani benim için pek bir fark olmadı."

RJ'in kaşları havalandı. "Evde eğitim mi? Nasıldı peki?"

"Sanırım göründüğünden daha az izole ediciydi. Evde eğitim etrafında inşa edilmiş büyük topluluklar var. Mesela danslarımız, etkinliklerimiz ve benzeri şeyler bile vardı. Pek dans ettiğimden değil. Ben daha çok kenar süsüydüm, kenarda durup herkesi izlerken aynı anda tüm bu insanlarla aynı yerde olmaktan panik atak geçirmemeye çalışıyordum."

"Kardeşlerinle mi?"

Hafifçe rahatsız olmuş ifadesine gülme sırası bendeydi. "Sadece kardeşlerim yoktu ki, şapşal. Ayrıca çoğu çok daha büyüktü, ben lise çağına geldiğimde üniversiteyi çoktan bitirmişlerdi. Bölgedeki tüm evde eğitim gören ailelerle bir araya gelirdik. Spor takımları falan vardı. Genellikle günde sadece üç saat eğitim alırdım ve hızlı öğrenirim. Her neyse, on beş yaşıma geldiğimde lise son sınıfın tüm müfredatını bitirmiştim, bu yüzden üniversite giriş sınavlarına girdim. İyi puan aldım ama ailem üniversiteye gitmek için çok genç olduğumu düşündü, bu yüzden birkaç yıl online kurslara katıldım."

"Yani bir dâhisin?" diye sordu RJ.

Omuz silktim, utanarak içeceğime odaklandım. "Sadece hızlı öğreniyorum. Çabucak kavrarım ve iyi bir hafızam vardır."

"Zekâ seksidir, Lainey."

Başımı kaldırıp bakınca, RJ'in sıcak gülümsemesini gördüm ama avuçlarımı terleten ve midemi kasan bana bakış şekliydi. Büyüleyici bir şeymişim gibi bakıyordu.

"Ya sen? Böyle görünmek için çok aktif bir işin olmalı." Vücudundaki belirgin hatları işaret ettim.

Yanaklarında iki gamze belirdi. "Bu bir iltifat mı?"

"Sana kaba gelmediyse, olabilir." Umarım onu nesneleştirdiğimi düşünmemişti.

"Kesinlikle gücendirmedi, yani teşekkürler."

"Rica ederim." İçeceğimden bir yudum daha alınca bardağımı bitirdiğimi fark ettim.

RJ bardağı elimden alıp ayağa kalktı. "Dur sana bir tane daha getireyim. Tabii başka bir şey istemiyorsan? Evde birkaç şişe şarap ve viskim var."

"Emin misin? Gününü işgal etmek istemem."

"Şaka mı yapıyorsun? Son iki gündür konuştuğum ilk kişi sensin. Dürüst olayım, tek başına balığa çıkmak, abimle olduğu kadar eğlenceli değil. Neden yemeğe kalmıyorsun? Biftek ve fırında patates yapacaktım, iki kişiye yemek yapmak tek kişiye yapmaktan daha kolay."

Erişte veya tost dışında herhangi bir şey kulağa harika geliyordu. Ve soğuk, ıssız kulübem tek seçenek olduğundan erkenden dönmek istemiyordum. "Hazırlamana yardım edersem, olur."

"Bu harika olur çünkü iyi bir bifteği mangalda pişirebilirim ve patates közleyebilirim, ancak bunun dışında yemek yapma becerilerim oldukça sınırlıdır. Yine de pizza sipariş etmede mükemmelimdir."

"Ne zaman biftek yapmaya kalksam sonu hüsran ama başka birçok şeyi yapabilirim, yani harika bir ekibiz."

Delicesine çekici bir adamla akşam yemeği yiyeceğime inanamıyordum. Tabii ki davetsiz misafirdim ve muhtemelen ikimiz de sohbet etmeye can atıyorduk ama yine de heyecan yapabilirdim. Ve gergindim, kesinlikle çok gergin.

Yeni bir arkadaşım vardı, üzerimde gömlek olmadan harika görünüyordu ve bu, nemli avuçlarıma ve hızlı kalp atışlarıma kesinlikle değerdi.

ALTINCI BÖLÜM

İncelikli Hamleler

Rook

Lainey müsaade isteyip banyoya gittiğinde, üst kata koşup bir tişört giydim. Nasıl rahat edeceksem öyle davranmamı istemişti ama ortalıkta üstsüz gezmek denyo bir hareketti.

Mutfağa geri döndüm ve o gelmeden içeceğini tazeledim.

"Yemeğe nasıl yardım edebilirim?" Lainey kazağını bir sandalyenin arkasına attı.

Ve ağzım kurudu. Sanki bir şişe tuzlu su içip üstüne bir çorba kaşığı tuz yutmuş gibiydim. Şimdiye kadar Lainey'i sadece dev bir parka veya büyük beden bir kazak içinde görmüştüm. Tüm o kocaman kumaşın altında ateşli bir vücut vardı. Kıvrımlarını ortaya çıkaran basit bir beyaz örgü bluz giymişti. Koyu renk dar kot pantolon, biçimli bacaklarını sarıyordu.

Tavşanların üstüme atlamalarına alışkındım, çoğu zaman şüpheli bir şekilde soyunmaya çalışırlardı. Uzun zamandır mini etekler ve açık üstler beni heyecanlandırmıyordu. Vücudunu hiç göstermeden gösterebilen bir kadında onu inanılmaz seksi yapan bir şey vardı.

Lainey başını yana eğdi. Dişleri dolgun altdudağını ısırıyordu. Dudaklarını ben ısırmak istedim. O çıkık, dolgun dudağı dişlerimin arasına alıp ısırmak istiyordum. Bundan çok daha açık saçık şeyler yapmak istiyordum ama öpücük başlamak için iyi bir nokta gibi görünüyordu.

"RJ? Her şey yolunda mı?" Gözleri göğsüme indi. Sponsorlarımdan birinin tişörtünü giymiştim. Birkaç yıl önce bu kulübede yaptırdığım kapsamlı tadilatı karşılamıştı.

"Ha?" Başımla onayladım. "Ah. Evet. Her şey yolunda. Üzgünüm, bir an dalmışım."

Gülümseyerek parmak uçlarında yükseldi, gözleri parlıyordu- hatta ışıl ışıldı ve heyecanı tüm vücudunda titreşiyordu. Göğüsleri de sallandı. Gözlerimi yüzünden ayırmamaya çalıştım. Ama hiç kolay değildi.

"Sürekli başıma geliyor! Bazen beynim o kadar çok düşünceyle dolu oluyor ki, tüm konuşmayı kaçırıyorum. Sana da mı oluyor?"

Sırıttım. Aklından geçeni söylüyor olmasına bayılmıştım. "Sürekli."

"Bu aslında nutuk çekildiğinde yararlı bir beceri çünkü kafamdaki şeyleri sıralayabiliyorum ancak danışman hocan sana tezinde neyin yanlış olduğunu söylerken bu o kadar da yardımcı olmuyor." Saçlarını omuzlarından geriye atıp parmaklarını arasından geçirdi.

"Buradan senin de başına geldiğini çıkarıyorum."

"Geldi. Neyse ki tüm eleştirilerini e-postayla da göndermişti, o yüzden ilk seferinde kaçırmak büyük bir sorun olmadı." Saçını üçe ayırıp ne yaptığına bir kez bile bakmadan ustaca ördü. Oldukça etkileyiciydi. Tüm süreci tekrar izleyebilmek için neredeyse saçını geri çözmek istedim. "Her neyse, bu kadarı yeter. Hadi yemeğe başlayalım!" Beni iteleyip ellerini yıkadı. Ellerini kotuna sürterek kuruttu ve buzdolabına gidip açarak neler olduğuna baktı

Kendini evinde hissetmesi hoşuma gitmişti. Ben kendisiyle ilgilenilmesini bekleyen kadınlara alışkındım. Onu pohpohlamamı istemeyen biriyle tanışmanın canlandırıcı bir etkisi vardı.

O ihtiyaç duyacağı şeyleri söyleyip tezgâhın üzerine koyarken ben de buzdolabından bir şeyler çıkarmaya başladım. İstediği çoğu şeyi bulmayı başardım.

"Peki sarımsak? Evde var mı?" Eğilip yanımdan buzdolabına baktı. Örgüsü omzunun üzerinden kayarak kolumu sıyırdı.

"Ee, belki sarımsağı pas geçebiliriz?"

"Alerjin mi var? En büyük abim yediği zaman balon gibi şişiyor. Sebebini bulmamız çok uzun sürdü. Bazen yemeğe geldiğinde biraz kullanıyorum hâlâ çünkü hamile gibi görünmesini izlemek çok komik oluyor." Başını yana eğdi. "Yoksa sarımsağı sevmiyor musun?"

"Bazen severim ama değişir."

Kaşları çatıldı. "Neye göre?"

"Kiminle yediğime göre. Mesela bizim çocuklarla çıkıyorsam, ballı sarımsaklı kanat, sarımsaklı ekmek ya da Alfredo makarna sipariş ederim. Ama güzel bir kızla yemek yiyorsam, sarımsağı pas geçerim."

"Ah." Örgüsünün ucunu parmağına doladı.

Siktir. Umarın işaretleri yanlış okuyup onu rahatsız etmiyordum.

"Yani güzel olduğumu mu düşünüyorsun?"

Cevabımı gerçekten merak etmesini beklemiyordum. "Kendini her gün aynada görüyorsun– sen ne düşünüyorsun?"

Örgüsünün ucuyla oynamaya devam ederek bakışlarını kaçırdı. "Gözlerim çok büyük, bu yüzden her zaman şaşkın görünüyorum. Burnum küçük ve dudaklarım çok dolgun, bu yüzden ağzım yüzümün geri kalanıyla pek uyumlu değil."

"Vay. Bence sana yeni bir ayna lazım çünkü tek gördüğüm bir sürü muhteşem şey."

Bir kahkaha atıp elini bana doğru salladı. "Bir keresinde portre dersi aldım ve yüzün orantı ve simetrisi hakkında her şeyi öğrendik. Bunlar sadece bana öğretilenlere göre kusurlarım."

"Pekâlâ, ben tüm kusurlarının büyük hayranıyım ve bence güzelliğini azaltmıyor, artırıyor."

"Teşekkürler. Bence sen de çok güzelsin." Yüzünü buruşturdu. "Yakışıklısın demek istedim. Tişörtlü ya da tişörtsüz, göze hitap ediyorsun. Uçakta kucağına düştüğümde, *'En azından hoş görünen birinin üzerine düştüm,'* diye düşünmüştüm."

"Öyle mi?"

"Hı-hı." Muhtemelen bana bakmamak için bir çekmeceyi açtı. "Cessna'da yanıma oturduğun zaman ne kadar utanmış olsam da uçağın içindeki veya dışındaki manzaradan şikâyet edemezdim. Gerçekten iyi biri olduğun ve çok yardımcı olduğun anlaşıldı, harika bir bonus oldu." Bana bir rulo folyo uzattı. "Neden patatesleri sarmıyorsun? En son o pişer, bu yüzden ilk onlardan başlayalım."

Patatesleri barbeküye koydum ve Lainey'nin bana emirler yağdırmasına izin verdim. Kesinlikle mutfakta işini biliyordu. Ben büyürken, yemeklerin çoğunu annem yapardı ama babam cumartesi sabahı ortalama bir brunch hazırlayabilirdi. Ayrıca harika ekmekler yapardı ve onları çok özlemiştim.

Bir saat sonra masaya oturduk, tabaklar biftek, iki kez közlenmiş patates ve pastırma yağında pişirilmiş çıtır Brüksel lahanasıyla doluydu. Bir şişe kırmızı şarap açıp Lainey'ye bir kadeh ikram ettim.

"Sadece birazcık? Kırmızı şarap çok sevmiyorum sanırım."

"Belki de doğru kırmızı şarabı içmemişsindir." Kadehine biraz doldurdum.

Kadehi kaldırıp çevirdi, sonra kokladı. "Filmlerde bunu yapan insanlar gördüm ama ne işe yaradığını asla bilmiyorum," diye itiraf ettikten sonra denemek için bir yudum aldı. İfadesi düşünceli bir hal aldı, sonra büyük bir yudum daha aldı. "Bu aslında çok güzel. Beğendim. Belki de önceden içtiğim kırmızı şarap kötüydü."

"Belki de. Bazı ucuz şarapların tadı gerçekten kötü." Kadehine biraz daha koyduktan sonra, kendi kadehimi doldurdum. Kadehimi kaldırıp onun da kaldırmasını bekledim. "Tesadüfi tanışmalara."

"Yeni maceralara ve onları paylaşacak harika arkadaşlara." Kadehleri tokuşturup üstünden birbirimize gülümseyerek bir yudum aldık.

Yemek harikaydı. Kendi başıma idare edebiliyordum ama evde biri gelip benim için yemeklerimi hazırlıyordu çünkü sezon boyunca fazla zamanım yoktu. Diyetim oldukça katıydı. Ne yaptığını bilen biri tarafından pişirilen iyi bir yemeğin yerini hiçbir şey tutamazdı.

"Bana ailenden biraz daha bahset."

"Ne gibi?" Bir Brüksel lahanasını ağzına atıp düşünceli bir tavırla çiğnedi.

"Annenle baban ne iş yapıyor?"

"Mandıraları var. İtiraf etmeliyim ki, son birkaç gündür şafak vakti kalkıp inekleri sağmayı özlemedim, gerçi aslında şafak vakti falan da kalkmadım." Lainey şarabından bir yudum daha aldı. Kadehi neredeyse bitmişti.

"Ben de bir çiftlikte büyüdüm. İtiraf etmek gerekirse, ben de sabahın köründe kalkmayı özlemedim." Şarap şişesini açıp kadehlerimizi tekrar doldurdum.

Lainey oturduğu yerde doğruldu, gözleri bu gece birkaç kez gördüğüm şekilde parladı. "Ah! Ne çiftliği?"

"Alpaka."

"Gerçekten mi? Bu çok eğlenceli olmalı! Onlar çok tatlı oluyor."

"Olabilirler, onları kırpmadıkları sürece tabii."

Bilgiye aç bir şekilde, öne eğildi. "Anlatsana. Her şeyi öğrenmek istiyorum. Ne sıklıkla çiftleşirler? Onları yetiştirmek nasıl bir şey? Hiç birine bağlandın mı? Hepsinin ismi var mıydı?" Bu kız çok tatlıydı.

Güldüm ve ona bir alpaka çiftliğinde geçen çocukluğumu anlattım, onunla paylaşabileceğim başka bir ortak noktamız olduğu için mutluydum.

"Peki şimdi ne yapıyorsun? Alpaka mı yetiştiriyorsun?"

Seçeneklerimi tartarak tereddüt ettim. Yıllardır ilk kez... normal hissediyordum. Bir sürü güzel anının olduğu bu yerde şimdi kendimi sıradan bir adam gibi hissediyordum, hokey hayatımı ele geçirmeden önce, sadece RJ olarak yazın tadını çıkardığım, balık tuttuğum zamanlardaki gibiydi. Bunu olabildiğince uzun süre yaşamak istedim.

Baskı yoktu, sadece kariyerim ve banka hesabımla ilgilendiğine dair kendimden şüphe duymuyordum. Ayrıca, ona küçük beyaz bir yalan söylemenin ne zararı vardı? Farklı bir hayatta, bu kadar iyi bir hokey oyuncusu olmasaydım, alpaka çiftçisi *olurdum*. "Böyle büyüdüm." Doğrudan bir cevap vermemiştim, yani tam olarak yalan değildi ama gerçek de değildi.

"Ne güzel. Bütün abilerim mandıra işine girdiler. Bir ablam bütün muhasebe işini yapıyor, diğer ikisi de dağıtıma yardım ediyor."

Ona pervasızca yalan söylediğim için rahatsız hissederek sohbeti kendimden uzaklaştırdım. "Demek mandıracılıkla ilgilenmeyen tek kişi sensin? Zor muydu?"

Lainey kadehine bakarak omuz silkti. "Hâlâ yardım ediyorum ama okula tarımla ilgili herhangi bir şey için gitmedim. İlk başta zordu. Ailem bir arada olmayı seviyor ve en küçük olduğumdan bana karşı oldukça korumacılar ama ben öğrenmekten gerçekten zevk alıyorum, bu yüzden çalışmayı sevdiğim yeni şeyler bulmaya devam ediyorum." Sandalyesinde arkasına yaslandı ve sanki bir kâse tutuyormuş gibi şarap kadehini avuçlarının arasına aldı. "Peki sen? Üniversiteye gittin mi?"

"Birkaç yıl gittim. Ama okulu çok da sevmedim. Oturmaktansa hareket etmeyi severim."

"Hım. Evet. Bunu görebiliyorum." Gözleri göğsümde gezindi ve dudağını ısırdı. Cilve yaptığını düşünmüyordum, sadece dürüsttü. Boğazını temizledi ve elinin tersiyle kızarmış yanağına dokundu. "Bence şarap bende kafa yaptı. Burası gerçekten sıcak mı oldu?"

"Yüzün şaraptan kızardı. Sana yakıştı."

"Muhtemelen bu kadehi bitirmeden beklemeliyim." Kadehi masaya koyup sandalyesinde geriye yaslandı. "Masayı toplamana yardım edeyim." Çatal bıçağını etkileyici bir şekilde silip süpürdüğü tabağına koydu ve lavaboya götürüp sudan geçirdi.

Lainey bulaşık makinesini benim için yeniden düzenlerken ben baharatları kaldırdım. Ayrıca tencere ve tavaların temizlenmeyeceklerini ve bulaşığının sadece pişeceğini ve çıkarmanın on kat daha zor olacağını temin ederek onları makineye koymayı reddetti.

"Ben yıkayabilirim." Lainey kalçasıyla beni dürterek yolundan itti.

"Sen misafirimsin, bunu yapmana gerek yok."

"Sorun değil." Gidere tıkaç takıp lavaboya biraz bulaşık deterjanı sıktı ve musluğu açtı. "Sıcak su gerçekten çok iyi."

Tezgâha yaslandım. "Nasıl yani?"

"Kulübedeki su ısıtıcıda ufak bir sorun var sadece." Bana bakmaması, ortadaki problemin pek de *ufak* olmadığını gösteriyordu.

"Sıcak suyun var mı?"

"Yakında hallolur." Sabunlu elini sallayarak köpükleri havaya savurdu. Göğsüne, saçına ve biraz da bana sıçradı. "Ah! Çok özür dilerim!"

Köpüklü ellerini kot pantolonuna sildi ve köpükleri göğsümden ve boynumdan temizlemeye başladı. Onu durdurmadım çünkü ellerinin üzerimde gezinmesinden fazlasıyla memnundum.

İfadesi çok sevimliydi. "Saçında da biraz var. Gerçekten özür dilerim- gerildiğim zaman biçer dövere dönüyorum, ki çoğu zaman gerginimdir. Sonra konuşmaya başlar ve asla duramam."

"Seni geriyor muyum?" Gülümsememi bastırdım.

"Şey, tam olarak sen germiyorsun ama kulübemdeki durum geriyor - ve sakın buraya senden yardım filan istediğim için geldiğimi sanma. Ya da senden yemek yemeye ya da mutfağını ele geçirmeye çalıştığımı. Gerçekten, seni tekrar görmek, özür dilemek ve teşekkür etmek istemiştim."

"Öncelikle, hiçbir şey için özür dilemen gerekmiyor- ve seni kaldığın yere bırakmayı genel olarak bencilce sebeplerden ben teklif ettim."

"Başkası için yolunu değiştirmekte ne gibi bir bencilce sebep olabilir?"

"Fazla zorlamadan ya da ısrarcı görünmeden seninle daha fazla zaman geçirmek istedim, Lainey." *Ya da seni korkutmadan.* Çoğu zaman ne kadar gergin olduğu düşünülürse bu da muhtemel görünüyordu. Yine de buna alışmaya başlamıştım ve oldukça sevimliydi.

"Ah." Birazcık dürüst olup olmamayı değerlendirirken, dili altdudağında gezindi. "Şey, madem öyle, ben de birayı sadece bir özür ve teşekkür olarak getirmedim- ben de seni tekrar görmek istedim."

"Ve işte buradasın."

"Ve işte buradayım." Kocaman gözlerini bana doğru kırpıştırdı, dolgun dudaklarında küçük, utangaç bir gülümseme belirdi.

"Henüz anlamadıysan diye söylüyorum, gelmene çok mutlu oldum ve sadece dudak uçuklatan közlenmiş patates yaptığın için değil."

Kızarıklığına pembenin birkaç tonu daha eklendi.

Parmağımın tersini yanağındaki kızarıklığın üzerinde kaydırdım.

"Yüzümde bir şey mi var?" Sesi yumuşak ve fısıltı gibiydi.

"Hayır. Kızarıyorsun ve bu çok tatlı." Sessiz bir yalvarışla başımı eğdim.

"Böyle hissetmek hoşuma gitti." Lainey ufak bir adım atarak yukarı uzandı. Göğüsleri karnıma sürtündü ve dokunuşumu taklit ederek sıcak, yumuşak parmaklarını yanağımda gezdirdi. "Ben de mi kızarıyorum?"

"Belki." Gülümsemesini bastırmak için dudağını ısırdı.

Biraz daha eğildim. "Lainey?"

"Evet, RJ?"

"Seni öpebilir miyim?"

"Öpmeni umuyordum, yani evet, lütfen." Çenesini kaldırdı, gözlerini kapadı.

Parmaklarımı boynunun narin kıvrımına götürdüm, avucuma pompalanan yoğun kan akışını hissettim. Eğilip dudaklarımı dudaklarına değdirdim. Omuzlarımı tutuşu sıkılaştı, en tatlı, en yumuşak sesi çıkarırken tırnakları tişörtüme battı. Bu yüzden elbette tekrar yaptım ve tekrar.

Lainey'nin eli daha yükseğe kaydı, parmak uçları yakamda dolaştıktan sonra ensemdeki saçlarımın arasına dolandı, saçlarımı çekti. Dudaklarını aralayıp dilini dışarı çıkardı. Aynı durumda olduğumuza dair ihtiyacım olan tek onay buydu. Kolumu beline dolayıp onu kendime doğru çektim.

Onunla tanıştığım andan beri yapmak istediğim gibi dolgun altdudağını emdim ve hafifçe ısırdım. Nefesi kesilerek geri çekildi, bakışları ağzımdan gözlerime, oradan tekrar ağzıma indi. "Bunu tüm bedenimde hissettim."

"Tekrar ister misin?"

Başıyla bir kez onaylayıp fısıldadı, "Lütfen, evet ve teşekkürler."

Tekrar altdudağını emdim ve hafifçe ısırdım, başka bir tatlı nefes kesilmesi ve alçak sesli bir inlemeyle ödüllendirildim.

Öpücük saniyeler içinde keşiften çılgınca bir hale dönüştü. Bulaşıkları unuttuk, lavabonun önünde dikilmiş öpüşüyorduk. İlk kız arkadaşımla lisedeyken, her şeyi yeni keşfettiğim zamanlardaki gibi hissettiriyordu. Tanrım, bunu özlemiştim: gerçekten benden hoşlanan biriyle birlikte olmayı. Bir NHL oyuncusu olduğum için değil -param olduğu için ya da iyi seks yaptığım için ya da tipik olarak kadınları bana çeken diğer sebeplerden herhangi biri için değil- karşılıklı bir çekimle hareket ettiğimiz için.

Ellerinden biri göğsümde ve karın kaslarımda gezindi. Daha aşağı inmesini istiyordum ama kemerime ulaşır ulaşmaz tekrar yukarı çıktı. Onu biraz kaydırıp tezgâha yasladım. Her yere dağılmış bir yığın kirli bulaşık olmasaydı, bu kadar eğilmek zorunda kalmamak için onu kaldırıp oraya oturturdum.

Ellerimi vücudunun her yerinde gezdirmek istiyordum ama bu gece onun hakkında öğrendiğim her şeyi dikkate aldım. Oldukça korunaklı büyümüş gibiydi, bu yüzden liderliği almasına izin verdim ve bir sonraki hamleyi yapmasını bekledim.

Arkasını yokladı, dirseğiyle tezgâhın üzerindeki bir tencereye çarptı ve neredeyse boş bir bardağı deviriyordu. Kalçalarını benimkine bastırırken boğuk bir ses çıkardı.

Lainey beni öpmeyi bırakıp derin bir nefes aldı, yanımdan etrafa göz attı. Onu oturma odasına götürmeyi ve onu oraya taşımaktan fazlasıyla mutlu olacağımı söylemek üzereydim. Ben tek kelime edemeden, ağzımı kendi ağzına yaklaştırdı ve yan adımlarla masaya doğru gitti. Etrafıma uzandıkça öpücük çılgın ve ıslak hale geliyordu. Neyin peşinde olduğunu anlamaya çalıştım ama bunun için yine dudaklarımızı ayırmam gerekecekti, buna hiç niyetim yoktu.

Sandalye zemine sürtünürken, "Buraya, otur," diye mırıldandı ağzıma doğru. Omuzlarımdan bastırdı ve sandalyeye çöktüm. Lainey poposunu bacaklarımın üzerine yerleştirerek oturdu. Belki de çok korunaklı büyüdüğünü düşünürken yanılmıştım. Şansım varken bunu kesinlikle oturma odasına taşımalıydım. Kanepe çok daha rahat olurdu. Uzanacak ve yatacak çok alan vardı.

Birbirimize açmış gibi öpüştük, ellerimiz birbirimizin üzerinde geziniyor ama çoğunlukla güvenli bölgelerde kalıyordu. Kalçalarını döndürdü ve ben sürtünmeden inledim. Lainey kaskatı kesildi ve beni hissettiğinde nefesi kesildi. Elleri omuzlarımda durdu ve gözleri kocaman açılmış halde iterek uzaklaştı.

"Aman Tanrım." Beceriksizce kucağımdan indi ve tezgâha doğru geriledi. "Ben *çok* üzgünüm."

Ben de üzgündüm. Ama sızlayan, hayal kırıklığına uğramış ereksiyonumdaki tüm o yumuşak ve sıcak sürtünmeyi özlediğim için üzgündüm. "Niye?" Sesim daha çok hırıltı gibiydi.

"Üzerine atladığım için. Genellikle bu kadar girişken değilimdir. İçime ne girdi bilmiyorum." Yanaklarındaki renk arttı. "Muhtemelen kulübeme dönsem iyi olacak." Bluzunu çekiştirip kotunu düzeltti.

"Hey, dur." O gitmek için bir hamlede bulunmadan önce ayağa kalkıp bileğini yakaladım. "Seni eve bırakmadan önce biraz ayılmam lazım." Onu o boktan kulübeye götürmek hiç içimden gelmiyordu ama onu daha da rahatsız etmek istemedim.

Bakışları çeneme sabitlenmiş, yanakları alev alevdi. "Sorun değil- bunu yapmana gerek yok. Yürüyebilirim."

"Gece yarısı oldu, Lainey, oraya yürüyerek gitmenin imkânı yok."

Gözlerini gözlerime dikti, dudakları çizgi halini aldı. Bu konuda benimle kavga edecekmiş gibi görünüyordu, bu yüzden bileğini bırakıp devam ettim.

"Gecenin bu saati tehlikeli olur. Karanlık olmadığını biliyorum ama ayılar ortalıkta geziyor ve sen birkaç kadeh içtin."

"Ben sarhoş..."

"Ayık olup olmaman fark etmez, sahile doğru giden yol kayalık, üstelik sıcaklık düştü ve dışarısı buz gibi. Gece burada kal."

"Burada mı kalayım? Seninle?" Ellerini ovuşturuyordu.

"Dört yatak odası var- istediğini seçebilirsin." *Ama çekinmeden benim yatağımda uyumayı seçebilirsin- benimle.* "Ah ve bil diye söylüyorum, istediğin her an üstüme atlayabilirsin. Ben hiç sorun etmem."

Başını öne eğip boğuk bir şekilde güldü.

"Gerçekten evine gitmek istiyorsan, sana bir taksi çağırabilirim ama cidden kalmanı isterim."

Çenesini kaldırdı, iri gözleri benimkilerle buluştu. "İstiyor musun?"

"Evet, Lainey– anlayamadıysan diye söylüyorum, senden çok hoşlanıyorum. Ancak seni rahatsız etmek istemiyorum, bu yüzden sana kalmış ama burada çok oda var."

Yanakları tekrar kızardı. "Geceyi burada geçirsem, gerçekten sorun etmez misin?"

"Seninle daha çok zaman geçirmek hoşuma gider, konuşarak da olur öpüşerek de. Herhangi biri bana uyar– ya da ikisi de."

Bakışlarını kaçırdı, dudaklarında utangaç bir gülümseme vardı. "Tamam. Kalacağım."

Onu tüm yatak odalarının olduğu ikinci kata çıkarırken fazla heyecanlanmamaya çalıştım. Bu gece sevişmeyeceğimizden oldukça emindim. Ve bu benim için sorun değildi ama hâlâ ne kadar sert olduğumu düşünürsek, aletim mesajı almamış gibi görünüyordu.

İlk kapıda durdum. "Burası benim odam."

Lainey içeri bir göz attı. "Çok büyükmüş."

Ahlaksız bir cevabı geri yuttum. "Evet, çok alan var ve iyi oluyor. Gel, sana öteki odaları göstereyim. Koridorda yan odaya kadar peşimden geldi. "Özel banyosu ve her şeyi var."

"Vay canına!" Yanımdan geçip yatağa ilerledi. Kendini ekose yorganın üzerine atarak sırtüstü yattı ve kollarını açınca bluzu yukarı sıyrıldı ve pürüzsüz teninden birkaç santim gözüktü. "Bu inanılmaz."

Pervaza yaslanıp kollarımı göğsümde kavuşturarak gülümsedim ve onu ya da beni utandıracak şeyler söylememek için yanağımın içini ısırdım. *Bir de altımda çırılçıplak olsan ne kadar inanılmaz olacağını bir düşünsene*, gibi bir şeydi. "Karar vermeden önce diğer odaları görmek ister misin?"

"Gerek yok bence. Bu mükemmel." Dirseklerinin üzerinde doğrulup esnemesini bastırdı.

"Ben sana gece için kıyafet getireyim. Banyoda açılmamış diş fırçası vardır– ve ihtiyacın olabilecek her şey."

"Tamam. Harika olur. Teşekkürler, RJ."

"Önemli değil."

Yataktan kayıp banyoya doğru yürüdü. Odama geri döndüm, benim yanımda değil de hemen yanımdaki odada uyuyacağını bekliyordum. Ve kendime karşı tamamen dürüst olursam, vücudumun diğer bölümleri aynı fikirde olmasa bile aslında biraz memnundum. Şimdi düşünüyordum da biriyle yatağa girmeden önce onu tanımak güzeldi. Fiziksellik dışında daha fazla bağlantı kurmak.

Profesyonel hokey oynamaya başladığımdan beri sanırım en çok özlediğim şey buydu. Yanlış anlaşılmak istemem, eğlenceden payıma düşeni almıştım. Ve birkaç kadınla çıkmaya çalışmıştım ama çoğu beni zaten tanıdıklarını düşünüyordu. Bu yüzden randevular pek de adil bir şekilde başlamıyordu. Benim hakkımda düşündükleri profile uymadığımda, ağzımda acı bir tat bırakıyordu.

Ona işim hakkında söylediğim yalan da öyleydi. Ona karşı dürüst olmalıydım ama o zaman bana farklı bakmasından endişeleniyordum. Ona doğruyu söyleyecektim... yanımda rahat hissettiğinde ve doğru zaman geldiğinde söyleyecektim.

Odama girdiğimde, sertliğimi daha rahat bir pozisyona getirip hafifçe okşadım. "Sabırlı ol, küçük adam. Bu seferki beklemeye değer." Aletimle konuştuğum için kendimi aptal gibi hissederek gözlerimi devirdim.

Şifonyerimi açıp tişörtlerimi karıştırdım ve düz beyaz bir tişört buldum. Ayrıca çok büyük olacaklarını düşünmeme rağmen onun için bir boxer çıkardım. Hâlâ banyodaydı, ben de tişörtü ve boxerı yatağın üzerinde bıraktım ve aşağı inip ikimize birer bardak su doldurdum, sabah için kahve makinesini ayarladım ve tüm ışıkları söndürdüm.

Yukarı çıktığımda çoktan tişörtümü giymişti. Sırtı bana dönüktü, bu yüzden onu gözlemleyecek zamanım olmuştu. Etek ucu uyluğunun ortasına kadar iniyor ve ince bacaklarını sergiliyordu. Eğilip yorganı geri çekerek pazen çarşafları ortaya çıkardı.

Boğazımı temizleyince sıçradı.

"Üzgünüm, seni korkutmak istemedim. Sana bir bardak su getirdim." Odada ilerleyip bardağı komodinin üzerine koydum.

"Ah teşekkürler, çok düşüncelisin."

"İhtiyacın olan her şey var mı?" diye sordum, yanımda bu kadar gergin olmamasını ve öpüşmemizin iletişimimizi tuhaflaştırmamış olmasını istiyordum.

"Evet. Her şey tamam. Bunun için de teşekkürler." Tişörtün neredeyse dirseğine gelen kolunu çekiştirdi.

Bakışlarım aşağı kaydı ve göğsüne takıldı, göğüs uçları beyaz kumaşta belli oluyordu. Gözlerimi tekrar yüzüne çevirdim. "Önemli değil." Boğazımdaki hırıltıyı temizlemem gerekiyordu. "Sabah erken mi kalkarsın bilemedim, ama kahve makinesini ayarladım, yani benden önce kalkarsan lütfen kendini evinde gibi hisset."

"Tamam." Öne doğru çekingen bir adım atarak kollarını bana doladı. Ben de ona sarıldım ama belimin altındaki herhangi bir şeyin ona temas etmesinden kaçındım.

Beni bırakmasını bekledikten sonra tek parmağımı çenesinin altına kaydırıp naneli, yumuşak dudaklarına masum bir öpücük kondurdum. "İyi geceler, Lainey."

"İyi geceler, RJ."

YEDİNCİ BÖLÜM

Ertesi Sabah

Lainey

On huzurlu saat boyunca uyudum. Yatağında muhtemelen sonsuza dek yatabilirdim ama saat onu geçmişti ve RJ'in alt katta mutfakta olduğunu duyabiliyordum.

Yataktan yuvarlanarak çıktım ve ayağımı sürüyerek banyoya gittim. Saçlarıma bir göz attığımda, özellikle kulübemde sıcak su olmadığı için aşağı inmeden önce bir duş almanın en iyisi olacağına karar verdim. Çalışan bir sıcak su tankının avantajlarının tadını çıkarırken, dün geceki o öpücüğü, öpüşme anımızı kafamda tekrar tekrar canlandırdım. Gitmeden önce beni bir daha böyle öpüp öpmeyeceğini merak ettim. Öpmesini istiyordum.

Duştan sonra dünkü kıyafetlerimi tekrar giymekten başka seçeneğim yoktu ama en azından temiz ve sıcaktım. Aşağıya inerken garip kaçmaması için nasıl davranmam gerektiğini düşünürken yine gerildim. Bu kadar misafirperver olduğu için ona teşekkür edip sonra kulübeme geri dönmeyi planlıyordum. RJ mutfakta bir tavada bir şeyleri çeviriyordu. Düşük belli bir eşofman altı ve sırtını sıkıca saran beyaz bir tişört giymişti. Kaslarının pamuklu kumaşın altında esnemesini izlerken aklımdaki tüm sözler uçup gitmişti. O kumaşın yerinde olmak istedim.

"Günaydın. Nasıl uyudun?" RJ, belli ki beynime anlık olarak kısa devre yaptıran o gülümsemesini takındı.

"Harika uyudum, teşekkürler. Kusura bakma, geç olmuş. Panjurlar hiç ışık almıyor, değil mi?" Kazağım sandalyenin arkasında duruyordu, oradan aldım. "Gitsem iyi olacak sanırım."

"Ya da kahvaltıya kalabilirsin," diye önerdi RJ.

"Ah, bunu yapamam – misafirperverliğini zaten yeterince suiistimal ettim. Eminim günün çok yoğun geçiyordur."

Zaten sıcaklamış olmama rağmen kazağı başımdan geçirerek giydim. Şimdi gidersem, belki de umduğum o veda öpücüğünü alırdım.

RJ kalçasını tezgâha dayadı. "Aslında günüm baya boş. Yani, bir noktada balığa gitme ihtimalim var ama onun dışında tamamen boşum. Senin planın var mı?"

"Ah, hayır, planım yok."

"O zaman kalabilirsin? Benimle kahvaltı et, sonra da belki –eğer istersen– kasabaya inebiliriz ya da ne istiyorsan onu yaparız."

"Emin misin? Yük olmak istemem." Kalmak, veda öpücüğü yok demekti ama belki günün bir kısmını dudaklarımızı birbirimize yapıştırarak geçirebilirdik.

"Hiç de yük olmazsın, Lainey. Burada olman beni mutlu ediyor ve dürüst olmak gerekirse, hâlâ seninle daha çok zaman geçirmek için bahane arıyorum."

"Şey, o zaman, kahvaltı harika olur. Nasıl yardım edebilirim?" Ve böylece tuhaflık kayboldu.

RJ bana kahve doldurdu. "Sen bunu iç, gerisini ben hallederim."

Biraz şeker ve süt katıp karıştırdım ve mükemmel olana dek devam ettim. "Kahve harika."

"Süt-şeker oranını doğru ayarladığında emin misin?"

"Benimle dalga mı geçiyorsun?"

Başparmağıyla işaretparmağını yaklaştırdı. "Belki biraz."

"Çok fazla süt ve şeker kahveyi mahveder. Tedbirli olma taraftarıyım." Göğsünü dürttüm.

RJ kollarını bana dolayıp beni kendine çekti. Görünüşe göre istediğim öpücük beklediğimden çok daha önce gelecekti. Başını eğdi ve dudaklarımız birleşerek aralandı, dillerimiz ıslak ve kadifemsi bir şekilde birbirini okşamaya başladı.

Dün gece yaptığım gibi kendimi kaptırmak istemiyordum ama RJ'i öpmek doğum günü pastası yemek gibiydi. Bir kez başladığımda, kendimi durduramıyordum. Ellerimi göğsünde gezdirdim ve çok fazla ellememek için boynuna sarıldım. RJ'in elleri ters yöne ilerledi ve popomu avuçlayıp beni kendine çekti.

RJ boştaki eliyle tezgâhın üzerinde ne varsa kenara itti ve kesme tahtasını yüksek bir sesle lavaboya fırlattı. Hasarı kontrol etmek için bir saniyeliğine ayrıldık ama her şey yolunda gibiydi.

RJ dikkatini bana çevirdi ve beni tezgâhın üzerine kaldırdı. "Tanrım, ağzını seviyorum."

"Beni her öptüğünde, içine alkol katılmış bir galon kahve içmiş gibi oluyorum," dedim.

"Bu iyi bir şey mi, kötü bir şey mi?" Dudaklarını boynumun yan tarafında gezdirdi.

"İyi. Sanırım." Başımı yana eğdim. "Ama ikisi de yüksek oranda bağımlılık yapar. Sence insanlar öpüşme bağımlısı olabilir mi? Seks bağımlısı olabildiklerine göre, bence bu da mümkün. Sanırım her şeye bağımlı olabilirsin aslında." Kahretsin, saçmalıyordum.

RJ güldü ve çenemin kenarı boyunca burnunu sürttü. "Ben kesinlikle sana bir bağımlılık geliştiriyorum."

Bacaklarımı araladım ve RJ boşluğa adım attı, ereksiyonu bana baskı yaptığında inledi. Bacaklarımı beline doladım ve ayaklarımı arkasından bağlayarak şehvetin daha da derinlerine daldım.

RJ parmaklarını bluzumun altına kaydırdığı anda yanan bir şeyin keskin kokusu geldi. Şömine değildi, kendini üzerimden çekti. "Kahretsin!" Ocağı kapatmak için uzanıp artık neredeyse kömürleşmiş patateslerle dolu olan kızartma tavasını boş bir ocağa taşıdı. Aceleden kahvemi devirdi, kahve tezgâhın üzerine döküldü.

Kahve bana ulaşmadan tezgâhtan indim ama kenardan aşağı damlayarak ayağımızın dibinde birikti.

RJ silmek için bir bulaşık bezi aldı, yanakları tıpkı benimkiler gibi alev alevdi. "Her şey bir anda ters gitti."

"Belki de öpüşme seanslarını yemeklerden sonraya saklamalıyız," diye nefes nefese öneride bulundum, biraz da utanmıştım çünkü bir kez daha kendimi kaptırmıştım. En azından tek taraflı değildi.

"Muhtemelen iyi bir fikir." Kömürleşmiş kahverengi kalıntıları tavadan sıyırdı. "O zaman... pastırma, yumurta ve tost?"

Göğsüne hafifçe vurdum. "Tostu ben yaparım, sen de yumurtaları halleder misin?"

***

Kahvaltıdan sonra RJ beni teknesiyle gezmeye götürdü. Şimdiye kadar bindiğim tek tür sandaldı ve o da devrilmişti, dün kulübemdeki sandalı suya indirmeye çalışmıştım ama içinde bir sincap ailesi yaşıyordu. Bunu görünce girişimime son vermiştim.

Açık sularda olmak beni geriyordu, bu yüzden RJ daha fazla öpücük vererek dikkatimi dağıttı. Bugünden sonra dudaklarım ciddi bir şekilde çatlayacaktı sanırım, soyulmasın diye dudak kremi kullanmaya başlamam gerekecekti.

Tekne gezimizden döndüğümüzde -tek bir yunus veya balina görmemiştim, gerçi RJ'den başka bir şeye pek dikkat etmiyordum- öğle yemeği vakti geçeli epey olmuştu. Dün akşamdan kalanlarla biftekli sandviç yaptık ve RJ kasabaya gitmeyi teklif etti. Almam gereken uzun bir liste vardı, mesela yeni bir ısıtıcı gibi, bu yüzden hevesle kabul ettim.

Üzerimi değiştirebilmem için kulübemde kısa bir mola verdikten sonra öğleden sonrayı alışveriş yaparak geçirdik. Tuhaf şehir merkezini gezdik ve bir barda akşam yemeği yedik. Kamyonetine geri döndüğümüzde saat sekizi geçiyordu.

"Benim eve gelmek ister misin?" diye sordu RJ, kulübelerimize giden yolda ilerliyorduk. Ah, yani benimki kulübe, onunki suyun üzerinde rustik ev oluyordu.

Bu sorunun cevabı evetti. Kesinlikle isterdim. Ama RJ'in etrafında kendime hâkim olma kabiliyetim beni ikilemde bırakıyordu. İşlerin çok hızlı ilerlemesinden endişeliydim ve kulübemden ne kadar nefret etsem de bir gece yalnız kalmak iyi bir fikir olabilirdi. "Çok tatlısın ama yük olmak istemiyorum ve muhtemelen tez ödevim üzerinde biraz çalışmalıyım. Buraya bu yüzden geldim."

"Gerçekten yük olmak diye bir şey yok, Lainey." Duraksadı, neredeyse beni aksine ikna etmesini istiyordum. Çok uğraşması gerekeceğini de sanmıyordum. "Ama çalışman gerekiyorsa, anlıyorum."

RJ'in kulübesini geçip benimkine doğru ilerlemeye devam ettik. Aldıklarımı içeri taşımama yardım etti. Yeni ısıtıcıyı kurduğumda, RJ ateşi kontrol etti.

Her şey hallolunca başparmaklarını ceplerine takıp topuklarının üstünde sallandı. "Seni yarın arayabilir miyim? Nasıl gidiyor öğrenmek için?"

Hâlâ parkamla sarınmıştım ama yine gergindim, bu da terlemeye başladığım anlamına geliyordu. Bu yüzden şapkamı çıkardım ve bütün gün kafamda olduğu için muhtemelen saçımın mahvolduğunu fark ettim. Kâkülümün alnıma yapıştığını ve statiğin sihrini başka bir yerde çalıştırdığını hissedebiliyordum. Şapkayı tekrar takmak istedim ama onu koltuğa bırakıp saç örgümün ucuyla oynadım. "Çok isterim."

"Tamam. Şey, eğer bu gece bir sorun yaşarsan, ben sadece bir telefon uzaktayım." Kulübesinin numarasını bir kâğıda karaladı, sonra beni kendine çekerek sarıldı. Eldivenlerimi yere bıraktım ve avucumu ensesine doladım. Gideceğini biliyordum, bu yüzden ona son bir iyi geceler öpücüğü verebilirdim. Yumuşak başlayan öpücük bir kalp atışlarımızla ihtiyaç haline büründü.

Birkaç dakika sonra nefes alma ihtiyacıyla ayrıldık.

"Seni yarın ararım." Bu defa bir soru değildi.

Tekrar eğildi, dillerin dansı ve birbirine sürtünme faslına dönüşen bir öpücük daha geldi.

"Eğer gitmezsen, bu gece hiçbir şey yapamayacağım ve yarın kimse herhangi bir ödül alamayacak." Sendeleyerek bizi kapıya doğru ilerlettim.

"Bu kadar aktif ve çekici bir katılımcı olmasaydın, çok daha kolay olurdu," diye mırıldandı RJ, dillerimiz tekrar birbirine dolanıyordu.

"Seni öpmek tüm vücudumu sanki duyusal güçlendirici seruma batırılmış gibi hissettirmeseydi benim için çok daha kolay olurdu." El yordamıyla kapı kolunu bulurken, bir yandan da altdudağını emdim.

Nihayet kapıyı açmayı başardım. Buz gibi havanın şoku bizi ayırmaya yetti. Parmaklarımı RJ'in ensesinde gezdirdim, geriye bir adım atarak beni serbest bıraktı.

Elini cebine atıp beni hem heyecanlandıran hem de utandıran bir şekilde kendini bariz bir şekilde düzeltti.

Sırıttı. "Ne diyebilirim? İkimiz de senden hoşlanıyoruz."

Gözlerimi devirerek güldüm. "Sen iflah olmazsın. Şimdi git de verimli olma girişiminde bulunabileyim."

RJ parmağını kaldırdı. "Beni yola getirmek için bir öpücük daha?"

"Sadece bir tane."

Öne eğildi ve elimi göğsüne koydum, geri adım atmadan önce sadece birkaç dil sürtüşüne izin verdim. "Yarın konuşuruz."

Geri geri kamyonuna doğru yürüdü, kapı eşiğinde durup arka farlar garaj yolunda kaybolana kadar orada durdum.

Muhtemelen bu gece onun evinde kalmadığım için pişman olacaktım ama sanırım ona karşı koymam gerekiyordu. Ayrıca, bu kaçınılmaz olarak aramızdaki kimyayı arttıracaktı. Teorik olarak öyle olmalıydı. Sanırım yarın haklı olup olmadığımı öğrenecektim.

SEKİZİNCİ BÖLÜM

Korkak Kedi

Lainey

Kulübemin sevdiğim yanlarını tek parmağımla sayabilirdim: içinde olmamak.

Akşamın çoğunu tezim üzerinde çalışmayı deneyerek geçirdim. Burada anahtar kelime *denemekti.* Çoğunlukla tek düşünebildiğim RJ'le öpüştüğümüz ve ereksiyonunun tüm o kıyafet katmanlarının üzerinden karnıma baskısını hissettiğim andı.

Suda biraz zaman geçirmiş olmama rağmen, su içindeki hayvanları incelememiştim tam olarak. Bu yüzden, ön araştırmamın bir kısmını gözden geçirdim ve burada olmamın gerçek sebebine gerçekten biraz zaman ve enerji harcadığımda, odaklanmayı düşündüğüm korelasyonlar hakkında notlar almayı başardım. Burada olma sebebim kesinlikle RJ ile oynaşmak değildi.

Ama bu konuda iyiydi.

Başka kaç kadının onun öpüşme becerilerini deneyimleme fırsatı bulduğunu merak etmeme neden oldu bu durum. Ayrıca başka nelerde iyi olduğunu düşündürdü. Muhtemelen her şeyde iyi olduğu kararına vardım. Ne yaptığını tam olarak biliyor gibi görünüyordu. Seks terapisinde yüksek lisansım olmasına rağmen, benim bilgimin çoğu teori ve metne dayalıydı.

Ve şimdi birkaç gün önce uçakta RJ'in kucağına düştüğümden beri milyonuncu kez seks hakkında düşünüyordum. Ve onun misafir odasındakiyle karşılaştırıldığında bu yatağın ne kadar rahatsız olduğu aklımdan geçti. O odanın hemen yanında yatak odası vardı. Muhtemelen şu anda orada uyuyordu. Benim aksime.

Ben bunun yerine, eğri büğrü bir şiltenin üzerinde uzanmış, tavana bakıyor, küf kokulu bir battaniye yığınının altında donakalmış, keşke onun teklifini kabul etmiş olsaydım diyordum.

Onun evine geri dönersem, yan odada uyumayacağımdan hiç şüphem yoktu. İnsanların birbirine ilgi duymasında yanlış bir şey olduğunu düşünmüyordum. Teorik olarak, bu doğal bir insan tepkisiydi. Ama hayatımda daha önce hiç kimseye bu kadar çılgınca ilgi duymamıştım ve kendimi dizginleyememememin bir sorun olabileceğinden endişeleniyordum.

Yüzüstü dönüp nemli yastıklardan birini başımın üstüne çektim, gözlerimi kapattım ve beynimi susturmaya çalıştım. Ama hiçbir anlamı yoktu. Tamamen uyanıktım. Saat sabahın dördüydü, uyumaya çalışmaktan vazgeçtim.

Kendime bir kahve yaptım, ekmek kızartıp üzerine krem peynir sürdüm ve bir dürbünle dışarı çıktım. Dün kasabadayken e-okuyucuma birkaç kitap yüklemiş ve karşılaştırmalı veri analizi için biraz okuma yapmak adına bir milyon broşür almıştım.

Sonraki birkaç saat boyunca okurken ve sudaki yunuslarla balinaları izlerken kendimi kaybettim. Soğuk olmasına ve parmaklarımın çoğunlukla uyuşmasına rağmen, sırf kulübeye girmemek için sanırım bütün günü dışarıda oturarak geçirebilirdim.

Nihayetinde tuvalete gitmem gerekti ve gözlerimi her kırptığımda kum dolmuş gibi battığı için kesinlikle taze bir demlik kahve bana iyi gelecekti. Tuvalette işimi henüz bitirmiştim ki telefon çaldı. Ellerimi yıkamadan koştum. Pantolonum yarı inik halde kapanmadan önce yetiştim.

"Alo!" diye bağırdım ve sesim çok yüksek çıktığı için yüzümü buruşturdum.

"Lainey?"

Heyecanım hüzünlü bir balon gibi söndü ama hayal kırıklığını sesime yansıtmamaya çalıştım. "Ah, merhaba anne."

"Tanrıya şükür, açtın. Endişelenmeye başlamıştım. Bu sabah sana dört e-posta attım ve iki saattir seni arıyorum."

"Ah, üzgünüm, dışardaydım da telefonu duymamışım ve burada cep telefonu çekmiyor. Her şey yolunda mı?"

"Ah, evet. Her şey yolunda. Sadece dün aramadın ve senin için endişelendim. Alaska'daki ayı saldırılarıyla ilgili bir makale okudum. Ayılar yüzünden çöpünü dışarıda tutamayacağını biliyor muydun? Peki kahverengi ayıların boz ayılarla akraba olduğunu biliyor muydun? Dışarıda yemek bırakırsan, koklayarak geliyorlarmış. Ayı spreyin var, değil mi? Küçükken okçuluk yerine atış dersleri alman için ısrar etmeliydim."

"Çöple ilgili durumu biliyorum anne ve silahlar hakkında ne düşündüğümü de sen biliyorsun." Bir silahım olma düşüncesi bile beni ürpertiyordu.

"Biliyorum. Biliyorum. Ama ya ayı spreyi? En azından o var mı?"

"Var."

"Tamam. Bu güzel. İşler nasıl gidiyor? Biliyorsun evini özleyip erken dönmende bir sakınca yok. Biletin açık tarihli, yani istediğin zaman eve dönebilirsin."

"Aslında harika zaman geçiriyorum."

"Ah. Şey... bu güzel. Anksiyeteyi iyi idare ediyorsun, o zaman? İşler stresli bir hal aldığında kullanmak için tüm görselleştirme teknikleri aklında mı?"

"Her şeyi iyi idare ediyorum anne ve evet, işler stresli bir hal alınca ne yapacağımı biliyorum. Burası epey sessiz gerçi."

"Bunu duyduğuma sevindim." Sesi hiç de sevinmişe benzemiyordu. "Hiç arkadaş edindin mi? Derslerine o kadar odaklanıyorsun ki, bazen arkadaş edinmen zor olabiliyor. Orada başka öğrenci var mı?"

"Başka öğrenci yok ama bir arkadaş edindim."

"Gerçekten mi? Bu harika!"

Bu kadar şoke olmasına kırılmamaya çalıştım.

"Kızla nerede tanıştın? Beraber eğleniyor musunuz? Öğrenci değilse, ne iş yapıyor? Oralı mı?"

"Uçakta tanıştık. Buralı değil – aslında New York'ta alpaka çiftliği var, ki süper bir şey. Dün beraber tekneyle açıldık."

"Eğlenceli duruyor! Can yeleği giydiniz mi? Kızın adı ne?"

"RJ."

"RJ mi? Kız adı değil sanki."

Yirmi beş yaşında olmama rağmen, anneme kadın olmayan biriyle tanıştığımı söylemenin hâlâ bu kadar zor olmasından nefret ediyordum. "Çünkü RJ kız değil."

Sadece sessiz kaldı, uzun, ağır bir sessizlik. Bunun uzun sürmeyeceğinin farkındaydım. "Bir çocukla mı vakit geçiriyorsun? Onun hakkında bir şeyler biliyor musun bari? Ve kim isminin baş harflerini kullanır ki? Bundan hiç hoşlanmadım ve babanın da hoşlanacağını sanmıyorum."

Annemle bu kadar uzaktan arayı düzeltmenin bir yolu olmadan tartışırsam pişman olacağımın farkında bir şekilde, saydırmak istediğim sert sözleri geri yuttum. "Çok iyi biri anne. Yardımcı oluyor ve çok nazik. Beni yiyecek alışverişine götürdü ve kasabayı keşfederek güzel bir gün geçirdik."

"Sence bu gerçekten iyi bir fikir mi, Lainey? İnsanlara ne kadar bağlandığını biliyorsun. Orada sadece altı hafta kalacaksın ve çoktan abayı yakmış gibisin!"

"Abayı yakmadım." Bu sözlerin bu kadar acıklı olmasından hoşlanmamıştım. "Burada kısa bir süre kalacağım, o da birkaç haftalığına burada. Hoşlandığım biriyle zaman geçirmenin ne zararı var?"

"Delikanlılar sadece tek bir şey ister, Lainey."

"O delikanlı değil, anne, o bir erkek- ben de kız değilim. Yirmi beş yaşında bir kadınım. Beraber eğleniyoruz ve onunla geçirdiğim zamanın tadını çıkaracağım," diye çıkıştım.

Uzun bir sessizlik daha.

"Lütfen anne, bunu benim için zorlaştırma."

İç çekti. "Senin için ne kadar endişelendiğimi biliyorsun."

"Biliyorum ama gerçekten eğleniyorum, o çok iyi biri." *Ve çok iyi öpüşüyor.* "Herkes nasıl? Mooreen nasıl? Yakında buzağılayacaktı sanırım. Dr. Flood bununla ilgilenmek için gelecek mi?" Konuyu değiştirmek için çaktırmadan bir yol değildi ama işe yaradı.

Annem hayvanlar hakkında söylenip durdu, sonra da komşular hakkında dedikodu yapmaya devam etti.

Sonunda çamaşır yıkamaya dönebilmek için beni saldı. Harika bir iş için yakın zamanda Şikago'ya taşınan arkadaşım Eden'i aramaya karar verdim. Onu özlüyordum ama yine de telefon görüşmeleri ve e-posta yoluyla iletişim kuruyorduk. O yeni arkadaşım hakkında çok daha hevesliydi.

Telefonu kapattığımda saat çoktan öğleden sonra iki olmuştu, yorgun ve açtım. Sabahın dördünden beri ayakta durmaktan bitkin düştüğüm için kaynar su ve erişte yapmakla uğraşamayacaktım, bir avuç kraker yedim. Güneş artık parlamıyordu, ben telefondayken hava bulutlanmış ikindi göğünü karartmıştı.

Yirmi dakikalık bir şekerlemenin işe yarayacağına ve günün geri kalanını atlatabileceğime karar verdim ve iyi bir gece uykusu çekebileceğime dair biraz umudum vardı. Şekerlememden sonra RJ'i arayıp hâlâ bir şeyler yapmaya hazır olup olmadığını öğrenebilirdim.

Rahatlatıcı bir müzik açtım ve eğri büğrü yatağıma uzandım. Gözlerimi kapattığım an, RJ'nin kaslı göğsü göz kapaklarımın arkasında belirdi. Keyifli bir uykuya dalarken, dudaklarının benimkiler üzerinde olmasının ve tüm o sert kaslara bastırılmanın nasıl hissettirdiğine dair anılar belirdi zihnimde.

Büyük bir patlamayla irkilerek uyandım. Ayağa fırlayıp en yakın nesneye uzandım, komodinin üzerindeki ders kitabıydı. Hiç ışık yoktu ki bu pek mantıklı değildi çünkü uykuya daldığımda ışığın açık olduğuna yemin edebilirdim. Bir şimşeğin parıltısı beni ürküttü ve saniyeler sonra bir gök gürültüsü tüm kulübeyi salladı. Işığın olduğu kısa süre boyunca gölgeler duvarlarda gezindi, ben de çığlığı bastım.

Gök gürültülü fırtınalardan nefret ederdim. Gök gürültüsü daha çok silah seslerine benziyor ve bana Seattle'daki üniversitede geçirdiğim zamanı hatırlatıyordu. Bu, köhne bir kulübede olmam, ateşin söndüğü ve hiçbir ışığın yanmadığı gerçeğiyle birlikte, beni doğrudan Endişe-diyarına götürdü.

Yağmur çatıya vuruyordu ve daha fazla gök gürültüsü ve şimşek örtülerin altına saklanmama neden oldu. Panikle nefesimi kontrol altına almaya çalıştım ama çok hızlıydı ve ben şimdiden kontrolden çıkmıştım- tüm düşüncelerim uçup gitmişti. Işığa ihtiyacım vardı.

"Nefes al, Lainey. Nefes al ve bir çözüm bul," dedim kendi kendime. Derin bir nefes alıp yavaşça verdim. *Nefes al. Nefes ver.*

Burada bir yerde bir el feneri olmalıydı. Ya da birkaç mum. Dün cep telefonumu şarj etmekten vazgeçmiştim çünkü bende ucuz operatör hizmetlerini kullanıyordum ve hiç sinyal alamıyordum. Yine de şarjı var mı bir bakabilirdim, böylece en azından ekranı daha güvenilir bir şey bulmak için kullanabilirdim. Ne yazık ki, buradaki tüm ışıklar gibi o da sönmüştü.

Soğuk bir su damlası enseme damladı, sonra da koluma.

Tuhaf, zifiri karanlıkta tökezleyerek dolaplarda ateşi yakmak için kullandığım kibrit paketinden başka bir şey ararken, paniğimdeki anlık rahatlama yok oldu. Sonunda bir çakmak buldum ama tek yaptığı kıvılcım çıkarmak oldu. Sonunda bir el feneri bulmayı başardım ancak bir kez titredi ve söndü. "Bu salak yerde çalışan bir şey yok mu?" diye bağırdım boşluğa.

Tek karşılık, bir şimşek çakması ve bir gök gürültüsü patlaması oldu.

Rüzgâr şiddetlendi, duvarların arasından uğuldayarak kulübemin dışında kurtlar varmış gibi ses çıkardı. İşte o zaman aklımı tamamen yitirdim. Çünkü burada, ışıksız, el fenersiz, mumsuz bu kulübede yalnızdım ve üstüme damlayan su miktarına bakılacak olursa, çatı birçok yerde sızdırıyordu.

"Kendine gelmen gerek, Lainey," dedim kendi kendime hıçkırarak. Derin bir nefes alıp burnumdan verdim, terapistimin panik çok yükseldiğinde kullanmamı söylediği görselleştirme stratejisine odaklanmaya çalıştım.

Duyularımı inceledim: tadabildiğim beş şey, dokunabildiğim dört şey, koklayabildiğim üç şey, duyabildiğim iki şey. Bu kaygımı hiç azaltmadı çünkü gök gürültüsü tam o anda patladı.

Üniversiteden kalan anıları engellemeye çalıştım. Fırtına. Şimşek ve gök gürültüsü, tekrarlayan tak-tak-tak ile bu kadar benzemesi. Amfinin kapılarının çarparak açılması. Çığlık...

Telefon çaldığında bir kez daha irkildim. Eğer ailemse, iyi olduğuma inanmalarına imkân yoktu. Çünkü değildim. Çok korkuyordum. Ama şu anda bu fırtınada gerçekten yalnız kalmak istemiyordum, bu yüzden bana kederden başka bir şey getirmeyecek olsa bile telefonu açtım.

"Alo?" dedim çatlak bir sesle.

Hat elektrikten cızırdıyordu. "Lainey?"

Tanrıya şükür, ailem değildi. "RJ?"

"Hey, açmana sevindim. Daha önce aramaya çalıştım, ama hat meşguldü..." Büyük bir gök gürültüsü kulübeyi salladığında sustu. Hem attığım çığlık onu duymamı zorlaştırıyordu. "Sen iyi misin?"

"Ee..." Yalan söylemeyi düşündüm ama pek bir anlamı yoktu. "Elektrik yok."

"Evet tüm kablolar gitmiştir. Burada yaz fırtınaları sert geçer, birkaç gün elektriğimiz kesilebilir."

"Birkaç gün mü?" Yine yüksek tondan konuşmuştum.

"Evet, elektrik kesintileri için bende jeneratör var. Gelip seni alacağım, tamam mı? Beş, en fazla on dakikaya oradayım."

"Tamam. Bu çok iyi olur." Tekrar şimşek çakınca sızlandım. "Gök gürültüsünden nefret ederim."

"Elimden geldiğince çabuk geleceğim."

"El feneri getirebilir misin? Buradakilerin pili yok."

"Siktir. Tabii, getiririm. Kapıdan çıkıyorum şimdi. Birkaç dakikaya görüşürüz."

"Tamam. Teşekkürler." Gönülsüzce telefonu kapattım. Bir çanta yapmak istedim ama hiç ışık kaynağı olmadan mümkün değildi.

Dakikalar uzayarak bana saatler gibi gelirken kapı çalınca irkildim, gerçi şu anda hemen hemen her şey beni korkutuyordu. Kilidi çevirip kapıyı hızla açtım. RJ cılız ve güvensiz arka basamaklarda durmuş, yağmur onu dövüyordu, sarı bir yağmurluk giymişti ve elinde bir uçağı indirecek kadar parlak bir el feneri tutuyordu.

Geri çekilip içeri girmesine izin verdim. Kapüşonu geriye düşünce, yağmur damlalarıyla benek benek, kıpkırmızı olmuş muhteşem yüzü gözüktü. Kapıyı arkasından kapattım ve kendimi kollarına attım, sırılsıklam olması umurumda değildi. Çaresiz görünüyor olmam da. Bir gök gürültüsü yüzünden suratımı göğsüne gömmeye çalıştım.

Bir an kıpırdamadan, muhtemelen şok içinde orada durduktan sonra nihayet ıslak kollarını bana doladı. "Hey, iyisin."

"Gök gürültüsünden gerçekten nefret ediyorum," diye mırıldandım yağmurluğuna doğru.

Yatıştırıcı bir şekilde elini sırtımda gezdirdi. "Yağmur evin içinde de dışarıdaki gibi yağınca gayet anlaşılabilir bir durum."

Tam bir baş belası gibi görünmemek için birkaç derin, kararlı nefes alarak biraz sakinleşmeye çalıştım ama ağlıyordum. Yüzüm parça parça kızarmış ve gözlerim şişmişti. En azından ışık kötüydü.

Sonunda ona sonsuza kadar koala gibi yapışamayacağımı fark edince, tutuşumu gevşettim. "Fena değilim. İyiyim. Geldiğin için çok teşekkürler."

"Bu kadar kötü olduğunu bilsem, daha önce gelirdim." Başının üstündeki tavandan üzerine su damlayınca yüzünü buruşturdu. "Hadi sana bir çanta hazırlayıp seni buradan kurtaralım."

Başımla onayladım. "Çok sevinirim."

El fenerinin yardımıyla kıyafetleri bavuluma tıkıştırdım. Çatıdan bu kadar yağmur yağdığından, ıslanıp mahvolacaklarından endişe ederek dizüstü bilgisayarımı ve diğer elektronik cihazları da içine attım.

Banyo malzemelerimi de çantaya atıp montumu giydim. "Sanırım hazırım." Ne kadar titrediğimi görmesin diye ellerimi ceplerime soktum.

Biz yola çıkmadan önce RJ valizimi büyük siyah bir çöp torbasına koydu. Yağmur o kadar şiddetliydi ki, arka kapıdan altı metreden daha az bir mesafede duran ve hâlâ çalışan kamyoneti zar zor görebildim. "Hadi gidelim," diye bağırdı, şiddetli sağanak sesini bastırıyordu.

Başka bir gök gürültüsü yeri sallarken aniden durdum. Ayaklarım altımdan kaydı ama RJ'nin güçlü kolu belime dolandı ve beni tekrar yukarı çekti.

"Seni tuttum." RJ beni kamyonete kadar neredeyse taşıdı, ancak yere bastığımdan emin olduğunda beni bıraktı. Kapıyı hızla açıp RJ'in yardımıyla yolcu koltuğuna oturdum. İçeri girdiğimde valizimi arka koltuğa fırlattı ve kaportanın etrafından dolandı.

Koltuğun ve zeminin her yerini ıslatmam dışında, içerisi sıcak ve kuruydu. Kulübe ile kamyonet arasındaki kısa mesafede ceketim gömleğime kadar sırılsıklam olmuştu. RJ ısıtıcıyı artırdı ve ben de kemerimi bağladım.

Ön cam silecekleri son hızda çalışıyordu ancak yağmur onların işe yarayabileceğinden daha hızlı ve daha sert yağıyordu. Evine dönmek iki kat daha uzun sürdü çünkü yola dallar düşmüştü ve daha büyük olanların etrafından dolanması gerekti.

Sweet View Home'a vardığımızda otomatik garaj kapısını açan düğmeye bastı ve aracı garaja soktu. "Hadi gel içeri girip seni kurulayalım."

Yakıcı sıcağa rağmen hâlâ dişlerim birbirine vuruyordu. Soğuktan mı anksiyeteden mi emin değildim. "B…bu çok i...yi olur."

Emniyet kemerimi bile açmadan RJ kamyondan indi ve yolcu tarafına geçti. Gerçi parmaklarımı gerçekten hissedemediğim için emniyet kemerini açan düğmeye basmak normalden daha zordu. RJ kapıyı açarken sonunda emniyet kemerinden kurtuldum. Geniş avuçlarını belime dolayıp beni kamyonetten çıkardı. Ellerimi omuzlarına koydum, utandım ve beni küçük bir çocuk gibi kaldırırken beni taşımanın onun için ne kadar kolay olduğunu düşünüp garip bir şekilde heyecanlandım.

Beni yere bıraktı, arka koltuktan eşyalarımı almasını beklerken hâlâ titriyordum. Ne diyeceğimi bilemeden peşinden gittim. Çamur olduğu belli olan bir yerde bir hasırın üzerine bastığımda ayakkabılarım ciyak gibi bir ses çıkardı. Bu alan tek başına muhtemelen benim kulübenin tamamından daha büyüktü.

Tek dizimin üstüne çöküp ayakkabılarımı çözmeye odaklandım. Bağcıklar ıslanmıştı ve ilmekleri çektiğimde gevşetmek yerine daha sıkı düğümlendi. Hayal kırıklığına uğramış ve utanmıştım, hâlâ endişemi kontrol altında tutmaya çalışıyordum.

"Hey." RJ önümde çömeldi. Yağmur botlarını çıkarmamıştı, benim yürüyüş ayakkabılarımdan çok daha kullanışlıydı.

"Düğümler daha da karıştı." Ayakkabılarımın bağcıklarını çözmek gibi nafile bir işe devam ederek göz teması kurmaktan kaçındım.

Sıcak eli elimin üzerine kapandı. "Donuyorsun. Bırak yardım edeyim, Lainey."

Düğümlerle savaşmayı bırakıp onun devrettim. Bağcıkları çözüp ayakkabılarımı çıkardı. Çoraplarım da her yerim gibi sırılsıklam olmuştu ve ayakkabılara yapışmış halde ıslak bir cıyaklamayla çıktı. Ayaklarımın altlarının buruştuğundan emindim ve geri kalanım benek benek, boğulmuş bir fare gibi görünüyordu.

RJ ayağa kalkmama yardım edip paltomun fermuarını açarken dişlerim takırdamaya devam ediyordu. Palto ağır bir gümbürtüyle yere düştü. Kendi sarı yağmurluğunu çoktan çıkarmıştı. Tir tir titriyordum, RJ ellerini kollarımda aşağı yukarı gezdirdi. İyi hissettiriyordu ama iliklerime kadar sırılsıklam olduğum için pek bir işe yaramadı.

"Hadi. Isınman lazım, ıslak kıyafetlerin içinde ısınamazsın." Beni yanına çekip valizimi aldı, beni koridordan yukarıya, iki gece önce kaldığım yatak odasına götürdü. RJ kolunu omzuma atıp valizimi yatağın üzerine koydu.

Titrememe engel olmak için kollarımı kendime sardım. Böyle bir durumda kaldığım için utanıyordum. Başka bir gök gürültüsü ve şimşek ışıltısıyla yerimden sıçradım.

Çoraplı ayakları çıplak ayak parmaklarıma değene kadar yaklaştı. "Tanrım, küçük korkak bir kedi gibisin." Elinin tersiyle yanağımı okşadı.

"Özür dilerim. Aptalca olduğunu ve sa...sadece bir gö...gök gürültüsü olduğunu biliyorum."

"Özür dilemene gerek yok. O kulübe bir korku filminin ana mekânı gibi." Çenemi kaldırdı, ifadesi yumuşaktı. "Hadi duş alıp ısın, sonra da kuru kıyafetler giyersin? Ben sana sıcak bir içecek hazırlayacağım."

"Çok i...iyi gelir."

"Harika. Ateşe fazladan odun atarım. Sen keyfine bak." Yanağıma bir öpücük kondurduktan sonra odadan çıktı, arkasından kapıyı bir klik sesiyle kapattı.

Yalnız kalır kalmaz uzun bir nefes verdim. Tanrıya şükür onun yanında ağlamamayı başarmıştım. Bu çok utanç verici olurdu. Duşu açtım, ıslanmış kıyafetlerimi çıkardım ve sıcak suyun altına girdim. Burada gök gürültüsünü veya şimşeği duyamıyordum, bu yüzden sonunda biraz rahatlayabildim. Duşun altında ne kadar kaldığımı bilmiyordum ama sonunda çıktığımda ellerim de ayaklarım kadar buruşuktu ve cildim parlak pembeydi.

Güzel bir iç çamaşırı bulmak için valizimi karıştırdım. Bu gezi için seksi bir şey getirmediğimden pembe pamuklu olanlarla yetinmek zorundaydım, etrafında takılacağım erkeklerin sadece balina veya yunus türünden olacağını düşünmüştüm.

Bir termal tayt, termal atlet, büyük beden bir süveter ve yün çorap giydim. Aynadaki yansımama baktım, yanaklarım artık benek benek olmadığından rahatlayıp aşağı indim.

RJ'i oturma odasında ateşi körüklerken buldum. Yere serilmiş yastıklar ve büyük kabarık battaniyeler vardı. Yastıkların ve battaniyelerin yanındaki bir tepside, üst üste şekerlemelerle dolu, dumanı tüten iki fincan sıcak çikolata vardı. Aralarına bir tabak kurabiye ve tatlı koymuştu. Yağmur yavaşladı, gümbürtü artık hafif bir patırtıya dönüşmüştü.

"Rahat görünüyor." Ellerimi ovuşturmamak için birbirine kenetledim. Artık panik olmadığım için, RJ beni almaya geldiğindeki hareketlerim yüzünden biraz utanıyordum.

"Sen de daha ısınmış görünüyorsun." Battaniye yığınına pat pat vurdu. "Gelip benimle oturmak ister misin?"

"Elbette." Minderlerden birinin üzerine çöküp bacak bacak üstüne attım, RJ de aynısını yaptı. "Beni almaya geldiğinde o kadar... kontrolden çıktığım için kusura bakma."

Tek dirseği üzerinde doğruldu. "Tamamen dürüst olabilir miyim?"

Hızla ona bir bakıp tekrar bakışlarımı kaçırdım. "Elbette."

"Seninle daha çok zaman geçirme fırsatı bulduğum için çok memnunum. Ve aslında üzerine yağan yağmura karşı olsa bile, seni koruyabilmek gerçekten hoşuma gidiyor, ki dışarıdan çok yanlış geliyordur herhalde. Sadece... başkasıyla ilgilenmek hoş bir şey? Şey gibi... ihtiyaç duyulduğunu hissetmek?" Bir nefes verip yüzünü buruşturdu. "Haddimi aşarsam duracağım. Ya da aşmadan."

"Sanırım demek istediğini anlıyorum." RJ'in yüzü ya da özellikle ağzı dışında bir yere odaklanabilmek için parmak ucumu taytımın dikişinde gezdirdim. Artık fırtınanın en kötüsü geçtiği ve panikten kurtulduğum için, beni öpmesinin nasıl hissettirdiğini hatırlıyordum. "İlgilenilmek hoş bir şey. Normalde aşırı korumacı ebeveynlerle uğraşıyorum, yani bu çok hoşuma gidiyor."

Biraz rahatladı. "Tamam. Güzel. Bu şekilde hissetmene sevindim. Ve ebeveynlerinin neden aşırı korumacı olduğunu tamamen anlayabiliyorum."

"Ben kendime bakabilirim, sadece gök gürültüsünden hoşlanmıyorum," dedim. Fazlasıyla savunmaya geçmiştim.

Bir parmağını nazikçe başımın arkasında dolaştırdı. "Şu son birkaç günde o bok çukuru gibi kulübede hayatta kaldığına göre, bence kendine gayet güzel bakabilirsin. Ama benim de senin gibi çok güzel ve tatlı bir kızım olsa, ben de aşırı korumacı olurdum. Kimsenin benim olan birinden yararlanmasını istemezdim." Başını iki yana salladı. "Sanırım daha da batıyorum, değil mi?"

Güldüm. "Dört abim olduğu için benden yararlanılacak durumlar pek olmadı."

"Kurtları uzak tutmak istedikleri için onları suçlayamam." Bakışları ateşli ve tanıdık bir şekilde üzerimde gezindi.

"Ama sen bir kurt değilsin, değil mi RJ? Sen oyuncak ayısın."

Gamzeli sırıtışı belirdi. "Böyle düşünmene sevindim. Artık daha iyi hissediyor musun?"

"Çok daha iyiyim, teşekkürler. Eğer beni almaya gelmeseydin, bu akşam ne yapardım bilmiyorum." Ağlamaktan başka yani.

"İyi ki geldim. Yarın geri dönüp eşyalarının geri kalanını alabiliriz."

"Kulübenin sahipleri hafta sonunda gelecekler, sanırım. Çatının onarılması gerektiğini onlara söyleyebilirim." Bu konuda kararlı görünmeye çalıştım çünkü zaten RJ'e sürekli sorun çıkaran küçük bir hanım gibi gözükmüştüm.

RJ tek kaşını kaldırdı. "Sana ne yapman gerektiğini söylüyormuş görünme riskine giriyorum ama artık orada kalamazsın, Lainey."

"Ama çoktan oranın parasını ödedim ve başka bir yer kiralamaya param yetmez."

"Başka bir yer kiralamana gerek yok. Burada kalabilirsin. Dört oda var, unuttun mu? Tabii burada kalmak istemiyorsan başka. Eğer durum buysa, o zaman seni kasabaya götürebilirim ve orada neler yapabiliriz bir bakarız ama o kulübe tam bir bok çukuru ve eşyalarını almak dışında, seni oraya vicdanım rahat bir şekilde geri götüremem."

DOKUZUNCU BÖLÜM

Duyusal Keşif

Rook

Siktir. Muhtemelen çok yanlış bir şey söylemiştim.

Lainey'in ifadesi, birkaç saniye daha donuk kaldıktan sonra nihayet gülümsedi. "Orası gerçekten bir çöplük, değil mi?"

Yanlış anlamadığı için rahatladım. "Dürüst olmak gerekirse, ilk gece seni orada bıraktığım için çok kötü hissettim."

"Ben de bu konuda kötü hissetmiştim."

Buruk sırıtışına güldüm. "Yani burada kalacak mısın? O çatının üzerine çökeceğinden ya da rakunların yatakta sana sarılacağından endişelenmeme gerek yok mu?"

"Bence fareler ve örümceklerin sarılması daha olası." Lainey ürperdi. "Evet, şimdilik kalacağım."

Ateşin yanında oturup sıcak çikolata içerken, dört abi ve üç ablayla büyümenin nasıl bir şey olduğu hakkında konuştuk. Onunla kardeşlerim ve ailem hakkında konuşabilmeyi seviyordum. Anılarımızı paylaşırken, ona işim hakkındaki gerçeği söylemem gerektiğine karar verdim ve en başta dürüst olmadığım için üzülmeyeceğini umdum. Doğrudan ona bakabilmek için tek kolumun üzerinde doğruldum. Bir yastığa yaslanmış, uzun saçları omuzlarından dökülmüş, gözleri yumuşak, ateşin ve sıcak çikolatanın sıcaklığıyla yanakları pembeydi.

"Sana bir şey söylemek istiyorum." Bir tutam ipeksi saça dokundum, gergindim ve kararımı sorguladım. Bunun bir şeyleri değiştirmesini gerçekten istemiyordum.

Gülümseyerek dudağını ısırdı. "Tamam. Elbette. Bana her şeyi anlatabilirsin, RJ."

Ben de ona gülümsedim ama benimkinin doğal olduğundan şüpheliydim. "Biliyorsun, daha önce sana..."

Bir şimşek parıltısıyla Lainey'in gözleri panikle doldu ve rengi attı. "Ah hayır. Fırtınanın dindiğini sanmıştım."

Sonra dikkat çeken bir gök gürültüsü daha patladı, doğrulup dizlerini göğsüne çekerek neredeyse küçük bir top haline büründü.

Belli ki benim gerçeğin beklemesi gerekiyordu. "Hey, sorun yok. Güvendesin." Yer değiştirip kolumu ona doladım.

"Şimşekten korkmak aptalca." Bana döndü, tüm vücudu titriyordu.

Bir kolumu bacaklarının altından geçirip onu kucağıma çektim. "İnsan oyuncak ayı hemen burada, hiç yargılamadan güvenlik sarılması sunuyor."

"Teşekkür ederim. Özür dilerim." Alnını boynumun yan tarafına bastırdı, panik dolu nefesiyle boğazıma sıcaklık yayılıyordu.

"Korktuğun için özür dilemene gerek yok, Lainey. Bir fırtınada kötü bir deneyim mi yaşadın?" Bu kadar korkması konusunda düşünebildiğim tek sebep buydu.

Omzuma doğru başıyla onayladı.

"Konuşmak ister misin?"

O kadar uzun süre sessiz kaldı ki neredeyse vazgeçecektim.

"Seattle'a üniversiteye gittiğimi söylemiştim, hatırlıyor musun?"

"Ama uzun kalmamıştın." Sadece bir aylığına gittiğini söylemişti. Şehrin ona çok fazla geldiğini zannetmiştim.

"Hayır. Kalmadım."

"Ne oldu?" Şimdi gök gürültülü fırtınaların ve üniversite programından ayrılmanın ne alakası olduğunu anlamaya çalışıyordum.

"Kampüs dışındaki öğrenci evlerinde yaşıyordum. Bir gece gök gürültülü bir fırtına vardı ve binanın elektriği kesildi, bu yüzden uyandığımda derse sadece yirmi dakika kalmıştı. O gün sınavlar vardı ve tamamen kaçırmaktansa geç kalmayı yeğlemeye karar verdim, bu yüzden hazırlandım ve kampüse koştum. Sadece beş dakika gecikmiştim. Hâlâ fırtına vardı, çok fazla gök gürültüsü ve şimşek vardı." Titredi ve bana sıkıca sarıldı. "Merdivenlerden çıkıp amfiye gidiyordum. Sonra o sesi duydum, önce şimşek sandım."

Onu yatıştırmayı umarak sırtını aşağı yukarı okşadım, bu hikâyenin iyi gitmediğinin farkındaydım. "Değil miydi?"

"Hayır." Sesi çok kısıktı, sanki kendi anılarından saklanmak ister giydi.

"Sonra ne oldu?"

Bakışlarımı görebilmek için biraz kıpırdandı, kendi bakışlarında hayaletler ve gözyaşları dolanıyordu. "Sınıfımda bir çocuk vardı, ya da bir adam demeliyim sanırım. O da benim gibi biraz yalnızdı. Sessiz. Utangaç ama aynı zamanda… karanlık? Hiçbir şeyden gerçekten mutlu görünmüyordu. Sadece biraz alaycıydı. Ama hiçbir zaman çok samimi görünmese de ona her zaman merhaba derdim çünkü kimse gerçekten yalnız kalmak istemez, anlıyor musun? Ve her zaman başıyla onaylardı. Asla daha fazlası olmadı ama denerdim." Boğazını temizledi. "Her neyse, o gün sınıfa bir yarı otomatik tabanca getirdi ve benim gök gürültüsü sandığım ses, amfiye ateş etmesiydi. Birkaç kişiyi vurduktan sonra silahı kendine doğrulttu."

"Ah Tanrım, Lainey, bu korkunç olmalı. Bir insan neden bunu yapabilir, hayal bile edemiyorum." Ne kadar korkmuş olabileceğini düşünürken ona daha sıkı sarıldım.

Gözleri hüzünlü ve dalgındı. "Sınavdan kalmış, belki de bu onu harekete geçirmişti? Acaba -biraz daha uğraşsaydım- benimle konuşur muydu diye merak ettim. Belki, oradaki biriyle bir bağlantısı olsaydı, bu onu durdurabilir miydi? Bunu düşünmek muhtemelen aptalca. Demek istediğim, onda açıkça bir sorun vardı -dengesizdi- ama yine de..."

Akan gözyaşlarını sildim. "Bunun sorumluluğunu üstlenemezsin, Lainey. Akıl hastasıymış. Bir insan böyle aşırı bir şeyi, iyi değilse yapar. Geç kaldığın için şanslısın." *Geç kaldığın için ben şanslıyım, yoksa şimdi burada olmazdın.*

"Ailem de bana böyle söyleyip durdu. Hâlâ söylüyorlar. Çünkü buradayım, bunun olduğunu görmedim, sadece duydum ve sonrasına tanık oldum." Sadece derin bir travma yaşamış insanların olabileceği şekilde sarsılmış görünüyordu. "Bu pek... Ailem ve terapistim dışında kimseye bunu anlatmadım. Sadece... iç açıcı bir sohbet değil. Annemle bunu konuşamadım... kaldıramadı."

"Nasıl yani?"

"O benden daha endişeli. Ve olay haberlere de yansıdı ve her şeyi daha beter etti." Parmakları yavaşça tişörtümün yakasında gezindi, gözleriyle parmaklarını takip ediyordu.

"Bu konuyu benimle konuşacak kadar güvende hissetmene sevindim ve bunu yapmak ne kadar zor olursa olsun, bazen her şeyi içeride kilitli tutmaktansa dışarı atmak daha iyidir."

"Bundan bahsetmenin korkuyu iyileştirmektense daha beter etmesinden endişeliydim."

"O anıları tekrar tazelediği için mi?" Sırtını sıvazladım, onun için başka ne yapabileceğimi bilemiyordum.

"Hı-hı." Başıyla onayladı. "Ama artık tek başıma taşımak zorunda olmamak güzel."

"Güzel. Taşımak zorunda olduğun bir şey değil bu."

"O çocuk, tetiği çeken, sağ kurtulamadı." Lainey parmağını köprücük kemiğimde gezdiriyordu, vücudu bir sonraki gök gürültüsüyle sarsıldı. Devam etmeden önce titrek bir nefes verdi. "İnsanlar konferans salonundan koşarak çıktılar. Herkes çığlık çığlığaydı." Avucunu boynumun yan tarafına bastırdı, başparmağı yavaşça çenemin kenarı boyunca ileri geri sürtündü. "Ben sadece... basamaklarda dondum. Hareket etmem gerektiğini biliyordum ama vücudumun emri yerine getirmesini sağlayamıyordum. Koşmak için arkamı döndüğümde herkes üzerimdeydi. Basamaklarda ayak bileğimi burktum ama biri elimden tuttu ve ezilmemi engelleyerek beni yoldan çekti. Hiçbirini direkt görmediğim için şanslıydım."

Son kısımda kendi kendine güvence veriyor gibiydi. "Bunu yaşadığın için çok üzgünüm." Onu almaya gittiğimde bu kadar korkmuş olmasına şaşmamalıydı. Ve Lainey'in hayal edebileceğimden çok daha güçlü olduğunu fark ettim. Böyle bir şeyi atlatıp hayata hâlâ bu kadar pozitif bakabilmek bir mucizeydi.

"Sınıf arkadaşlarım çok daha beter şeyler yaşadılar ama şimdi gök gürültülü fırtınalardan neden bu kadar nefret ettiğimi biliyorsun. Ben her zaman endişeliydim ama ondan sonra... Kalabalıklarda çok zorlanıyorum, bu yüzden havaalanı benim için bir meydan okumaydı. Ve kaçışı olmayan bir uçakta olmak da hoş değildi. Ama sakin kalmam gereken tüm stratejileri kullandım ve bunu gayet iyi başardım ve sonra sen Cessna'daydın, bu da yardımcı oldu. Fırtınayla baş edebilmem gerek ama bazen anılarla başa çıkmak zor."

"Yapabileceğim bir şey var mı? Şu an yardımcı olabileceğim bir şey?"

"Burada seninle olmak bana kendimi daha güvende hissettiriyor." Elini omzumun üzerinden ve pazılarımdan aşağı kaydırarak, tişörtümün kol ucunun altından kaydı. "Beni sakinleştirmeye yardımcı olmaları konusunda insanlara çok fazla dayanmayı sevmiyorum çünkü bu her zaman etkili olmuyor. Özellikle de kaygı dayanılmaz hale geldiğinde bu insanlar yanımda değilse, bu yüzden genellikle bir duyusal sakinleştirme egzersizi yapıyorum."

"O ne?"

"Beş duyuya odaklanarak beşten geriye sayıyorum. Karanlık değilse, genellikle görebildiğim beş şey ile başlıyorum." Bir şimşek onu ürküttü, tırnaklarını koluma geçirdi.

Bir sonraki gök gürültüsünü beklediği için parmağımı çenesinin altına götürdüm, başını arkamızdaki pencerelerden uzağa çevirdim. "Şu an ne gördüğünü söyle bana, Lainey."

Gözleri benimkileri araştırdı, altdudağı titriyordu. "Sa... sana bu kadar yakınken irislerinin yanında mavi ve altın hareler görüyorum."

"Bu bir. Başka?"

"Sol yanağının üst kısmında gamzen var. Her zaman orada ama gülümsediğinde ya da güldüğünde daha belirgin oluyor." Parmak ucunu kaşımda gezdirdi. "Kaşının üstünde her zaman kalkık görünmesine neden olan bir yara izi var."

Gülünce gülümsedi. "Tam burada minik bir çilin var." Altdudağıma dokundu, sonra parmağını boynumun kenarından kaydırdı. "Ve buradaki damar, bana şu an ne kadar sakin olduğunu gösteriyor."

"Sırada ne var? Dokunma mı? Yoksa bu oyunu ben de mi oynayacağım?"

"Değişir."

"Neye göre?"

"Endişeli misin?"

"Belki biraz."

Endişelenmiş gibi kaşlarını çattı, yaşadıkları ve şu anda onu nasıl etkilediği düşünüldüğünde bu ironikti. "Ne konuda?"

"Gerçekten çok hoşlandığım, muhteşem güzellikte bir kadın var, kendisi endişeli çünkü benim ne kadar istesem de düzeltemeyeceğim kötü bir şey yaşamış. Yanlış bir şey söyleyerek ya da yaparak bunu mahvetmek istemiyorum."

Kıpırdandı ve bir an kucağımdan kalkacağını sandım ama onun yerine üzerime ata biner gibi oturdu. "Söylediğin her şey mükemmel, yani endişelenmene gerek yok."

Bir şimşek parıltısı nefesinin kesilmesine neden oldu.

"Hey, hey, benimle kal, tam burada. Bana odaklan. Bana ne hissettiğini anlat." Gözlerini gözlerime kilitlemek için avuçlarımla yüzünü kavradım.

"Kalbimin hızla attığını hissediyorum… tenime değen avuçlarının sıcaklığını, kıyafetlerimize rağmen altımda bedeninin sıcaklığını hissediyorum ve bir de sızı…" Dudağını ısırdı, yanakları kızarmıştı.

"Ne tür bir sızı?"

"Bana daha çok dokunman için," diye fısıldadı, neredeyse utangaç bir şekilde.

Hafifçe boynunu okşadım. "Böyle mi?"

"Evet, lütfen."

Parmaklarımı köprücük kemiğinde gezdirdim ve kollarından indirerek ellerine ulaştım. Bir tanesini ağzıma yaklaştırıp öptüm. "Sırada tat mı var?"

Başıyla onayladı, gözleri gözlerimdeydi. "Evet."

"Neyi tatmak istersin, Lainey?" Çıplak tenine dokunmayı dileyerek ellerimi kalçalarında gezdirdim. Ben neyi tatmak istediğimi biliyordum ama tam olarak nereye gittiğimizden emin değildim, bu yüzden onun liderlik etmesini istiyordum.

"Tenini." Eğildi, dudakları nabız atışımın tam üzerinde boğazımı bulurken burnunu çeneme sürttü. Yumuşak, sıcak dili tenimi okşadıktan sonra öperek kulağıma kadar geldi. "Tuz ve tıraş losyonunun acı tadını alıyorum." Dudakları yanağımda gezindikten sonra dudaklarımı sıyırdı. Altdudağımı emdi. "Nane, çikolata ve şekerleme tadı alıyorum."

Başını eğdi, başka bir öpücük için dudaklarını araladı, bu sefer dil vardı. Çaresizce ona daha çok dokunmak istesem de ellerimi kalçalarında tuttum. Dili benimkini okşarken sessizce inledi.

Parmaklarını saçlarıma kaydırarak kavradı. Lainey göğsü benimkiyle aynı hizaya gelene kadar öne doğru yaklaştı ve eminim sakinleştirici egzersizinin bende tam tersi bir etki yarattığının farkındaydı. Ağzına doğru inledim.

"Arzuyu duyuyorum." Ellerini indirip kazağının ucunu kavradı. "Ve kumaşın yumuşak hışırtısını." Altındaki termal atletle birlikte başının üzerine kaldırdı, teni diken dikendi, muhtemelen soğuk olduğu için, belki de hâlâ endişeli olduğu içindi... ya da tahrik olduğu için.

Muhteşem bir şekilde üstsüzdü. Hayal gücümün nasıl görüneceği, nasıl hissettireceği, nasıl olacağına dair gerçeğe yakın herhangi bir şey uydurmakta kesinlikle berbat olduğu kanıtlandı.

Bırakın bu noktaya kadar, bizi birbirimizin hayatına bu şekilde sokacak bir dizi durumu tahmin bile edemezdim. Bu... farklı hissettiriyordu. Sanki her dokunuşta ve okşamada bir anlam varmış gibiydi ve ona kim olduğum konusunda tamamen dürüst olmadığım için keskin bir suçluluk hissettim. Ama tam şu an, onun için çok bariz bir şekilde acı verici bir şey paylaştığı zamanda bunu mahvetmeyecektim. O buradayken, elimden geldiğince onu bir süreliğine uzaklaştırmam için bana güvenirken yapamazdım.

"Çok güzelsin." Ellerimi boynunun iki yanına yerleştirip onu öptüm.

"Kokuyu yapmadık," diye mırıldandı dudaklarıma doğru.

"Ben nane ve salatalık şampuanı kokusu alıyorum." Burnumu boynuna sürttüm. "Ve vanilyalı parfümünün tatlı kokusunu. Ya sen?"

"Ben ihtiyaç, şehvet ve istek kokusu alıyorum."

"Bu konuda bir şey yapmalıyız, öyle değil mi?" Ellerimi beline koydum.

"Evet, lütfen."

Onu tekrar öptüm, bu sefer kendimi tutmam imkânsızdı. Öpüştüğümüz her zaman olduğu gibi, sanki biri benzin okyanusunda çakmak yakmış gibiydi. Etrafıma dolandı ve tutuşunu gevşetmesi için onu ikna etmem gerekti. "Her santimini tatmak istiyorum Lainey, tam buradan başlayarak." Parmağımı dudaklarına dokundurup göğüslerinin arasına doğru sürükledim. "Ve devam etmeden önce burada duracağım." Göbeğinin etrafından dosdoğru aşağı doğru bir çizgi çizdim ve taytının belinde durdum. "Buranın altında. Bunun iyi bir duyusal sakinleştirme egzersizi olacağını düşünüyor musun?"

"Sanırım deneyip işe yarıyor mu görmeliyiz." Bana belli belirsiz, arsız bir şekilde gülümsedi.

Ve duyusal keşif sözümü yerine getirdim. Deneyimin tadını çıkararak birbirimizi yavaşça soyduk. Çıplak, tatlı her santimini öptüm, zamanımı en çok bacaklarının arasında geçirerek, altımda kıvranana ve içinden bir orgazm geçerken adımı haykırana kadar yalayıp öptüm.

Bunun burada bitmesine tamamen hazırdım ama Lainey beni tekrar kendine çekti, bacaklarını belime doladı. Zaten ağzımdan ve yaşadığı orgazmından dolayı kaygandı. "Lainey," diye inledim, sıcak ve ıslak bir halde ona yaslandığımda.

"Seni içimde hissetmenin nasıl bir şey olduğunu bilmek istiyorum."

Başımı kaldırdım ve onun puslu, şehvet dolu bakışlarıyla karşılaştım. "Emin misin? Yapmak zorunda değiliz ..."

Aniden kararsız göründü. "Sen içime girmenin nasıl hissettirdiğini bilmek istemiyor musun?"

"Öyle değil..." Boğazımı temizledim. "Evet. Elbette istiyorum. Sadece baskı altında hissetmeni istemiyorum..."

"Baskı altında hissetmiyorum. Aksine kendimi basınçlı hissediyorum. Sanki şu naneli şekerlerden biri bir soda şişesine atılmış ve ağzı açıkken çalkalanmış gibi. Beni öptüğünde böyle oluyor, bu yüzden içimdeyken nasıl olduğunu bilmek istiyorum."

"Bu senin… sen hiç…" Tuhaf olmadan bunu nasıl soracağımı bilmiyordum.

Başını yana eğdi, kaşlarını çattı ama sonra yukarı kalktılar. "Ah! Sen şey sandın…" Dudağını ısırdı. "*O* kadar da tecrübesiz değilim, RJ."

Verebileceğim yerinde bir cevap yoktu, bu yüzden başımı eğip boynunun yan tarafını öptüm. "Sadece emin olmak istedim ve bunun senin için, ikimiz için de iyi olmasını istiyorum. Prezervatif alayım." Cüzdanımda bir tane olduğu için minnettardım çünkü Lainey ile tanıştıktan sonraki gün aldığım kutu -bir noktada buraya geleceğimizi umarak- üst katta komodinimdeydi.

Kalçalarının arasına diz çöktüm ve Lainey doğrulup folyo kareyi benden aldı. Beni birkaç kez okşadı, sonra başını öpmek için eğildi, ambalajı yırtıp prezervatifi sarmadan önce dudaklarıyla ıslattı. Seksi, tatlı ve çok ateşliydi. Özellikle de üzerime oturup, beni vajinasına konumlandırıp kucağıma çöktüğünde.

Bu bizim çılgın öpüşme anlarımıza hiç benzemiyordu. Yavaş ve nazik, zirveye yavaş bir tırmanıştı. Gelmek üzere olduğumu hissettiğimde, ellerimi kalçalarında tuttum ve dikkatimi dağıtmak için onu öptüm. Lainey orgazmın nefesini çalmasına engel olamayıncaya kadar tekrar tekrar kenarda dengede durup geri çekildim.

Ritmi koruyabilmek ve kendi orgazmımı kovalayabilmek için onu döndürdüm. Yüzümü boynuna gömmeye çalıştım ama yüzümü ellerinin arasına aldı. "Seni görmek istiyorum," diye mırıldandı, gözleri yumuşak ve araştırıcıydı.

Bakışlarıyla buluştum, egom tüm evreni dolduracak kadar genişledi. Lainey'in gözleri, sanki şu anda benden daha büyüleyici bir şey yokmuş gibi büyülenmiş bir huşu içindeydi. Gözlerim onun muhteşem yüzüne kilitlenmiş halde, bu duygunun hiç bitmemesini dileyerek hızla geldim.

Alnımı onunkine dayadım, güçlükle nefes alıyordum. Dudağının kenarını öptüm. "Yüzündeki o ifadeyi görebilmek için bunu tekrar tekrar yaparım."

"Ne ifadesi?"

"Safi bir haz."

"Bu sadece ve sadece sana ait."

Orgazmla sarhoş halde, bitkin düşene kadar öpüştük. Kullanılmış prezervatifi çıkarıp bağladım ve şöminenin yanına fırlattım. Battaniyeyi üzerimize çektim ve Lainey bana sokuldu.

Buna ne kadar kolay alışabileceğimi düşündüm, sadece sekse değil, ona. Keşke buna bir yalan yerine gerçekle başlasaydım çünkü geri sarmak için çok geçti... ama Alaska'dan ayrılmadan önce ona söylemenin bir yolunu bulacağıma dair kendime söz verdim. Ve bu yalanın, burada sahip olduklarımızı mahvetmemesini derinden istiyordum.

ONUNCU BÖLÜM

Aşk

Lainey

Kırsal alanda bir çiftlikte büyümek, evde eğitim almak, üstüne bir de anksiyete sahibi olmak, hiç erkek arkadaşım olmadığı anlamına gelmiyordu. Olmuştu. Çok değil ama birkaç tane, çoğu uzun süreliydi. Şey, uzunumsu süreli.

Üstelik dört abimin olması birileriyle çıkmanın zor olması demekti ve genellikle gizli saklı yürütmüştüm. Gizlilik, baş başa kalmak için fırsat yakalama zorluğu eklemişti. Şimdi bile, yirmi beş yaşında olmama rağmen, hiç uzun süreliğine evden uzak yaşamamıştım. Çiftlik yüzünden hiçbir kardeşim aileden pek uzaklaşamamıştı. Herkes birbirinden birkaç kilometrelik bir mesafede yaşıyordu.

Tabii hepimizin büyüdüğü bu ev çok büyüktü ve sıvışacak çok yer vardı. Kokuyu duymazdan gelebilirseniz, ahırlar oynaşmak için uygun yerlerdi. Ve hayvanlar sizi genelde ele vermezdi, bir kovayı tekmeleyip ineklerin bölmesine göndererek ödlerini koparmazsanız elbette.

Flört dünyasında yaşadığım zorluklara rağmen, bir süre kendi evi olan bir adamla çıkmıştım. Bu cinsel repertuvarımı genişletme ve teoriyi pratiğe dökme konusunda faydalı olduğunu kanıtlamıştı; ancak son tecrübeme bakılırsa, o adam yatakta çok da iyi değildi. Kesinlikle RJ kadar verici, becerikli ya da üstün yetenekli değildi.

Şunu söylemekle yetineyim, ertesi sabah RJ eşyalarımın geri kalanını alıp kendi yerine getirmemizi önerdiğinde karşı koymadım. Ama önce daha fazla seks yaptık ve sonra duş aldık, bu da daha fazla seks demekti. RJ kadar güçlü veya çevik olmayan biriyle bunun ne kadar tehlikeli olabileceğini görebiliyordum.

Fiziksel kondisyonu bu kadar muhteşem olan biriyle yakın olmak çok harikaydı. Beni kaldırıp ancak bir çuval patates kadar ağırmışım gibi taşımakla kalmıyor, aynı zamanda -duş duvarının yardımıyla- beni kaldırıp orgazm yaşatabiliyordu. Olağanüstüydü.

RJ gerçekten fazlasıyla olağanüstüydü.

Ve dün gece aramızda bir şeyler değişmişti. Sanki cinsellikten çok daha fazla şekilde bağlanmışız gibi geliyordu.

Hızlı bir kahvaltı yaptık, boktan kulübemde kalan kişisel eşyalarımı aldık ve evine geri döndük. Ve evet, daha çok seks yaptık. Aslına bakılırsa, günün geri kalanında aşağı yukarı tüm yaptığımız buydu. Seks ve yemek. Ben etrafta onun düğmeli oduncu gömleklerinden biriyle dolaştım, o da boxerıyla gezdi- benim ricamdı elbette.

Daha önce bir kaçamak yaşamamıştım ve bunun böyle bir şey olduğunun farkındaydım. O New York'ta yaşıyordu, ben Washington'da. Onun alpaka çiftliğini yönetmesi gerekiyordu, benim de yüksek lisansımı bitirip eninde sonunda bir iş bulmam lazımdı ya da doktorama başlamalıydım, ki bu daha mantıklı geliyordu.

Bu yüzden eve döndüğümde ne olacağından endişelenmemeye çalışıyordum. Bunun yerine, hayatımda ilk defa, kendime sadece RJ ile geçirdiğim zamanın keyfini çıkarmak için izin verdim ve kalbimin bunu kaldırabileceğini umdum. Onunla seks yapmak da keyifliydi. Hem de çok. Bu da oldukça yardımcı olmuştu.

***

RJ ile rutinimize alışırken günler birbirini kovaladı. Neredeyse her gün birlikte yemek yapıyor, tekne gezintisine çıkıyorduk ve hatta tezim üzerinde çalışmayı bile başarıyordum. Onun interneti benimkinden çok daha iyiydi, bu yüzden aslında pek çok şeyi halledebilmiştim... her şey göz önüne alındığında. Takvimdeki günler, yaklaşan gidişi için geri sayım yaparken, onunla vakit geçirmeyi içermeyen her şey arka planda kaldı.

Eve gitmesine birkaç gün kala RJ planlarını değiştirdi. Biletim açık uçluydu ve onun da temmuz ortasına kadar herhangi bir sorumluluğu yoktu, bu yüzden daha uzun kalabileceğini söyledi. Onunla daha fazla zaman geçireceğim düşüncesiyle kalbim tehlikeli bir şekilde birkaç kez tekledi. Ona şimdiden çok bağlanmıştım ve bu, ayrılmamız gerektiğinde her şeyi daha da zorlaştıracaktı. Ama daha fazla zaman karşılığında yaralı bir kalbi kabul ettim ve o da gidişini erteledi. Yani ikimiz de temmuz ortasına doğru gidecektik.

Seattle'a uçmamıza iki hafta kala prezervatiflerimiz bitti. Ne kadar çok kullandığımızı düşünürsek, bu gerçekten sürpriz sayılmazdı. Mutfaktaydık, kahve yapıyor, simitleri kızartıyorduk ve ben en sevdiğim üniformamlaydım, yani RJ'in ekoseli oduncu gömleklerinden biri, onda da sadece boxer vardı.

Üstümden uzanırken ereksiyonu kalçama değdi, başımın üstündeki dolaptan iki kupa aldı. Onları önüme koydu, saçımı kenara çekti ve boynuma ıslak bir öpücük kondurdu. Hemen ardından dişlerinin nazik sıyırmasıyla devam etti.

"RJ." Uyarıdan çok inlemeydi.

"Sana nasıl direnebilirim, özellikle de o gömleğin altında hiçbir şey olmadığını bilirken." Parmakları gömleğin ucundan yukarı çıkıp çıplak tenimi okşadı. Ellerine vurup iteledim, dönüp onunla yüz yüze gelerek elimi göğsüne koydum. Bu hareket öyle pek de caydırıcı olmadı çünkü onu itmek yerine hayranlıkla mırıldandım ve başparmağımı meme ucunun üzerinde gezdirdim. RJ ile birbirimizin vücudunu keşfederek geçirdiğimiz kısa haftalarda, göğüs uçlarının uyarıcı bölge olduğunu çözmüştüm. Boynu ve kalçalarındaki V kası da öyleydi, üstelik uyarıcı bölgelerin şahına doğru iniyordu.

Beni belimden yakalayıp kaldırıp tezgâha oturttu. Avuçları dizlerimi kavradı.

"Ne kadar oldu, iki saat mi?" Tırnaklarımı boynunun yan taraflarından kaydırdım, alçak sesli inlemesinden haz duydum.

"İki saat çok uzun. Yoksunluk çekiyorum." Dizlerimin içine baskı yaptı, ona izin vermem için sessiz bir ricaydı.

Bacaklarımı açtım, iştahım onunki kadar doyumsuzdu. "Kasabaya gitmemiz lazım."

"Gideriz ama kahvaltı ve orgazmlar önce gelir, bu sırada olması şart değil." RJ sıcak ve pürüzlü avuçlarını bacaklarımdan yukarı kaydırdı ve dudağını ısırarak gömleğini sıyırdı, tamamen ortadaydım. Çoktan ıslanmıştım. RJ'leyken hep böyle oluyordu. "Siktir, Lainey."

"Kasabaya gidip geldikten sonraya kadar olmaz." Kelimeler biraz soluksuz çıkmıştı ama inançlı bir şekilde söylemiştim. Sorumlu davrandığım için içten içe kendimi takdir ettim.

RJ alnını alnıma dayadı. "Sadece oraya girip birkaç kez gidip gelebilirim, iki üç kez filan? Bu sorun olmaz, değil mi?"

Güldüm. Hiç de yerinde bir ses değildi. Ve RJ boxerını indirip ereksiyonunun başını kalçamın iç kısmına sürttüğünde inlemeye dönüştü.

"Sana kasabaya dün gitmemiz gerektiğini söylemiştim," diye mırıldandım, aletinin başını kalçamdaki kıvrım boyunca bir yandan yukarı, sonra diğer yandan tekrar tekrar sürtmesiyle neredeyse büyülenmiş haldeydim.

"Çok iyi hissettiriyorsun." En hassas noktamın etrafında daire çizince inledim. "Ten tene sadece iki giriş Lainey, lütfen."

Arkamda ekmek kızartma makinesi *bing* sesi çıkardı. "Simitler hazır."

"Siktir et simitleri."

"O acıtabilir." Ereksiyonunun başını aşağı doğru götürdü, dudaklarımı ayırarak vajinama ilerlerken derin bir nefes aldım. "Tek kez. İçeri dışarı. Hepsi bu," dedim, sonuçlarını tam olarak düşünmüyordum.

RJ'in gözleri gözlerimi buldu, göğsü hızla inip kalkıyordu. Bakışlarını aşağı indirince ben de aynısını yaptım. "Emin misin?" Tam oradaydı, eli titriyordu, sert aleti avucunun içinde seğiriyordu.

"Bir. Bir defa."

Başı içeri kaydı, ikimiz de aşağı baktık ve ona sımsıkı sarıldım. Bu çok berbat ve harika bir fikirdi. Alçak bir inlemeyle bir santim daha itti. "Tanrım, Lainey, kendine bir bak." Elleriyle vajinamı çerçeveledi, başparmaklarını üzerimde gezdirdi ve sonuna kadar itti.

Uzun, alçak ve çaresiz bir şekilde inledim. Çünkü çok iyi hissettiriyordu ve bunun çok yanlış, kötü ve tehlikeli olduğunu biliyordum. Ama yine de bacaklarımı beline dolayıp, kalçamı döndürürken onu içimde tuttum. Ağzı açık kaldı ve göz kapakları titredi, alnı benimkine yaslanırken parmak uçlarını kalçama sapladı. "Böyle çok iyi hissettiriyorsun, çok iyi Lainey."

"Sen de." Bacaklarımı belinden çözdüm ve bir elimi göğsüne koydum. Aşağıya baktı ve ben de onun sızlanır bir şekilde inlemesini izleyerek gözlerini takip ettim. Penisi görünür görünmez onu geri ittim ve tezgâhtan kayarak dizlerimin üzerine indim. Ağzıma alarak kendi ihtiyacımın tadına baktım. RJ'in elleri, ben onu olabildiğince içeri çekerken saçlarıma kaydı.

Sonunda yere düştük, ben onu ağzıma alırken yüzünün üstüne oturdum, kimin diğerini ilk önce orgazma ulaştıracağını görmek için yarıştık. Parmaklarını eklemeseydi ben kazanırdım.

Ardından kahvaltı için yeni simitleri kızartıp soğuyan kahveyi içtik. "Bu bir daha olamaz," dedim simit lokmalarımın arasında.

"Biliyorum. Özür dilerim. Geçmişte her zaman güvenli davrandığıma ve bundan sonra da güvende olacağımıza söz veriyorum. Kendimi kaptırdım. Bundan hemen sonra kasabaya gidip stok yapacağız, tamam mı?" Eğilip yanağımı öperek dudaklarını kulağıma doğru yaklaştırdı. "Kadife gibisin, tadın da cennet gibi. Elimden gelse sonsuza kadar içinde kalırdım."

Sandalyemi iterek masadan kalktım. "Giyineyim de gidelim."

"İyi fikir."

On beş dakika sonra RJ ile tamamen giyinik ve dışarı çıkıp prezervatif stoklamaya hazırdık. Belki biraz da yiyecek alırdık ama bu kesinlikle yapılacaklar listesinde ikinci sıradaydı.

Bugün oldukça sıcak ve Washington'da ilkbahar ve yaz arasındaki zamanlar gibi berraktı.

Kamyonetin anahtarlarını parmağında çevirdi. "Ne yapmamız gerektiğini biliyor musun?"

"Eğer senin penisinle benim vajinamı içeriyorsa, alışveriş gezimizden sonrasını beklemek zorunda."

Pis pis sırıttı. "Aklın tek yöne çalışıyor, değil mi?"

"Belli ki sadece senin yanındayken," diye mırıldandım.

"Lainey! Yakala!" diye bağırdı RJ.

Ellerimi savunma pozisyonunda kaldırdım çünkü tepkilerim pek de mükemmel çalışmazdı ve önüme fırlattığı nesneyi yumruğumla kavradığımda oldukça şaşırdım. "Bir şeyleri yakalamakta iyi değilim, bu yüzden bunu bir daha yapmanı önermem."

"Yeterince alıştırmayla her konuda iyi olabilirsin," diye karşılık verdi RJ.

Avucuma baktığımda kamyonetinin anahtarlarını gördüm. "Benim ehliyetim yok, unuttun mu?"

"Biliyorum. Sana araba kullanmayı öğreteceğim."

Her şeyi mükemmel kiralık canavar kamyonetine baktım. "Hayır. Olmaz. İmkânı yok." Anahtarları ona geri attım. Nişan alışım berbattı ama yine de anahtarlar düşmeden havada yakalamayı başardı.

"Neden olmasın?"

"Bu kamyoneti mahvedersem ne olacak?" Babamda daha klasik bir modeli vardı ve dünyanın parasıydı. Kamyoneti mahvedersem tamirini karşılayamazdım.

"Mahvetmezsin, Lainey. Hemen yanında durup ne yapman gerektiğini öğreteceğim. Yavaş yavaş ilerleriz."

"Ama boyasını çizebilirim. Veya bir şeye çarpabilirim." Kasabaya olan yolculuklarımızda bir sürü asfalt leşi görmüştüm. Bu ceset sayısına katkıda bulunmak istemiyordum.

RJ tek kaşını kaldırdı. "Sen bir çiftlikte büyüdün. Traktör sürmüş olmalısın."

Kollarımı göğsümde kavuşturdum. Tabii ki traktör sürmüştüm. "Bu aynı şey değil, sen de biliyorsun." Geri giderken çitlerin üzerine çıkabilir veya yanlışlıkla ahırın kenarına çarpabilirdim ve kimse çiti çizdiğim için bana kızmazdı çünkü tarım makineleri hep bir yerlere çarpardı.

RJ'in ağzında yarım bir sırıtış belirdi. "Haklısın, hiç de aynı şey değil. Traktör kullanmak kamyonet sürmekten çok daha zordur. Hemen uzman olursun."

"Traktörlerin sert kullanılması gerekir, bunun gibi kamyonetler o kadar sert kullanılmaz." Sportif, çiziksiz, hasarsız kiralık kamyonetini işaret ettim. Oldukça korkutucu ve süslüydü.

Yarım gülümsemesi otuz iki diş sırıtışa döndü ve gözleri ağır, ateşli bir şekilde üzerimde gezindi. "Seninle bir anlaşma yapalım."

"Ne tür bir anlaşma?"

"Eğer bunu denersen, bana istediğin şekilde binmene izin vereceğim."

"Bunun diğer günlerden farkı ne?"

Eliyle düşünceli bir şekilde dudaklarına vurdu. "Hımm, doğru bir noktaya parmak bastın. Soyunduğun zaman çok talepkâr oluyorsun."

"Yardımcı olmaya çalışıyorum!" diye savundum kendimi. "Pasif bir partner olmak oldukça manasız. Tabii sen neyi sevip neyi sevmediğimi tahmin etmeyi tercih ediyorsan, o ayrı."

RJ dilini altdudağında gezdirdi. "Kendini böyle ifade edebilmene bayılıyorum." Avucunu belime koyup beni kendine çekti ve ereksiyonunu karnıma bastırdı. "Lütfen Lainey, sana yeni bir şey öğretmeme izin ver."

Bir kamyonete bir RJ'e baktım. İhtimallerle çok heyecanlanmış ve tahrik olmuş görünüyordu. Ehliyetim yok derken, araba kullanamayacağımı kastetmemiştim. Kullanabilirdim. Ama otoyollarda rahat hissetmiyordum ve sadece köy yollarında araba kullanmıştım ve her zaman eski bir kamyonet kullanmıştım. Onun kiralık aracı gibi hoş bir şeyi değil. Yine de RJ nasıl yapacağımı bilmediğimi düşünüyordu ve eğer beni öğrenmeye ikna etmek istiyorsa, ben kimdim ki bu fırsatı onun elinden alacaktım?

Kasabaya giden yolda araba sürmeyi becerebileceğime emindim. Ayrıca, hız sınırına yaklaştığımda çıldıran annem yanımda olmayacaktı. O pazar günleri seksen yaşında biri gibi araba kullanırdı.

"Tamam. Deneyeceğim."

RJ sürücü koltuğuna binmeme yardım etti ki aslında popoma dokunmak için bahaneydi ve koltuğu pedallara rahat ulaşabileceğim şekilde ayarladı. Pencereyi indirip kapıyı kapattı ve cebinden telefonunu çıkardı. "Gülümse, bebeğim."

Ona samimiyetsiz bir şekilde sırıttım ve o bir fotoğraf çekip kaportanın etrafından dolaşırken, heyecan ve sinirlerim savaşıyordu. Anahtarı takıp kontağı çevirmeden önce bana tüm kadranların ve düğmelerin kısa bir özetini anlattı. Motor gümbür gümbür çalıştı. Kulübeden çıkmadan önce losyon sürdüğüm için ellerimi bacaklarıma sildim.

"Hey." RJ elini elimin üstüne yerleştirip nazikçe sıktı. "Kendinden şüphe etme, Lainey. Sen halledersin."

Endişeli olduğumu düşündüğünün farkındaydım, bu yüzden onun talimatlarını yerine getirdim, kamyonu vitese taktım ve tıpkı traktör kullanırken yaptığım gibi hafifçe gaz pedalına bastım. Geniş garaj yolunu birkaç kez turlayarak gaz ve frenleri hissetmeme izin verdi. Ne zaman frene bassam, kamyon sarsılarak duruyor, lastiklerden çakıllar sıçrıyordu. İlk başta kasıtlı yapmamıştım -kamyonunun frenleri özellikle hassastı- ama RJ'in bu kadar dikkatli ve ilgili olmasını izlemek beni eğlendirdiğinden, bunu yapmaya devam ettim.

"Pardon." Pek de gizleyemediği bir şekilde elini arabanın ön paneline dayarken sırıtışımı bastırdım.

"Harika gidiyorsun, sadece fren ve gaz pedallarının ne kadar hassas olduğunu hissetmen lazım. Vücudunda aşağılara indiğim zamanlardaki gibi. Hızlı ve sert gelmeni istersem, düğmelerine de o şekilde basmam gerekir ama süreci uzatmak istersem, o zaman nazik olurum. Aynı prensip."

Tek kaşımı kaldırdım. "Direksiyon derslerini cinsel benzetmelerle mi anlatacaksın?"

Sırıtarak omuz silkti. "Güzel bir karşılaştırma gibi geldi."

Gözlerimi devirdim ama tavsiyesine uydum, hızlanmak istediğimde hafifçe gaza ve durmak istediğimde yavaşça frene bastım. Aslında oldukça doğru bir benzetmeydi. Sonunda araba yolunda ilerliyordum. Ana yola çıktığımda sinirlerim gerildi. Kalabalık bir yol olmasa da tomruk ve nakliye kamyonları burayı sık sık kullanıyordu ve hız sınırı genellikle rahat edebileceğimden daha yüksekti.

RJ kolunu koltuğun arkasına uzatıp güvence verircesine ensemi sıktı. "Halledersin. Sadece yavaş ol, sorun olmayacak."

Trafik yoktu, her iki yönden de kimse gelmiyordu. Araba kullanmayı "öğrenmek" söz konusu olduğunda, bu muhtemelen en idealiydi. Sola, şehre doğru sinyal verdim ve garaj yolundan hızla çıktım. Şu anda saatte yalnızca kırk kilometre hız yapıyordum, bu da belirtilen hız sınırının çok altındaydı. Dikiz aynasını kontrol ettim. "Ya arkamdan biri gelirse?"

"Her zaman kenara çekip onlara yol verebilirsin. Biraz daha gaz ver, güzellik." Sevgi sözcüğü içimi sıcacık yaptı.

Talimatını yerine getirip yetmiş kilometreye çıktım. "İnsanlar otoyolda herkes bu kadar hızlı giderken ve hepsi birbirine bu kadar yakınken nasıl araba kullanıyor?"

"Alışırsın. Harika gidiyorsun."

Övgü hoşuma gitmişti, bu yüzden belirtilen hız sınırına ulaşana kadar hız göstergesini yükseltmeye devam ettim. "Bu çok hızlı!" dedim RJ'e.

Güldü. "Eğlenceli, değil mi?"

"Evet!" Gözlerimi bir an yoldan ayırıp ona baktım. Ya da belki bir andan biraz daha uzundu çünkü dikkatimi tekrar yola çevirdiğimde, küçük bir sincap kaldırımda zıplayarak ilerliyordu. "Kahretsin!" Frene bastım, minik kemirgen donakalırken lastikler gıcırdadı. Karşı yönden gelen yoktu, ben de etrafından dolanıp onu pestile çevirmeden kıvırmayı başardım. Birkaç dakika sonra, kamyonetle köşe kapmaca oynayan başka hayvan olmadan eczanenin otoparkına çektim.

RJ kapı koluna uzandı. "Hemen dönerim, benimle içeri gelmek ister misin?"

"Ee, kamyonette iyiyim."

Eğilip yanağıma bir öpücük kondurdu ve dışarı fırladı. O içeri girer girmez emniyet kemerimi çözüp yolcu koltuğuna geçtim. Beş dakika sonra RJ eczaneden çıkarken, dar kot pantolon ve üzerine oturan bir kazak giymiş sarışın bir kadın içeri girmek üzereydi. Kadın mükemmel saçlar için bir reklamdan fırlamış gibiydi. Aslında her şeyi mükemmeldi. Gördüğünden hoşlandığını belli edecek şekilde RJ'e gülümsediği an ondan nefret ettim.

RJ'in gözleri parladı ve bir an için bakışları kamyonete kaydı. Kadının ona sarılmasına bir şey demedi ve kadın ellerini kollarından aşağı kaydırırken mideme bir gerginlik oturdu. Tanıdık bir histi. Hiç hoşuma gitmedi. Kadın poşete baktı, içine göz atmaya çalışırken dudaklarında cilveli bir gülümseme vardı.

RJ çantayı arkasına çekerken, kadın sarı saçlarını omzunun üzerinden atıp RJ'in yeleğinin yakalarını tuttu. RJ'in ifadesi sertleşti, başını iki yana sallayarak kadının parmaklarını yeleğinden aldı. Kadının yüz ifadesi dostaneden sinirliye dönüştü.

RJ kamyoneti işaret etti. Kadının bakışları onunkileri takip etti ve gözleri büyüdü. Kucağıma baktım, aniden rahatsız olmuştum. RJ yıllardır buraya geldiğini söylemişti. Onun ne kadar çekici olduğunu fark eden tek kadın ben değildim ve yatakta ne kadar iyi olduğuna bakılırsa, onun becerilerini orada deneyimleyen tek kadın kesinlikle ben olamazdım.

Konuşmalarının geri kalanı kısa ve yapmacıktı. Kadına kapıyı tuttu ve kamyonete geri döndü, gergin ifadesi bana çok şey anlatıyordu. Sadece birbirleri için kim oldukları hakkında değil, aynı zamanda bu adama karşı hislerim hakkında. Kıskanmamalıydım. Bu sadece yaz kaçamağıydı. Ama bu süreç boyunca bir yerde kalbim, beynimin bildiği şeyi dikkate almayı unutmuştu: bunun bir sonu olması gerekiyordu.

RJ sürücü kapısını açıp bindi, poşeti orta bölmeye attı. "Bunun için özür dilerim."

"Niçin özür diliyorsun?" Tırnaklarımı yeme ya da kıpırdanma dürtüsüne yenik düşmemek için ellerimi kucağımda kenetledim.

Eliyle eczaneye doğru genel bir hareket yaptı.

"Ah, arkadaşından mı bahsediyorsun? Flörtöz biriydi." Bunun kulağa acı, kindar ve güvensiz gelmesinden nefret ettim.

"Charity çükü olan herkesle flört eder. Yirmilik ya da seksenlik olsan da fark etmez." RJ başparmağını ensemden aşağı kaydırdı, irkilerek çekildim.

"Beni yatıştırmana gerek yok, RJ. Aranızda bir şeyler olduğu çok açık. Senin yatağını paylaşan ilk kadın olmadığımı biliyorum." *Ve sonuncu olmayacağımın da gayet farkındayım.*

"Hey, bir saniyeliğine bana bakabilir misin?"

Gönülsüzce gözlerine baktım.

"Charity, buradaki barlardan birinde çalışıyor. Burada kısılıp kalmış ve bir çıkış, bir kaçış arıyor; ama ben, o adam olmadığımı açıkça dile getirdim. Buraya geldiğimde hep babam ve abimle zaman geçirdim, öylesine kadınlarla düşüp kalkmadım."

"Güzel bir kadın ama."

Omuz silkti. "Tipim değil."

"Ve ben senin tipinim?"

"Evet. Sen tam benim tipimsin. Çok güzelsin, akıllısın, komiksin, maceraperestsin ve acayip tatlısın. Kıskanmak için bir sebebin yok, Lainey."

"Üzgünüm. Sana hemen kızmamalıydım."

"Bir şey söyleyeceğim ve bunu yanlış anlamayacağını umuyorum, tamam mı?"

"Tamam?" Daha çok bir soruydu bu.

"Kıskanmana bayıldım."

"Öyle mi? Neden?" Kıskançlığı hiçbir zaman olumlu bir duygu olarak görmemiştim. Savunmasızlık gibiydi ve güvensizliği gösterirdi.

"Aynı noktada olduğumuz anlamına geliyor çünkü işler tersine dönseydi ve sen o dükkândan çıksan, ben de burada oturmuş bir adamın seninle flört etmesini izleseydim, muhtemelen büyük bir götlük yapardım."

"Nasıl yani?"

"Asla sakin kalamazdım. O herifin senin bana ait olduğunu bildiğinden emin olmak ve siktirip gitmesini sağlamak için kamyonetten inerdim." RJ yüzünü buruşturdu. "Muhtemelen abartmadan durmalıydım, şimdi sahiplenici bir pislik gibi konuşuyorum. Demek istediğim, kıskandığın tek kişi ben olmak istiyorum, hepsi bu. Anladın değil mi?"

"Evet anladım."

Sonra kulübeye geri döndük ve bu kıskançlıktan kalanları iyi değerlendirdik, prezervatifleri de.

ON BİRİNCİ BÖLÜM

Bütün İyi Şeyler

Lainey

"Lainey, bebeğim, uyan."

İnleyerek yastığa gömüldüm. "Bırak sadece beş dakika daha uyuyayım RJ, sonra sevişebiliriz."

Dudaklarını yanağıma bastırdı, tekrar konuştuğunda ses tonu ensemdeki tüyleri diken diken etti. "Bebeğim, lütfen. Kalkman lazım. Gitmek zorundayım."

Birkaç kez gözümü kırpıştırarak döndüm. RJ tamamen giyinik bir şekilde yatağın kenarında oturuyordu. Acı dolu bir ifadesi vardı. "Neler oluyor?"

"Sorun abim. Aslında, Joy. Sancısı başlamış. Bir aydan fazla zamanı vardı ve bazı sorunlar varmış. Uçağa birlikte binecektik biliyorum ama şu an abimin bana ihtiyacı var."

Hâlâ uykuluydum, bu yüzden söylediklerini anlamam birkaç saniye sürdü. "Bebek iyi olacak mı? Joy?"

"Bilmiyorum. Çok belirsiz bir durum. Gitmem gerek, abimin desteğe ihtiyacı var. Yani her ihtimale karşı, hepsi orada."

Durumu kavramaya çalışarak yüzümü ovuşturdum. "Doğru. Kesinlikle sana ihtiyacı var. Ne zaman gideceksin?"

"Uçağım iki saatten kısa süre sonra kalkacak. Şimdi çıkmam lazım." Elinin tersiyle yanağımı okşamaya devam ediyordu.

"Şimdi mi?" Kollarımın üzerinde doğruldum, sözlerinin ağırlığı nihayet oturmuştu.

"Üzgünüm, Lainey. Seattle'a seninle uçmak istiyordum." İfadesi acı çeker gibiydi. "Gerçekten gitmek istemiyorum ama mecburum."

"Hayır, hayır, anlıyorum. Ailenin sana ihtiyacı var, yanlarında olman lazım." Söz konusu benim kardeşlerimden biri olsaydı, ben de aynı şeyi yapardım.

"Arayacağım, tamam mı? Oraya vardığımda, arayacağım ve indiğimi, her şeyin nasıl olduğunu sana haber vereceğim, merak etme."

"Tamam. Evet. Lütfen."

"Gitmek zorunda olduğum için üzgünüm." Yüzümü ellerinin arasına aldı ve beni öptü, belli ki dişlerimi fırçalamamış olmamı umursamıyordu.

Bunun bir veda olduğunu anladığımda karnıma bir sancı saplandı. Daha birlikte geçireceğimiz zaman olduğunu düşünmüştüm. Konuşacak, işleri çözecek zamanımız. Onu bir daha görmeyecektim. Yakın zamanda değil. Bir yanım onunla gitmeyi teklif etmek istiyordu ama bu sadece kaçınılmazı uzatırdı.

Geri çekilirken boğazından umutsuz, kimsesiz bir ses yükseldi, gözleri yüzümde geziniyordu. "Sana son bir kez ihtiyacım var."

"Lütfen. Evet." Göğsümdeki ağrıyı şimdiden hissedebiliyordum ve hâlâ burada benimleydi. Gerçekten gittiğinde nasıl olacağından korktum. Kaygıyı bastırıp ana odaklandım.

Üzerimdeki tişörtü başımdan çekip çıkardı ve kemerini çözüp fermuarını açtı. "Seninle istediğim gibi ilgilenemediğim için özür dilerim." Ağzı yine benimkiyle buluştu ve öpücüğü hissettiğim çaresizliğin aynısıyla doluydu.

Hâlâ tamamen giyinikken kucağına çıkıp aletini boxerdan çıkardım.

Bunu yaparken oldukça düzdük, ben yere gömülüp zevkle haykırırken bizi yönlendiren tamamen çaresiz bir ihtiyaçtı. Son kez olduğunu bilerek, onun içimde olması hissi de dahil olmak üzere her şey daha da yüce bir hale büründü.

Başta yavaş, nazik bir şekilde beni üzerinde hareket ettirirken onu sımsıkı tuttum ama bu uzun sürmedi. Kenetlenip birbirimize tutunduk, dişlerimiz çarpıyor, dillerimiz çatışıyor, birbirimize çarparken vücutlarımız savaşıyordu, zamanımız tükendiği için ikimiz de ihtiyacımız olanı alıyorduk.

RJ ağzını benden çekti. "Gelmene ihtiyacım var."

"Yaklaştım," dedim.

Beni kaldırıp indirmeye başladı, daha hızlı, daha sert, vücudumun sınırlarını zorluyordu. Orgazm nefesimi kesti, bu hissin saklayabileceğim bir şey olmasını dileyerek haykırdım.

"Lainey." Bu tek kelime, bir rica olduğu kadar bir talepti. Gözlerimi açıp yüzüne, gözlerindeki ıstıraba, kalbimde bu kısacık haftalar haricinde asla tam anlamıyla yaşayamayacağım bir aşk şeklinde delik açan pişmanlıklara odaklandım.

Gelirken gözleri gözlerimdeydi, rahatlamayla vücudu titredi. Beni önce sert, sonra daha yumuşak öptü. Sonunda kollarını bana doladı ve iyice sıktı, dudaklarını boğazıma bastırdı. Tenime doğru anlayamadığım bir şeyler mırıldandı.

Kırılgan anlar geçmiş gitme vakti gelip çatmıştı. Avuçları sırtımda gezindi ve kısa bir süre saçlarıma dolandıktan sonra, nihayet geri çekilip düzensiz bir nefes verdi. Gözleri donuk ve üzgündü. "Gitmeliyim."

"Biliyorum."

"Seninle daha çok zaman geçirmek isterdim."

"Ben de. Seni geçireyim mi?"

"Çok iyi olur. Dur sana bir gömlek getireyim."

Kucağından indim, fiziksel bağlantımızı kaybettiğimiz için her yerde onun yokluğunu hissetmeye başladım. Tekrar pantolonunu giydi ve dolaba gidip kulübede bıraktığı gömleklerinden birini aldı. Titreyen ellerle birkaç düğmeyi ilikleyerek gömleği giymeme yardım etti.

"Bu yeterli, vaktinin olmadığını biliyorum."

Parmaklarımızı birbirine kenetledi, onu koridorda takip ettim. Ayağıma bir çift düz ayakkabı geçirip dışarı, şafağa doğru adım atarken ona sokuldum. Kara bulutlar gökyüzünü kaplamış, kasvetli ruh halimi tamamlıyordu. Bacaklarımda ve kollarımda tüylerim diken dikendi ve kafa derime kadar ürpermiştim. Kamyonet çalışır halde, spor çantası yolcu koltuğundaydı.

Saçlarımı yüzümden çekti. "Lainey, ben..." Başını iki yana sallayıp dudaklarını dudaklarıma bastırdı. "Los Angeles'a varır varmaz seni arayacağım."

"Tamam."

Beni kendine çekip sıkıca sarıldı. Beni son bir kez öptü, yavaş ve hüzünlü bir vedaydı. İlk geri çekilen ben oldum, bu ne kadar sürerse, onun önünde kendimi kaybetmeye o kadar yaklaştığımın farkındaydım.

Yüzümü ellerinin arasına aldı. "Sana söylemem gereken çok şey var. Söylemek istediğim şeyler."

Hıçkırığımı bastırmaya çalıştım. "Sorun değil. Bana daha sonra söyleyebilirsin."

"Seni şimdiden özledim."

Başımı çevirip avucunu öptüm. "Ben de."

Dudaklarını son bir kez dudaklarıma bastırdı. "Yakında konuşuruz."

"Dikkatli git." O kamyonete binip kapıyı kapatırken geri çekildim.

Uzaklaşırken onu izledim. Pencereyi açıp ana yola çıkmadan önce el salladı. Gözyaşlarımın akmasına izin vermeden önce arka lambalarının gözden kaybolmasını bekledim. Ve gözyaşlarımla beraber ilk yağmur damlası düştü.

Orada durmuş garaj yolunun sonuna bakıyordum, kalbimi tam o anda kaybetmiş gibiydim.

Dokuzda, şimşek ve gök gürültüsüyle birlikte yaz fırtınası başladı. Eşyalarımı toplarken korkamayacak kadar üzgünüm. Öğle vakti elektrik kesildi ve jeneratörün çalışmasını bekledim ama çalışmadı. Burada mumlarım ve el fenerlerim vardı, bu yüzden fırtınada karanlıkta oturmak zorunda olmadığım için rahattım ama bu kötü bir alamet gibi gelmişti.

Öğleden sonra saat birde şimşek çakmasını büyük bir gök gürültüsü takip etti. İkinci bir patlama tüm kulübeyi salladı ve mumlar bir an için titredikten sonra her şey ıssız ve durgunlaştı. Ezici paniği kontrol etmeye çalıştım ama duyusal sakinleştirme egzersizi bana sadece RJ'i hatırlatıyordu ve gözyaşlarım yağmur gibi yağmaya devam etti. Öğleden sonra saat üçte, şimdiden RJ'den haber almayı beklediğim için sabırsızdım. Paranoyak olduğumu düşünerek telefonu kontrol ettim, sonra çevir sesi olmadığını anladım.

"Hayır, hayır, hayır." Telefon olmadan RJ beni arayamaz ve bana sağ salim ulaştığını, kardeşinin iyi olduğunu, Joy ve bebeğin sağlığının yolunda olduğunu söyleyemezdi.

Ve ona bugün yapmayı planladığım hiçbir şeyi söyleyemezdim. Mesela onu New York'ta ziyaret etmek istediğimi. Ya da ona âşık olduğumu.

Ertesi sabah elektrik geldiğinde nihayet telefon hatları tekrar açıldı ama Alaska'daki zamanım dolmuştu. Ve böylece, tüm umutlarım tükendi ve kalbim kırıldı.

ON İKİNCİ BÖLÜM

Yunus S*Ki

Lainey
Günümüz

Bugün benim günüm değildi. Hem de hiç. Birazcık uykuyla geçen bir gecenin ardından işe geldiğimde iki personelimizin grip olduğu söylenmişti. Bugün cumartesiydi, izinli iki kişi arkadaştı ve üniversite çağındalardı, sanırım grip *akşamdan kalma* oldukları anlamına geliyordu. Sıfır sorumluluk güzel olmalıydı.

Personelimiz az olduğu ve bugünkü kızlardan biri yeni olduğu için, bana üç yaşındaki ikizlerin doğum günü partisi turunu yönetme görevi verilmişti. Genellikle yaptığım işler arasında değildi.

Çoğunlukla, her gün hayvanları ziyaret eden insan topluluklarından kaçınıyordum ki bu genellikle benim için sorun olmuyordu. İnsanlar çok fazla enerji gerektiriyordu ve bugünlerde harcayacak fazla enerjim yoktu.

Ne yazık ki bugün su ile ilgili her şeyde uzman bendim ve bu da görünüşe göre beni bir tur yönetmek için en iyi aday yapıyordu. Yaklaşık yirmi dakika öncesinde, doğum günü partisinin bir NHL oyuncusunun oğulları için olduğunu öğrenene kadar bu sorumluluğu iyi idare ediyordum. Burada çalışan kızların çıldırmış olmalarına bakılırsa çok çekici ve popüler biriydi.

Hokey hakkında pek bilgim yoktu ama temel kısımlarını biliyordum: Bir buz pistinde oynanıyordu ve işin içinde sopalar, diskler ve kasklar vardı. Ayrıca, bu hokey oyuncusunun tüm akvaryumu öğleden sonra için kiraladığı gerçeğine dayanarak, NHL oyuncularının etrafa saçacak çok parası olduğu anlamına geliyordu.

Sadece pasta bile servet değerinde olmalıydı. Sudan çıkan bir köpekbalığı şeklindeydi. Çok gerçekçiydi. Bu etkinlik için fiyat listesini görmüştüm -müdürümün masasındaydı- ve bu hokey oyuncusunun suda yaşayan hayvanları seyrederek geçirdiği bir öğleden sonra için harcadığı parayla bir yıllık kiramı ödeyebilirdim.

Bu abartılı partiye ek olarak, Miller Butterson -ne garip bir soyadı- ve muhteşem karısı, buradaki kıdemli personel üyelerinden biriyle üzerinde çalıştığım yunus projesini finanse etmek için büyük miktarda para bağışlamıştı. Hepsi çok heyecan vericiydi. Ve şu anda nefesime hâkim olmaya çalışmamın nedeni buydu.

Kendimi gülünç duruma düşürmeden bu deneyimi atlatabileceğimi umarak, üst üste üçüncü kez duyusal sakinleştirme egzersizimi yaptım. Olumlu tarafı, en azından yüzlerce aile yerine sadece bir grup çocuk ve ebeveynleriyle uğraşmam gerekiyordu.

Sevimli, iyi giyimli çocuklardan oluşan grubun önünde dururken örgümün ucuyla oynadım. Annelerinin hepsi çok düzgün ve çekiciydi, bu da bej üstüne bej üniformamın içinde kendimi pasaklı hissetmeme neden oluyordu. Çocuklara yunuslarımız Daphne ve Dillon hakkında her şeyi anlatırken sırtımı büyük cam duvara dayadım. Bunu gerçekten de atlatabilirdim. Bilgilerimi çok küçük, sevimli profesörlerden oluşan bir panele sunuyormuş gibi yapabilirdim.

Her şey yolunda gidiyor gibi görünürken koyu renk saçlı küçük bir çocuk kolumu çekiştirdi. "Şu baba yunus mu?"

Dikkatini neyin çektiğini görmek için tam zamanında omzumun üzerinden baktım. "Aman Tanrım." Kollarımı iki yana açıp çocukların görmesini engellemeye çalıştım ama nafileydi. Yunuslar, bu çok pahalı doğum günü partisinin şu anının çiftleşmek için harika bir zaman olduğuna karar vermişlerdi. Akvaryumun boşalmasını bekleyememişlerdi. Ah hayır, aptal sürtünmelerini tam burada yapmaları gerekiyordu.

"Pembe ışın kılıcı gibi!" dedi koyu renk saçlı çocuk neşeyle yanındaki kızıl saçlı çocuğa. Kızıl saçlı çocuk ellerini kasıklarının önünde tutup ışın kılıcı sesleri çıkardı ve koyu saçlı çocuk görünmez ışın kılıcı penisleriyle kılıç dövüşü yapıyormuş gibi birkaç saniyeliğine ona katıldı.

"Anne! Bak! Bu aynı babamın pipisi gibi!" diye bağırdı koyu renk saçlı çocuk.

Uzun kumral saçlı ve iri göğüslü minyon bir kadın, aynı zamanda son aylarında hamile gibi görünüyordu, oğluna hitap etmek için kolunu koruyucu bir şekilde omzunun üzerine atmış dev bir adamdan dikkatini ayırdı. "Tatlım, bunu ortalıkta söyleyemeyiz."

"Ama bu doğru!" diye itiraz etti, kollarını savurdu.

"Biliyorum hayatım ama diğer anneleri kıskandırmak istemeyiz."

Bunun şu anda toplum içinde gerçekleşen gerçek bir konuşma olduğuna inanamıyordum. Bu annenin şaka yaptığına inanmak isterdim ama bu sözlerin bir çocuktan geldiğini ve genelde yalan söylemeyi beceremediğini düşünürsek, söylediklerinin doğru olduğuna inanmak zorundaydım. Onun boyunda bir kadınla bunu nasıl yürüttüklerini uygunsuz bir şekilde merak ettim. Ve sonra, elbette, bugünlerde beynim dağınık olduğu için, RJ'i ve onun nasıl da... iri olduğunu düşündüm, ben de o kadınla aynı ölçülere yakındım. Yararsız ve utanç verici olduğu için bu düşüncelerden sıyrılmaya çalıştım.

Küçük çocuk, annesinin uyarısına aldırış etmeden gördükleri karşısında büyülenerek cama yapıştı, "Baba! Yunusun da tıpkı senin gibi büyük bir pipisi var! Benimki de aynen böyle olacak!"

"Robbie, dostum, insanların yanında böyle şeylerden bahsedemeyiz," dedi yakışıklı adam, gözleri karısında, özellikle de göğüs dekoltesindeydi.

Robbie'nin annesi sonunda yunus tankında neler olduğunu anladı ve gözleri kocaman açıldı. "Tanrı aşkına, o şey çok büyük." Kocasına yandan dirsek attı. "Belki de yarı yunussundur."

Kocası dikkatini onun göğsünden uzaklaştırdı ve bakışlarını takip ederek arkamdaki manzaraya baktı, gözleri yuvalarından fırladı. "Vay be. Kız arkadaşının kaçmaya çalışmasına şaşmamalı."

Küçük sarışın bir çocuk ağlamaya başlayınca kıyamet koptu. "Anne! Erkek yunus o kız yunusu bıçaklamaya çalışıyor!"

Aynı derecede sarışın olan annesi onu yanına çekti, güven verici bir şekilde başını okşadı. "Onu bıçaklamaya çalışmıyor tatlım, onu sevmeye çalışıyor."

Umarım kimse benden yunusların nasıl çiftleştiklerini açıklamamı istemezdi çünkü muhtemelen alevler içinde kalırdım. "Tamam millet! Yunusları biraz yalnız bırakalım ve bir sonraki hayvanlara geçelim! Kim köpekbalıklarını görmek ister? Ellerinizi kaldırın!" diye bağırdım mikrofonuma, sözlerim mağaramsı odada yankılandı.

Neyse ki bu herkesi sevişen yunuslardan uzaklaştırdı. Kontrolüm dışında ama yine de delicesine utanç verici olan bir şey için bolca özür dileyerek en perişan haldeki çocuklardan birkaçını ve ebeveynlerini bir sonraki sergiye götürürken, grubun arka tarafındaki bir adam dikkatimi çekti.

RJ'in tanıdık omuzları ve keskin çenesinin belirgin şekli olduğuna yemin edebileceğim kadar benzediğini fark ettiğimde kalbim tekledi. Anıları kâğıt üzerinde hatırlamaya çalışabilmek için tekrar eskiz yapmaya başlamıştım. Evet, o kadar zavallıydım. Hayır, onu unutmamıştım.

"Affedersiniz, bana tuvaletin nerede olduğunu söyleyebilir misiniz?" Kadının omzu tükürük içindeydi, kucağındaki bebek ağlayacakmış gibi görünüyordu.

Gözlerimi son birkaç aydır yaşadığım uykusuzluktan kaynaklanan safi halüsinasyondan uzaklaştırıp zavallı anneye kadınlar tuvaletini gösterdim. Halüsinasyon/fantezimin durduğu yere dönüp baktığımda tek gördüğüm bir grup balon oldu.

Bugün kafayı yiyecektim.

Grubun önüne koşup tura devam ettim. Neyse ki, köpekbalıkları uslu durdu, beslenme zamanıydı ve bu genellikle çocuklar için iyi geçerdi. Ama bu sefer öyle olmadı: Küçük bir çocuk, köpekbalıklarının balıkla beslediklerini anlayınca tekrar ağlamaya başladı ve onlara yamyam dedi. Başka bir çocuk, köpekbalığının pipisini de görüp göremeyeceğimizi sordu. Annesi onu kenara çekip sert bir konuşma yaptı.

Gerçekten halüsinasyon görüp görmediğimi anlamak için grubun arkasına bakıp duruyordum. Ama sonra, bir yıldan uzun bir süre önce hayatıma girip hayatımı altüst eden ve öyle bırakan adamı bir kez daha gördüm.

Bu kesinlikle RJ'di. Bu hokey oyuncularından biriyle akraba mıydı acaba? Belki erkek kardeşi Los Angeles'tan taşınmıştı ya da burada bir kuzeni vardı. Ama bu doğum günü partisindeki diğer erkekleri incelediğimde, hepsinin aynı beyzbol şapkalarını ve aynı logolu tişörtleri, sanki üniformaymış gibi giydiklerini fark ettim. Ve RJ de farklı değildi, devasa, hantal figürü erkeklerin geri kalanıyla eşleşen tişörtü doldurmuştu ve hepsi fiziksel olarak birbiriyle rekabet halindeydi.

Sarsılmış ama kafam karmakarışık halde, grubu turda yönlendirirken birkaç defa kelimeleri karıştırdım. Tabii ki kanları kaynayan bugün sadece yunuslar olamazdı. Su samurlarına geldiğimizde, erkeklerden biri kendini cama bastırdı ve üzerine sürterek camı yaladı. Çocuklar bunun çok komik olduğunu düşündüler ve tüm ebeveynler telefonlarını çıkarıp video çekmeye girişti. En azından su samurları çiftleşmeye çalışmıyordu.

Nihayet tur bittiğinde rahatlamıştım çünkü ağzım kurumuştu ve midem düğüm düğümdü. Uzun zaman önce RJ'i bir daha görmekten veya onunla iletişim kurmaktan vazgeçmiştim ve şimdi buradaydı. Geçen yıl boyunca New York'taki her alpaka çiftliğini aramıştım ama hiçbiri RJ ile bağlantılı değildi ve soyadını bilmemek samanlıkta iğne aramak gibiydi. Soyadlarımızı bile söylemediğimize inanamıyordum. Kulübeye bıraktığım iletişim bilgilerimi içeren notu bulduğunda ondan haber alabileceğimi ummuş ama bunun yerine acı verici bir sessizlikten başka bir şey görmemiştim. Yaz boyunca telefonum her çaldığında nefesimi tutmadım demek büyük bir yalan olurdu.

RJ ebeveynlerin arasından geçip küçük çocukların üzerine basmaktan kaçınırken orada durup ellerimi ovuşturdum.

Gözleri tanıdık, bakışları dikkatli bir şekilde yüzümde gezindi. Bugün berbat göründüğüme emindim. Dün gece birkaç kez uyanmış ve uykuya dalmakta zorlanmıştım, bu yüzden bu sabah hiçbir kapatıcı koyu halkalarımı kapatamamıştı. Ayrıca, üniformam tamamen bejdi, pantolonun önü pileliydi ve bu tarz da bu renk de bana -ya da başka birine- yakışmıyordu.

Kişisel alanıma fazla yaklaştı, avuçlarım normalden daha fazla terliyordu. Yüzüne bakabilmek için kafamı geriye atmak zorunda kaldım. Kusursuz, muhteşem yüzü. Tıpkı hatırladığım gibi görünüyordu, sadece saçları daha kısaydı, yakın zamanda kestirmiş gibiydi.

"Tanrım, seni bir daha asla göremeyeceğimi sandım ve buradasın," dedi o tok bariton sesiyle ve ensemdeki tüyler diken diken oldu.

Ona öylece bakakaldım, dilim damağıma yapışmıştı resmen. Çok yakışıklı ve gerçekti. En azından onun gerçek olduğunu düşünüyordum. Umarım gerçekti, aksi takdirde bir doktora görünmem gerekecekti.

Kaşları çatıldı ve yüzüne tanımlayamadığım bir duygu yerleşti. İncinme, belki? Ya da endişe? "Lainey? Beni hatırlıyor musun?"

"Tabii ki seni hatırlıyorum, RJ," diye fısıldadım.

Rahatlama yüz ifadesini yumuşattı. "Seni görmek çok güzel." Kalın, güçlü kollarını bana dolayarak kendine çekti.

Temas ve dokunuşuna eşlik eden ani sakinlik dalgası karşısında hissettiğim şoktan aptala döndüm. Derin bir nefes aldım, tıraş losyonunun tanıdık kokusunu ve ona has olan kokuyu içime çektim. Duygular üzerime üzerime gelmeye başladı: üzüntü, özlem, rahatlama ve korku. Bana daha da sıkı sarılınca küçük bir ciyaklama sesi çıkardım.

Tutuşunu gevşetip geriye doğru temkinli bir adım attı. "Özür dilerim. Sadece bunca zaman sonra seni görmek çok güzel." Avuçlarını kollarımda gezdirdi ve ellerimi avuçlarının içine alarak nazikçe sıktı. "İnanılmaz görünüyorsun."

Gözlüğe filan ihtiyacı var sanırım, diye merak ederek kıyafetlerime baktım.

Ellerimi bırakmadı. "Nasılsın? Şikago'da ne yapıyorsun? Yani belli ki çalışıyorsun ama seni buraya ne getirdi? Burada mı kalıyorsun?"

"Çok soru oldu," diye karşılık verdim aptal gibi, çünkü belli ki aptala dönmüştüm. Onun burada olmasıyla nasıl başa çıkacağımı bilmiyordum. O kısa sükûnet dalgası geldiği hızla kaybolmuş ve ardından şaşkınlık gelmişti.

Hafifçe güldü. "Haklısın. Çok fazla soru sordum. Hadi birinciyle başlayalım. Nasılsın?"

"Ben..." *Bitkinim, mutluyum, dehşete düştüm, kafam karıştı.* "İyiyim."

"Güzel. İyi görünüyorsun." Başparmağı parmaklarımın üzerinde ileri geri hareket ediyordu. Güzel bir histi ama aynı zamanda dikkat dağıtıcıydı. "Niye Şikago'dasın?"

New York'a Washington'dan daha yakın ve ailemin aşırı korumacılığından kurtulmanın bir yolu. Ve onlara ve kendime bunu kendi başıma yapabileceğimi kanıtlamanın bir yolu. Ama ona bunların hiçbirini söylemedim. "Bir iş teklifi aldım ve kabul etmem gerektiğini düşündüm."

"Bu harika, Lainey. Bu yüksek lisansı bitirdiğin anlamına mı geliyor?"

"Bitirdim. Evet."

Bana tekrar sarıldı, ilk seferki kadar güçlü ya da uzun değildi ama yine de nefesimi kesti ve sahip olduğum azıcık da olsa soğukkanlılığımı tehdit ediyordu. "Burada yaşıyorsun yani?"

"Burada geçici bir sözleşmem var ama önümüzdeki altı ay burada olmam gerekiyor, tabii elime yüzüme bulaştırmadığım sürece. Anlarsın işte, sevişen yunuslarla küçük çocukları ömür boyu yaralamak filan gibi şeyler."

"O azgın piç kurularını kontrol edemezsin sonuçta. Eğlenmek ve sevişmekten başka çareleri yok değil mi? Ve belli ki seyirci olmasını pek önemsemiyorlar." Gülümsedi ama tüm bu yeniden bir araya gelmenin garipliği, kararsız görünmesine neden oldu.

"Belli ki öyle." Alaska'da geçirdiğimiz o birkaç kısa hafta boyunca, RJ ve benim hemen hemen her yerde, her istediğimiz zaman seviştiğimize dair anılardan kurtulamayarak gözlerimi kaçırdım. "Peki ya sen? Sen niye Şikago'dasın? Arkadaşlarını ziyarete mi geldin?"

İfadesi bir anda heyecanlıdan sıkıntılı bir hal aldı.

O cevap veremeden, kırmızı tişörtlü ve şapkalı başka bir adam yaklaşarak beni merakla süzdü. "Hey, Rook, böldüğüm için kusura bakma, ama ee, bir dakika sana ihtiyacımız var."

"Bekle biraz." Adama bakmadı bile.

"Takım fotoğrafı çektiriyoruz, sadece bir dakikalığına gel, sonra hemen arkadaşının yanına dönebilirsin." Gözleri RJ'den kenetlenmiş ellerimize kaydı.

"Takım fotoğrafı mı?" Bir ona bir diğer adama bakıyordum.

"Lainey..." RJ adımı bir özür gibi söyledi.

Ve her şey yerine oturdu. Kulübesindeki tüm o hokey eşyaları –bu kadar iri oluşu, yapısı– dayanıklılığı, uyumlu tişörtü ve şapkası.

"New York'ta alpaka çiftliğin olduğunu söylemiştin diye hatırlıyorum."

ON ÜÇÜNCÜ BÖLÜM

O Kadar da Beyaz Olmayan Beyaz Yalanlar

Rook

Sonunda Lainey'i tekrar görmenin getirdiği tüm harikalık, o tek ifadeyle ortadan kayboldu. Bir insanın bir yılda unutabileceği şeyler inanılmazdı. Mesela, kısa ilişkimizin tamamını bir yalan üzerine inşa etmem.

Neden yalan söylediğimi açıklamak için hazırladığım bir planım olması önemli değildi. Çünkü gerçek şu ki, ona söylemek için pek çok fırsatım olmuştu ve söylemek üzere olduğum her seferde bir şeyler olmuş ya da bunu ertelemek için bir sebep bulmuştum. Çok geç olana kadar. Sahip olduklarımızı kaybedeceğimden, bunun bir şeyleri değiştireceğinden, beni farklı göreceğinden çok korkmuştum. Yine de Los Angeles'tan aradığımda telefonu açmadığı için onu kaybetmiştim. Daha da kötüsü, bana onunla iletişim kurmanın bir yolunu bırakmamıştı: ne bir not, ne bir numara, hiçbir şey.

"RJ?" Lainey kafası karışık, incinmiş, gergin ve lanet derecede güzel görünüyordu.

"Açıklayabilirim."

Ellerini büktü. "Şimdi profesyonel hokey oyuncusu musun?"

"Evet, ama..."

"Ne zamandır?"

Bir nefes verdim. Artık yalan söylemenin bir anlamı yoktu. "Bu yıl, Şikago'da yedinci sezonum olacak."

"*Yedinci mi?*" Dudakları bir çizgi halini aldı ve bu acı değişerek ihanet gibi görünen bir şeye dönüştü. "Bana işin hakkında yalan mı söyledin?"

"Sana gerçeği söyleyecektim, yemin ederim." Bu berbat bir bahaneydi.

Kaşları çatıldı. "Haftalarca sadece ikimizdik, bana doğruyu söyleyecek bir sürü zamanın vardı. Neden en başta yalan söyledin ki zaten?"

"Mantıklı bir açıklaması var, Lainey. Yemin ederim, açıklamama izin verirsen, her şey açıklığa kavuşacak."

Ellerini ovuşturmaya devam etti. "Sana nasıl inanabilirim? Başka ne konuda yalan söyledin?"

"Rookie, Lance, siz ikiniz geliyor musunuz? Takım fotoğrafı için size ihtiyacımız var," diye seslendi Alex arkamdan.

Siktir. Lance'in hâlâ burada olduğunu ve raydan çıkmış bu durumu izlediğini unutmuştum.

Lainey geriye bir adım attı. "Benim de işimin başına dönmem lazım."

"Sadece bana bir dakika daha ver," diye seslendim.

Alex, alevlenen gerilimden veya Lainey'nin fazlasıyla aşina olduğum anksiyetesinden tamamen habersiz bir şekilde kolunu omzuma attı. "Araya girdiğim için kusura bakmayın ama bu adamı bir dakikalığına ödünç almalıyım, kaptansız takım fotoğrafı çekilmez."

"Kaptan mı?" diye tekrarladı Lainey, sanki ben altı hafta boyunca evcilik oynadığı adam değil de bir yabancıymışım gibi bakıyordu.

"Yine mütevazılık mı yapıyorsun, dostum?" Alex göğsüme vurdu. "Bu adam ligdeki en iyi oyuncu."

"Ee, Alex, bence..." Lance araya girmeye çalıştı.

"Sen de harika bir oyuncusun, Romero." Lainey'e göz kırptı. "Turda harika bir iş çıkardın, özellikle de şu yunus mevzusunda."

"Teşekkürler. Bu genellikle doğum günü partilerinde olmaz. Genelde Dillon, Daphne'yle cilveleşmek için akşamı bekler." Lainey geriye bir adım daha attı, yanakları kızarmış, ağzının içinde bir şeyler geveliyordu.

"Takım fotoğrafını biraz bekletebilir miyiz? Lainey'le bir dakikaya daha ihtiyacım var. Birbirimizi tanıyoruz." İkisine de manidar bir bakış attım.

Alex'in kaşları çatılırken, Lance önce biraz çömelip sonra yukarı fırladı. Şu anda işler bu kadar gergin olmasaydı komik olurdu. Alex kolunu indirip geri çekildi, gözleri aramızda gidip geliyordu. "Pardon, pardon. Elbette. Liam ile Lane hediyelerini açmak için huysuzlanıyorlar."

Lainey hâlâ geri geri kaçmaya çalışıyordu.

"Lütfen. Düşündüğün gibi değil."

Sırtını dikleştirdi, kollarını göğsünde birleştirdi. "Ne düşündüğümü bilmiyorsun."

"Başka bir yere gidip konuşabilir miyiz?" Üç kızın yan yana toplanmış bizi izlediği danışma masasına baktım.

"Olmaz, vardiyamın ortasındayım." Üzerinde **PERSONEL HARİCİ YASAKTIR** yazan kapıya doğru bir adım daha attı.

"Peki boşa çıktığında? Belki yakınlarda bir yerde kahve içmeye gidebiliriz?" İlk kısmın kulağa ne kadar uygunsuz geldiğini ağzımdan çıktıktan sonra fark ettim.

Ya fark etmedi ya da fark etmemiş gibi yaptı. "Olmaz. Meşgulüm."

"Bir yıl oldu, Lainey. Los Angeles'a vardığımda seni aramaya çalıştım ama hiç açmadın. Tek istediğim konuşma şansı, bana en azından bunu ver."

"Bir fırtına çıkmıştı. Bir ağaç devrilince tüm telefon hatları ve elektrikler kesildi. Jeneratör bile çalışmadı." Sert duruşu sarsıldı, altdudağı titremeye başladı.

Bu, telefonun neden sürekli çalmaya devam ettiğini ve sonunda aldığım tek şeyin bir tık ve çevir sesi olduğunu açıklıyordu ancak bana onunla iletişime geçmenin bir yolunu bırakabilirdi. "Telefonlardan haberim yoktu. Neden bana seninle iletişim kurmam için bir yol bırakmadın?" Onun geri attığı her adımda ben bir adım ilerliyordum.

Gözlerini kırpıştırdı, kafası karışmıştı. "Bıraktım. Sana bir not bırakıp telefonumu ve e-posta adresimi yazdım."

Bu haberle mideme sancı girdi. Los Angeles'tan sonra Alaska'ya geri dönmeyi düşünmüştüm ama Max'in doğumuyla işler o kadar zor olmuştu ki zamanım olmamıştı. "Bu yaz geri döndüğümde hiç not bulamadım."

"Odanda bırakmıştım. Ama bir yalancı olduğun düşünülecek olursa, belki de bulmaman iyi olmuş." Çenesi titredi ve etrafta savurduğu ellerini önünde birleştirdi.

O sabah çok acelem vardı. Kardeşim, Joy ve bebek için endişeliydim ve Lainey ile her şeyi farklı yürütebilmeyi isterdim. Ona cep numaramı bırakmayı bile düşünememiştim. "Bir hata yaptım... kabul, büyük bir hata. Ben sadece... sen beni tanımamıştın. Düşünemedim... Sana şimdi numaramı verebilir miyim? Sindirecek çok şey olduğunun farkındayım, belki düşünmek için zamana ihtiyacın vardır? Sana zaman verebilirim ama lütfen, bana en azından bir açıklama şansı ver."

Başını iki yana salladı ama cebinden telefonunu çıkarıp şifreyi girip bana verdi. Fikrini değiştirmeden önce hemen kendimi rehberine ekledim. Sonra geri vermeden önce numarasını aldığımdan emin olmak için kendime bir mesaj gönderdim.

Ellerimle ne yapacağımı bilemiyordum, ben de ceplerime soktum. "Bir kahve içmek için seni daha sonra arayabilir miyim?"

Telefonunu göğsüne dayadı, gözleri **PERSONEL HARİCİ YASAKTIR** kapısına ve ardından danışma masasının yanında toplanan bir grup kadına bakıp bana geri döndü. Sıcaklık yoktu, sadece temkinli bir güvensizlik vardı. "Seni tanımıyorum bile. Neden seninle kahve içeyim?"

"Böyle söyleme. Beni tanıyorsun, Lainey. Bilmediğin tek şey işimdi. Hepsi bu." Ona doğru bir adım daha attım ama başını iki yana sallayıp geri çekildi.

"Hepsi bu mu? Bu küçük bir yalan değil, RJ. Bana bir hokey takımında kaptan olduğunu söylemek yerine, New York'ta alpaka çiftliğin olduğunu söyledin. Bu söylemeyi unutmak için oldukça büyük bir ayrıntı, sence de öyle değil mi?" Sesi ya öfkeden ya da emin olamadığım bir duygudan dolayı titriyordu ama gözyaşları dökülmek üzere gibiydi ve ona bunu yapan ben olduğum için kendimden nefret ediyordum.

Arkasındaki kapı açıldı. "Lainey? Böldüğüm için özür dilerim ama susamurlarıyla ilgili yardımına ihtiyacım var. Ollie bütün dişi susamurlarına yürümeye çalışıyor ve görünüşe göre böyle davrandığında onu sadece sen kontrol edebiliyorsun."

"Elbette. Birazdan yanına geleceğim." Konuşmamız kesildiği için rahatlamış görünmesi hoşuma gitmedi. Bana bir ihtiyatlı bakış daha attı. "Gitmem gerek. Kendine iyi bak RJ, tabii adın buysa." Hızla dönüp benden uzaklaştı.

Berbat bej pantolonun içinde bile kıçı harika görünüyordu, ki benim bunu fark etmem ya da odaklanmam korkunç bir şeydi.

Şapkamı çıkarıp elimi saçlarımdan geçirirken içimden küfrettim. Onca yer içinde onunla burada karşılaşma ihtimalim neydi?

Sonunda benim şehrimde olması? En azından nerede çalıştığını biliyordum ve bende numarası vardı. Şimdi onun benimle konuşmayı kabul etmesi için çabalamam gerekiyordu.

***

Partiye geri döndüm, takım fotoğrafında yerimi aldım. Yeni doğandan altı yaşına kadar on beş çocuğun odayı alem yapan bir grup sarhoş erkekten daha büyük hızla altüst etmesini izledim.

Alex yanıma geldi, kırmızı bir bardaktan yudum aldı. "Sen iyi misin?"

"Evet." Her ne kadar iyi olmaktan muhtemelen en uzak noktada olsam da başımla onayladım. Birkaç dakika mutluluktan uçmuştum. Şimdi kafam karışmıştı, hayal kırıklığına uğramıştım ve delirmiş gibiydim. Sadece Lainey'i oturtup beni dinlemesini sağlamak istiyordum. Ve bıraktığı notta ne yazdığını ve bu yaz geri döndüğümde neden orada olmadığını öğrenmek istiyordum.

O zaman ona âşık olduğumdan oldukça emindim ve bunun karşılıklı olduğunu düşünmüştüm. O, bir an dünyamın merkeziydi ve bir an sonra yok olmuştu.

"Neler dönüyor, Rook. Tur rehberiyle neler olduğunu anlatmak ister misin?"

"Lainey. Adı Lainey. Ve geçmişte biz... bir şeyler yaşadık." Bunu açıklamak berbat olduğu için genelde belirsiz konuşuyordum. Onunla olanlarla ilgili tüm hikâyeyi hiç kimseye anlatmamıştım.

"Her zaman takıldığın tipte birine pek benzemiyor ya da eskiden takıldıklarına diyeyim."

Başımla onayladım. "Bu konuda haklısın."

Alex etrafına bakındıktan sonra cebinden bir matara çıkardı. "Biraz içmek sana iyi gelecekmiş gibi duruyor."

Tek kaşımı kaldırdım.

Çığlık atan çocukları, oyuncuları ve eşleri işaret etti. "Takım kaptanı olduğun ve takım arkadaşların üzerinde iyi bir izlenim bırakmak istediğin için burada olduğunu biliyorum, cumartesi öğleden sonranı bir grup çığlık atan çocukla geçirmeyi sevdiğin için değil. Tur rehberiyle aranızda olup bitenleri de ekleyince kesinlikle bir içkiyi hak ettin. Ayrıca, bunun seni konuşturacağını düşündüm. Her şeyi sonsuza kadar kapalı tutamazsın, Rook. Son birkaç yılın yoğun geçtiğini biliyorum."

Bir konuda haklıydı. Isınmış soda bardağımı uzattım. Gerekirse arabamı burada bırakıp sabah alırdım. Ve işlerin nasıl gittiğine bağlı olarak, akşamımın geri kalanında çok fazla alkol alacakmışım gibi hissediyordum.

"Peki, şimdi bana tur rehberiyle neler olduğunu anlat."

Tek yudumda bardağın yarısını içtim. "Onunla geçen yaz Kodiak Adası'nda tanıştım."

Tam bir yudum almıştı ki boğazında kaldı. "O Alaska'daki kız mı? Washington'da yaşadığını söylediğini sanıyordum. Burada ne işi var? Başka bir sapık takipçin olduğunu söyleme sakın." Takımın kaptanı olarak Alex'in yerine geçmeden önceki yıl, çoğunlukla beni kanatları altına aldığı ve bana akıl hocalığı yaptığı için oldukça yakınlaşmıştık. O sırada onun yerini almam için beni hazırladığını fark etmemiştim. O zamandan beri aramız iyiydi.

"Evet, o Alaska'daki kız. Evet, Washington'da yaşıyordu. Buradan bir iş teklifi alıp gelmiş. Beni takip etmediğinden oldukça eminim."

"Nasıl bu kadar eminsin? Yani bulunması o kadar zor biri değilsin."

"Teknolojiyle arası iyi değil." Yüzümü ovuşturdum. "Ve ona hokey oyuncusu olduğumu söylemedim."

"Gevezelik edemeyecek kadar meşgul müydün?" diye sordu Alex.

"Hayır. Şey, yani evet, çok fazla… seks, ama sadece bundan ibaret değildi."

"O zaman profesyonel hokey oyuncusu olduğun konusu nasıl açılmadı?"

"Nerede yaşadığım ve ne iş yaptığım konusunda yalan söylemiş olabilirim," diye hızlıca mırıldanıp bardağımı kafaya diktim. Bir içki daha iyi olabilirdi. Ya da matarasında ne kadar içki kaldıysa hepsini kafaya diksem de olurdu.

"Neden yalan söyledin?"

"Beni tanımadı ve hokeyle ilgilenmiyordu. Tavşanlarla nasıl olduğunu biliyorsun. Sadece seks ve eğlence peşindeler, değil mi?"

"Ama o bir tavşan değil, bu yüzden bu, neden bir sorun oldu anlamadım." Kafası hepten karışmış gibiydi.

İç çektim, gerekçemi açıklamanın kolay olmayacağını biliyordum. "Birkaç haftalığına normal olmak istedim."

Violet aramıza girdi, Alex'in bardağını kapıp kokladı ve tek kaşını kaldırdı. "Gerçekten mi, Alex? Ne kadar içtiğine dikkat etsen iyi olur. Annenler Robbie ile havuzlu evde yatıya kalacaklarını söylediler ve benim altıncı aya nasıl girdiğimi biliyorsun."

Alex sırıtıp kulağına bir şeyler fısıldamak için eğildi. Violet bardağı ona geri verip dikkatini bana verdi. "Bu boktan gösteriden sonra içki içmeye geleceğini varsayıyorum." Pastayı ağızlarına sokan çocukların olduğu masayı işaret etti.

Ensemi ovuşturdum. "Ee, bakarız."

"Rook, tur rehberimizle takılmaya çalışıyor," diye bilgilendirdi Alex.

Violet bilmiş bilmiş sırıttı. "Şu yunusun devasa sikini saklamaya çalışan zavallı kadından mı bahsediyorsun?"

"Ta kendisi," diye cevapladı Alex.

Koluma hafif bir yumruk attı. "Sana olan saygım birkaç kat arttı. İnek kızlardan hoşlandığın hakkında hiçbir fikrim yoktu."

"O inek değil," dedim savunmacı bir şekilde.

Violet bana bir bakış attı. "Ah, suda yaşayan hayvanlar hakkında çok şey biliyor ve bir Beat şairi gibi istatistiklerle kafiye yapabiliyor. Ayrıca, bir inek olarak, diğer ineklerin kokusunu hemen alırım ve o kesinlikle bir inek. Ona bejden başka bir şey giydiremmemeleri çok kötü çünkü ayrıca çok çok güzel. Onu da davet etmelisin. Onu arkadaşlarınla tanıştırmak, yatağına girmene çok yardımcı olur, yani planın buysa."

"Bunun iyi bir fikir olduğunu sanmıyorum."

"Neden olmasın? En son ne zaman biriyle çıktın, Rook?" Violet, birileriyle çıkma konusunda bana saldıracak gibi görünüyordu. Geçen yıldan beri bu ilk kez olmuyordu.

Bir keresinde Violet ve diğer kızlar, Şikago'ya ilk geldiğimde ilgimi çeken, Poppy'nin masaj terapisti arkadaşlarından biriyle aramı yapmaktan bahsetmişlerdi. Ama kafam yerinde değildi ve işler yolunda gitmezse, işleri garip hale getirmek veya bir arkadaşlığı mahvetmek istememiştim.

"İnek tur rehberi, geçen yazdan Alaska'daki kız." Alex karısının arkasından bana matarayı uzattı.

"Bir dakika, ne? O Alaska kızı mı? Bu harika!" Violet heyecanla bir aşağı bir yukarı zıpladı. İfadesi hızla yüzünü buruşturmaya dönüşürken göğüslerini tuttu. Başımı çevirdim çünkü Violet, minyon bir kadın olsa da kocaman göğüsleri vardı, şu anda derin bir dekolteli gömlek giymişti ve tüm zıplama ve kendi kendine el yordamıyla göğüslerini tutması, sadece o bölgeye daha fazla dikkat çekiyordu. Ayrıca, Alex'in beni bakarken yakalamasını da istemiyordum.

"Evet, bu durumun harika olarak tarif edilebileceğini sanmıyorum."

"Neden? Kader gibi resmen." Alex'i gömleğinden tutup ona bakabilmek için başını geriye attı. "Tıpkı bir hokey maçında Fielding'i nasıl okuduğumdan bahsettiğinde kazara içindeki ineği ortaya çıkardığın gibi. O gece dizginleri başka yerim ele aldı."

Alex yüzünde yarım bir gülümsemeyle ona tepeden baktı, dünyadaki tüm lanet olası aşk içlerinden çılgın gökkuşakları gibi sızıyordu. Aslında, Alex'in onun gömleğinin içine bakıyor olabileceğini düşündüm. "Hayatımın en güzel gecesi."

Baş başa kalmak isteyip istemediklerini sormak üzereydim ama Violet dikkatini bana çevirdi. "Onunla konuşmalısın."

"O kadar basit değil."

"Tabii ki o kadar basit. Neden olmasın ki?"

"Görünüşe göre işi hakkında kıza yalan söylemiş," dedi Alex ona.

Violet kaşlarını çattı. "Bunu neden yaptın?"

Omuz silktim. "Çünkü geri zekâlıyım. Kim olduğumu bilmiyordu ve birkaç haftalığına sıradan bir adam olmak güzeldi, ne demek istediğimi anlıyor musun?"

"Ona ne iş yaptığını söyledin?"

"Ona alpaka çiftliğim olduğunu söyledim, eğer profesyonel hokey oynamasaydım gerçek bu olacaktı."

Kaşlarını daha da çattı. "Bu tuhaf bir şekilde ayrıntılı bir yalan."

"Ailemin alpaka çiftliği vardı."

Burnunu kırıştırdı. "Gerçekten. Ben bunu nasıl bilmem?"

"Konuşmalarda ona sıra gelmemiştir, belki?"

"Peki, işin hakkında yalan söyledin... çok büyük mesele değil, değil mi? Tabii başka konuda yalan söylemediysen?"

Elimle ağzımı ovuşturup mırıldandım, "Adım."

"Pardon, sen az önce *adım* mı dedin? Neden bu konuda yalan söyledin?"

"İşte söylediğim gibi, beni tanımadı ama sahte isim de uydurmadım. Sadece takma adımı söyledim."

Gözlerini birkaç kez kırpıştırdı. "Adının Rookie olduğunu mu söyledin?"

"Hayır, RJ olduğunu söyledim, eskiden babam bana öyle derdi, abimle kız kardeşim hâlâ bu ismi kullanıyor. Yani tamamen yalan değildi. Ne de olsa adım pek yaygın bir isim değil. Siktir. Bunu tamamen yanlış ele aldım ve şimdi beni aratacak ve tüm tavşan saçmalıklarını görecek."

"Yani sadece tavşanların seni kişisel yapay penisleri gibi kullanmalarına izin verdiğini bilmesini mi istemiyordun?"

"Hayır. Ondan değil. Yani, bu artık bir sorun olacak orası kesin ama sadece birkaç haftalığına sıradan biri olmak istedim. Ve şimdi işim ve adım hakkında yalan söylediğimi biliyor ve benimle görüşmek istemediğine eminim. Ve benimle konuşmak istese bile, başka neleri atladığımı anlayınca muhtemelen benimle bir daha asla konuşmak istemeyecektir."

Her şeyi ben bok etmiştim. Ona gerçeği söylemeyi ertelemiştim, belki kısmen, benim ona âşık olduğum gibi o da bana âşık olursa, sonunda ona gerçek işimi söylediğimde bunun bir önemi olmayacağını ummuştum.

"Şey, ona takılı kaldığın için bu bir sorun."

"Evet. Ama numarasını aldım ve bu iyi bir şey, değil mi?"

"Aramalarına cevap verirse, iyi tabii," dedi Alex.

"Ve geçmişteki özel ilişkilerimi öğrenirse ne olacak?"

"Yani eskiden erkek orospu olduğunu öğrenirse mi demek istiyorsun?" diye sordu Violet.

"Evet. Bundan bahsediyorum."

Violet elini omzuma koydu, ifadesi ciddiydi. "Eğer olacağı varsa, bunu atlatacaktır. Ona bir tür kalıcı cinsel hastalık hediye etmediysen tabii."

ON DÖRDÜNCÜ BÖLÜM

Bilmediğin Şey…

Lainey

Eden'in kafası, gözlem odasının kapısında belirdi. Bu işi almamın sebebi oydu. Aynı toplulukta evde eğitim alarak büyümüştük ancak o ergenken yerel bir okula gitmiş ve ardından normal üniversiteye devam etmişti. Sosyal medya kullanmamama rağmen, birkaç yıl önce Şikago'ya taşındığında bağımız kopmamıştı ve hatta iletişimimizi devam ettirebilmeyi başarmıştık.

Alaska'dan döndükten sonra ailemle işler biraz çılgına dönünce, Eden ziyarete gelmemi önermişti. Daha önce bir uçağa binmeye cesaret ettiğim için tekrar yapabileceğime karar vermiştim. Ayrıca, özellikle eve kırık kalple geldiğimden beri ailem beni boğmaya başlamıştı. Annem hiçbir zaman doğrudan *ben demiştim* demedi, ama ima etmişti. Sık sık.

Bir haftalık bir ziyarete gelmiş, akvaryuma âşık olmuş ve birkaç ay sonra geri dönmüştüm. Bu kez hem işim hem de bir dairem vardı.

"Hey. Seni burada bulacağımı düşünmüştüm." Eden arkasından kapıyı kapattı.

"Burası huzurlu." Ellerimle sıkıca kavradığım tableti kapattım, rastladığım başka bir rahatsız edici habere daha ara verdiğim için neredeyse mutluydum.

"Yine araştırma mı yapıyorsun?"

"Onun gibi bir şey. Ön tarafta bana ihtiyaç mı var?" Bazen danışmada çalışmak zorunda kalıyordum. İnsanlarla -özellikle de hayvanlar hakkında soru sorduklarında- birebir konuşmaktan çekinmiyordum.

Kapıya yaslandı. "Ben olsam, şimdilik olduğum yerde kalırdım."

"Yine geldi, değil mi?" Ellerimi ovuşturmamak için kucağımda birleştirdim.

"Evet. Yine geldi."

Bir haftayı geçmişti. Dokuz gün, aslında. RJ -namı diğer Rook Bowman, Şikago'nun NHL hokey takımının kaptanı ve internetteki birçok yazıya göre belli ki adı çıkmış bir çapkın- tekrar hayatıma balıklama dalalı dokuz koca gün olmuştu.

O zamandan beri her gün akvaryuma uğruyordu. Ayrıca her gün arıyor ve mesaj atıyordu, bana oldukça abartılı hediyeler göndermeye başlamıştı. Eh, benim standartlarıma göre abartılıydı ama ayrıca maaşının yılda on bir buçuk milyon dolar olduğunu öğrenmiştim, bu yüzden gösterişli çiçek aranjmanlarına ve hediye sepetlerine harcadığı yüzlerce dolar, bir avuç dolusu banknotu havaya fırlatıp bir lav çukuruna kar gibi düşmelerini izlemeye benziyordu ya da bir köpekbalığının ağzına.

"O gerçekten... pişman görünüyor," diye konuya girdi Eden.

Ona sert bir bakış attım. "Sen de başlama."

İlerleyip bankta yanıma oturdu. Foklar, endişemden veya biraz asık suratlı ruh halimden etkilenmeden yüzerek geçtiler. "Özellikle sana yalan söylediği için bunun zor olduğunu anlıyorum ama belki bir nedeni vardır?"

"O nedenin ne olduğunu sadece hayal edebilirim."

"Kafanda kurmaktansa ondan duymak daha iyi olmaz mıydı?"

"Onunla konuşmama gerek yok çünkü bu varsayım değil, koca bir şaka ki bunun mizahın en kötü şekli olduğunu biliyorum ama onu araştırdım, Eden. Medyada çizilen resim pek hoş değil." Haberi tekrar açıp tableti ona uzattım.

Eden tarihi gösterdi. "Haber eski."

"Daha güncel olanlar var."

Tek kaşını kaldırdı. "Ne kadar güncel?"

Mutlu foklara odaklandım. "Birkaç yıl önceden. Önemi yok. Yalan söyledi."

"Muhtemelen bu şekilde tepki vereceğinden çekinmiştir," dedi Eden yumuşak bir sesle. "Kızgınsın, anlıyorum, ama sence de hakkı olan şeyler..."

"*Sakın* söyleme, Eden."

İç çekerek kolunu omzuma attı. "Odaklandığın tüm bu söylentiler eski haberler. Korktuğunu biliyorum ama ondan sonsuza kadar kaçamazsın ve bunu biliyorsun. Ve en azından oturup ne söyleyeceğini dinlemezsen, onun gerçekten de sadece güzel yüzlü ve yatakta bir rock yıldızı gibi hareket eden yalancı bir pislik olup olmadığını asla bilemeyeceksin."

"Onu bir daha göreceğimi hiç düşünmemiştim," diye fısıldadım, gözyaşlarımı bastırmaya çalışıyordum. "Ve henüz biriyle yeni görüşmeye başladım."

Eden burun kıvırdı. "Walter'ı mı diyorsun? Apartmanındaki adam?"

"İyi biri." Ve gerçekten iyiydi. Bilişim alanında çalışıyordu, sessizdi. İtalyan yemeği seviyordu ve Sam adında bir kedisi vardı... nazik biriydi. Ayrıca durumumu biliyordu ve kaçmamıştı. Bu da bir şeyleri kanıtlıyordu çünkü ben tam bir karmaşaydım. En son dışarı çıktığımızda bana iyi geceler öpücüğü vermişti. Aynı kendisi gibi, öpücük de nazikti. Havai fişek ya da kayan yıldız yoktu ama tatsız da değildi.

"İyi olan her şey senin için doğru olduğu anlamına gelmiyor."

"Ve RJ'in sürekli buraya gelmesi onun da benim için doğru kişi olduğu anlamına gelmez."

"Ya da belki bu bir işarettir. Yani, bir düşün. Burada bir iş buldum ve birdenbire yunus üreme davranışları konusunda uzmanlaşmış birine mi ihtiyaçları oldu? Bu özel iş için gereken nitelik kaç kişide vardır?"

"Suda yaşayan memelilerde uzmanlaşan herkes gerekli altyapıya sahiptir."

"Ama seni işe aldılar, telefonla mülakat yaptılar, bu hiç olmaz bu arada." Bana *sana demiştim* diyen bir bakış attı.

"Benimle zaten yüz yüze tanışmışlardı, çünkü önceden buraya gelmiştim."

"Tamam, bu konuda haklısın. Peki bir de onun takım arkadaşının karısı, işe alındığın girişimi finanse ediyor ve sonra bir doğum günü partisi veriyorlar ve *o* buraya geliyor. Bu bana kaderin müdahalesi gibi geliyor ve genellikle kader gibi şeylere inanmam bile. Ona bir şans vermelisin, Lainey."

"Bunu düşüneceğim."

***

Ertesi gün ben danışmayı kontrol ederken RJ geldi. Salı günüydü ve haftanın daha sakin günlerinden biriydi. Her zaman sakin olmuyordu ama böyle günlerde daha az personel oluyordu. Bu da kaçıp hayvanların bulunduğu odalardan birine saklanamayacağım anlamına geliyordu.

Bir tişört ve kot pantolon giymişti. Saçlarını bir şapka ile kapatmak yerine şekillendirmişti. Bir yıl önceki kadar muhteşem görünüyordu, hatta daha da muhteşemdi. Bugün kolları beyaz çiçeklerle doluydu. Ateşkes. Teslimiyet. Barış.

Saçlarıma dokunma dürtüsüne yenik düşmemek için ellerimi bankoya yapıştırdım. Kalbim göğsümde tekledi ve o masaya yaklaşırken son hızla atmaya başladı.

"Selam." Sesi yumuşak ve sıcaktı, sıcak çikolatada eriyen şekerleme gibi.

"Merhaba." Benim sesim bıçak gibi sert ve keskindi.

"Bunları sana getirdim. Sana bıraktığım diğer şeylerin sana ulaşıp ulaşmadığını bilmiyorum..."

"Hepsi ulaştı." Her biri bir yaraya saplanan bıçak gibiydi çünkü hepsi Alaska'dan hatıralarımızla bağlantılıydı... ki asıl mesele buydu.

Çiçek buketini masanın üzerine koydu, çiçeklerin mis kokulu kokusu etrafımı sardı. Uzanıp güzel taç yapraklarını okşamak istedim ama onun yerine ellerimi bankonun üzerinde tuttum.

"Lainey, lütfen, konuşabilir miyiz? Sana yalan söylediğimi biliyorum ve bu konuda bana kızmaya hakkın var ama bana açıklamam için bir şans verirsen, belki o zaman niyetimin asla seni incitmek olmadığını anlarsın."

"Şu anda konuşamam."

"Bunu anlıyorum ama bir şeyler ayarlayabilir miyiz?" Ben elimi çekip bankonun altına saklayamadan elini elimin üzerine koydu. "Sadece... lütfen, Lainey, tüm istediğim konuşmak."

Kalbim sızladı, dokunduğu yerde tenim yanıyordu. "Tamam. Konuşabiliriz."

Elimi ellerinin arasına aldı, parmak boğumlarıma dudaklarını değdirirken gözkapakları titreyerek kapandı. Ani duygusal tufandan nefes alamadım. Elimi elinden kurtardım ve başımı döndürmesine rağmen bir adım geri çekildim.

"Bu gece? Boş musun? En iyisi buysa, sana gelebilirim."

"Hayır!" Kıpırdamamak için parmaklarımı birbirine kenetledim. "Yani... bu gece olmaz ve bunu dışarıda bir yerde yapmayı tercih ederim."

"Şey, bu çok iyi bir fikir olmayabilir. Şikago hokey şehri, burada fazlasıyla tanınıyorum, haliyle benim sana gelmem ya da senin bana gelmen daha iyi olur."

"Ah." Bunu düşünmemiştim. "Benim sana gelmem daha iyi olur, o zaman."

"Yarın akşam olur mu? Ya da perşembe senin izin günün, değil mi? Senin için daha iyi olur."

"Perşembe izin günüm olduğunu nereden biliyorsun?"

"Eeeee..." RJ gergin bir şekilde bankoya vurdu. "Sezonun ilk maçına bilet karşılığında programını sormuş olabilirim. İstersen sana da bilet ayarlayabilirim, gerçekten istediğin herhangi bir maç için."

"Perşembe konusunda sana geri dönerim." Ayrıca Eden'le rüşvet almak hakkında konuşmam gerekiyordu.

"Beni arayacak mısın ya da mesaj atacak mısın?"

"Evet."

"Söz mü?"

Tek kaşımı kaldırdım ama onun dışında dümdüz bir ifadeyle ona baktım.

"Tamam. Senden haber bekleyeceğim."

***

Perşembe sabahı kaldırımda durup bir arabanın beni almasını bekliyordum. Görünüşe göre RJ benim için bir taksi göndermişti. Beni rahatsız etmemek için beni almaya gelmediğini düşündüm. Arabam vardı ama ne kadar gergin olduğum göz önüne alınırsa araba kullanmak iyi bir fikir değil gibi gözüküyordu.

Adresine internetten bakmıştım. Anladığım kadarıyla çok güzel bir mahalledeydi. Koyu renkli camları olan siyah bir SUV kaldırıma yanaştı. Birinin dışarı çıkacağını varsayarak geri çekildim. Kapının bana çarpmasını istemiyordum.

Siyah takım elbiseli, güneş gözlüklü bir adam SUV'un önünden dolaştı. "Bayan Carver?"

Benimle aynı soyadı olan birinin hızla yanımdan geçmesini bekleyerek etrafa bakındım ama kimse yoktu.

"Bayan Lainey Carver?" Adam elindeki bir şeye baktı.

"Evet?"

"Sizi Bay Bowman'ın evine götürmeye geldim."

Sıradan siyah SUV'a ve ardından takım elbiseli adama baktım. "Bana bir dakika müsaade edebilir misiniz, lütfen?"

"Elbette, Bayan Carver."

Ellerini önünde kavuşturup SUV'un yanında dururken, rehberden RJ'in adını bulup arama düğmesine bastım.

Daha ilk çalışta açtı. "Lütfen fikrini değiştirdiğini söyleme."

"Şeyyyyyy, bu değişir."

"Neye göre?" Paniği sinir bozucu bir şekilde sevimliydi.

"Siyah bir SUV geldi ve beni sana getireceğini iddia eden bir adam var. Fakat karartılmış camları olan bir aracı süren takım elbiseli şoföre güvenmenin çok akıllıca olmadığını bilecek kadar suç dizisi izledim."

"Sana adını söylemesini isteyebilirsin, adı George Oriole."

"Bu sahte bir isme benziyor."

"Değil. Söz veriyorum."

"Ve senin sözlerine inanmamı mı bekliyorsun? RJ'in senin uydurmadığın bir şey olduğunu bile nereden bileceğim?" Yerinde bir soruydu. Daha önce bana dürüst davranmamıştı. Aslında onun hakkında bildiğim her şey bir yalan üstüne kuruluydu.

İç geçirdi. "RJ uydurduğum bir isim değil. Babam bana bu isimle seslenirdi, abimle kız kardeşim de hâlâ kullanıyor. Sadece takım arkadaşlarım ve ailenin dışındakiler beni Rook veya Rookie olarak bilir. Lütfen ona adını sor Lainey, sor ki seni görebileyim."

"Tamam. Bir saniye." Biraz yumuşamıştım çünkü ona ne kadar kızgın olsam da bazı cevaplar istiyordum. "Affedersiniz beyefendi, bana adınızı söyleyebilir misiniz, lütfen? Adınız ve soyadınız," dedim takım elbiseli adama. Ürpertici bir şekilde kıpırdamıyordu.

"George Oriole, Bayan Carver. Bay Bowman'ın şoförüyüm. Lütfen sizi ona götürmeme müsaade edin."

"Teşekkürler." İşaretparmağımı kaldırıp ona sırtımı döndüm. "Doğru adı söyledi."

"O zaman geliyor musun?"

"Ya gerçekten George Oriole değilse? Ya buraya gelirken SUV'u kaçırdıysa ve onun gibi davranıyorsa? Ya George'un cesedi bagajdaysa?" Deli gibi konuştuğumun farkındaydım ama suç dizilerinde her zaman böyle şeyler oluyordu. Ayrıca, dün gece uyuyamamıştım, bu yüzden çok geç saatlere kadar televizyon seyretmiştim ve gece yarısından sonra kanepede uyandığımda tam olarak ekranda oynayan senaryo buydu.

Hakkını vermek gerekirse, RJ akıl sağlığımı sorgulamadı, sadece bana şoförün fotoğrafını çekip ona atmamı söyledi. Dediğini yaptım ve adamın gerçekten George olduğunu doğruladı.

"Şimdi SUV'a biniyorum."

"Tamam, harika. Seni almaya kendim gelirdim ama bu konuda nasıl hissedeceğinden emin olamadım."

"Böylesi daha iyi, teşekkürler. Görüşmek üzere." Telefonu kapattım ve George kapıyı açıp binmeme yardımcı olmak için elini uzattı.

Alacakaranlık kuşağındaymış gibi hissettim. Hem normal hem de mineralli su şişeleri, orta bölmedeki bir buz kovasında duruyordu. Ayrıca içinde sıcak içecek olan bir karton bardak vardı. Alıp kokladım.

"Bay Bowman sizin için sıcak çikolata sipariş etti, Bayan Carver. Umarım beğenirsiniz."

"Teşekkürler, harika olduğuna eminim." Loop'tan ayrılıp şehrin dışına doğru yol alırken koltuğa yerleştim ve manzaranın değişmesini izledim. Apartmanımdan uzaklaştıkça evler büyüyüp güzelleşiyordu. Bakımlı ön çimleri ve muhteşem çevre düzenlemesi olan görkemli malikânelerin yanından geçtik.

SUV gerçekten güzel ve ciddi anlamda büyük evlerden birinin garaj yoluna yanaştığında şaşırmamam gerekirdi. Etrafını saran büyük bir verandası olan, iki katlı bir ahşap şaheserdi. Bazı açılardan rustikliği, şehre göre uyarlanmış olması dışında bana Alaska'daki kulübesini hatırlatıyordu.

George ön basamakların yanında durup arabayı park ederken ağzıma bir nane şekeri atıp ısırdım. Çantamı alırken ağzım kuru ve ellerim terliydi, bacaklarıma sürterek kuruladım. Kot pantolon ve kazak giymiştim. Yüzümde hafif bir makyaj vardı, sadece gözlerimin altındaki koyu halkaları kapatmış ve bir kat rimel sürmüştüm... ve tamam, belki biraz göz kalemi ve biraz da far. İyi görünmek istiyordum ama onun için çok çabalamışım gibi de gözükmek istemiyordum.

George kapıyı açıp elini uzattı, arabadan inmeme yardım etti. "Hazır olduğunuzda sizi eve götürmek için burada olacağım, Bayan Carver."

"Teşekkürler, George."

"Benim için zevktir."

Ön basamaklardan çıkarken kapı açıldı. Neredeyse bir kâhyanın beni karşılamasını bekliyordum ama RJ orada durmuş beni bekliyordu. Bir eli kotunun cebindeydi, siyah tişörtü geniş göğsünde gerilmişti.

"Gelmeyi kabul ettiğin için teşekkürler." Geri çekilip içeri girmeme müsaade etti.

"Rica ederim." Bana sarılmayı denemediği için hem rahatlamış hem hayal kırıklığına uğramıştım.

Ortamı inceleyerek geniş girişte etrafıma bakındım. Ev, Alaska'daki kulübenin muhtemelen iki katı büyüklüğünde olmasına rağmen, yine de ev gibi rahat bir his vermeyi başarıyordu. Zeminler kaba yontulmuş sert ahşaptı, renkler sıcak ve açıktı ve dekor rustik kır ve modern unsurların bir kombinasyonuydu.

Çiftlikte büyüdüğüm için asla vazgeçemediğim bir alışkanlıkla ayakkabılarımı ön kapıda çıkardım. Geniş bir koridorda RJ'in peşinden ilerleyerek son teknoloji bir mutfağa girdim. Yemek yapıyor muydu, yoksa ona yemek yapan biri var mıydı acaba? Onun hakkında okuduğum tüm haberler, onun kadın tavlama yöntemlerini anlatan korkunç resimler aklıma geldi ve bu evi kaç kadına gezdirdiğini düşünmeden edemedim. Kaç parti vermişti acaba?

"Güzel bir evin var," dedim çatlak bir sesle, kendimi tuhaf ve savunmasız hissediyordum.

"Teşekkürler. Son sezonun sonunda, haziranda taşındım." Mutfağın ortasında durdu. "Sana içecek bir şeyler ikram edebilir miyim?"

"Su iyi olur, teşekkürler." Burada yaşadığı kısa sürenin, bu alanla ve onunla samimi olan kadınların sayısını önemli ölçüde azaltmasından dolayı bu kadar rahatlamam beni sinirlendiriyordu.

"Greyfurt suyu var."

Kalbim aptal gibi önce tekledi sonra hızla atmaya başladı. "Su yeterli, ama teşekkürler."

Dudağının içini çiğneyerek başıyla onayladı, arkasını dönüp bir bardak çıkarıp suyla doldurdu. "İstersen dışarıda oturabiliriz."

"Olur." Aramızın gergin olmasından nefret ediyordum. Bunların herhangi biriyle nasıl başa çıkacağımı bilmiyordum. Bir yıl önce küçük bir baloncuğun içinde bir arada yaşamamıza rağmen şimdi bana yabancı biri gibi geliyordu. O baloncuğun hayatıma kattıkları bitmek tükenmezdi.

RJ'in geniş arka bahçesi epey kalabalıktı. Kapalı bir oturma alanı, açık havada yemek pişirme alanı, yer altı havuzu ve bunun ötesinde bir açık hokey pisti vardı. Özellikle Şikago gibi bir yerde tüm bunlara sahip olmanın maliyeti dudak uçuklatırdı.

Ben ise dairem akvaryumdaki işim tarafından karşılandığı için şanslıydım, aksi takdirde asla param yetmezdi.

Tekli koltuğa oturdum, RJ de çaprazımdaki iki kişilik koltuğa geçti. "Nasılsın?" diye sordu.

"Kafam çok karışık ve gerginim," dedim dürüstçe.

Başıyla onayladı. "Kim olduğum konusunda yalan söylediğim için çok üzgünüm."

"Ben de. Aramızdaki her şey bir yalan üstüne kuruluymuş gibi hissediyorum, RJ… ya da sana Rook mu demeliyim?"

"Bana RJ demen hoşuma gidiyor."

"Bana internette araştırmanın imkânsız olduğu bir ismi kasıtlı olarak verdiğine eminim." Kim olduğunu bilmeden önce onu kafamda idealize etmiştim ama şimdi… bilemiyordum.

"Düşündüğün şekilde değil." Uzun ve ağır bir nefes verdi, ifadesi acı çeker gibiydi. "Gerçeği senden saklamak için bir sebebim vardı, Lainey ve seni incitmek istemedim."

"Çünkü beni Alaska'dan sonra bir daha görmeyi planlamıyordun," diye cevapladım hemen.

"Bu doğru değil."

Tek kaşımı kaldırdım. "Ülkenin iki farklı ucunda yaşıyorduk, altı haftalık birliktelikten sonra uzun mesafe ilişkisi seçenekler arasında yoktu nasılsa. Yaz kaçamağıydı." Geçen yıl kafamda kendime söylediğim şeyler tam olarak bunlar olduğu için söylemiştim bunu. Ama kalbim bambaşka bir şey söylüyordu ve umut, içerideki kırılgan kafeste bir sinek kuşunun kanatları gibi çarpıyordu.

"Belki o şekilde başladı ama bundan çok daha fazlasıydı. En azından benim için öyleydi." RJ ellerini bacaklarına sürtüp duruyordu. Dirseklerini dizlerine dayayıp öne doğru eğildi. "Uzun süre birlikte olmadığımızı biliyorum. Ve belki bir kaçamaktan ötesi olmakla ilgili hiç konuşmadık ama ben daha fazlası olmasını istedim. Ve sonra Joy'un sancısı tuttu ve ben…"

"Joy nasıl? Ve bebek?" Geçen sene her şeyin yolunda olup olmadığını merak etmiştim, iyi olup olmadıklarını.

"Joy harika, Max de tabii."

"Oğlu oldu demek."

"Evet. Çok hızlı büyüyor. Başka çocuk istemiyorlar çünkü yüksek riskli bir hamilelikti ama herkes mutlu ve sağlıklı."

Başımla onayladım. "Çok iyi. Bunu duyduğuma sevindim."

"Los Angeles'a geldiğimde seni aramaya çalıştım Lainey, en az yirmi kez aradım. İşler telaşlı ve stresliydi ama endişelenmeni istemedim... ve sonra cevap vermediğin için endişelendim ve Joy ve bebekle işler gerçekten çok riskliydi. Kyle kendinden geçmişti. Stevie ve ben onu daha önce hiç böyle görmemiştik. Tamamen çökeceğini düşünmüştüm."

"Çok üzüldüm." Gerçekten üzgündüm; katlandığı acı, yaşadığı korku ve içinde olduğu tehlike için.

"O zamanlar çok zordu ama şimdi herkes iyi. Max'in fotoğrafını görmek ister misin? Kocaman bir adam şimdi." RJ cebinden telefonunu çıkardı ve kabul etmemi bekledikten sonra fotoğraf uygulamasını açtı. "Buraya oturmak ister misin? Fotoğrafları görmek daha kolay olur." Yanındaki yere pat pat vurdu.

Boş mindere gözlerimi diktim. İri bir adamdı ve koltuğun çoğunu kaplıyordu. Bana daha çok yer açmak için kenara kaydı, tereddüdümü hissettiği belliydi.

"Ya da orada kalabilirsin. Nasıl rahat edeceksen."

Yine yumuşadım. Kısmen, eğer yanına geçmezsem oturuşu tuhaf kaçacaktı. Yanındaki yere geçtim ve telefonunu ikimizin arasına getirdi. "Bu Max hastanedeyken. Görünüşe göre annelerde gebelik şekeri olunca, bebekler daha iri oluyormuş, bunu bilmiyordum."

"Tanrım, kaç kiloydu?" O kafayı vajinamdan çıkarma fikriyle ürperdim.

"Yaklaşık beş kiloydu, sanırım?"

"Tanrım, *kocaman*! Bazı üç aylık bebekler o kiloya zor geliyor."

"Evet, Joy da mecbur sezaryen oldu. Ters doğumdu ve plasentaya bir şeyler oluyordu. Tüm detayları bilmiyorum ama onun ya da hiçbirimiz için kolay bir hamilelik ya da doğum olmadı, gerçekten." Yeğeninin geçen yıl boyunca farklı zamanlarını gösteren fotoğrafları gösterdi. RJ onu bebekken tutarken, Max küçük bir Şikago forması içinde, o titrek bir adım atarken RJ'in onun ellerini tutarken çekilmiş fotoğrafları vardı.

"İyi bir amca gibi görünüyorsun." Sesim çatladı, gözyaşlarımı tutmak için savaşırken boğazımı temizlemek zorunda kaldım.

"Amca olmak kolay. Onu istediğim gibi şımartıyorum ve huysuzlaşınca annesine veriyorum."

"Kulağa mantıklı geliyor." Amcalar, teyzeler, nineler, dedeler hep böyle yapardı.

"Çok uzakta oldukları için onları istediğim kadar göremiyorum ama onlarla birlikteyken zamanımı en iyi şekilde değerlendirmeye çalışıyorum. Los Angeles'ta oynadığımda onlarla zaman geçireceğim ve bu da iyi olacak." RJ elini elimin üzerine koydu. "Seni yanımda götürmeliydim... Los Angeles'a. İki bilet almalı ve seni de götürmeliydim ama abim öyle panikti ki düzgün düşünemedim."

"Beni yanında götüremezdin ama, çünkü kim olduğun hakkında yalan söylemiştin." Elimi çekmeye çalıştım, bir an sıkıca tuttuktan sonra bıraktı.

RJ telefonunu masaya koydu, bir eliyle yüzünü ovuşturarak bir küfür mırıldandı. "Sana söylemek istediğim öyle çok zaman oldu ki, ama aramızdakileri mahvetmek istemedim. Sana gerçeği söylersem gideceğini düşündüm ve erteleyip durdum... ve uzattıkça, sana söylemek zorlaştı." Gözleri gözlerime kilitlendi, anlamam için yalvarır gibiydi. "Yanından ayrıldıktan sonra, hâlâ sana söylemem gereken bir sürü şey olduğunu fark ettim, gerçekler de buna dahildi. Kafamda plan yaptım, Los Angeles'a dönünce sana her şeyi söyleyecektim."

"Neden yalan söyledin ki? Neden her şeyi yalanlarla lekeledin?"

"Beni tanımadın."

Bana her şeyi anlatan ama hiçbir şey anlatmayan basit bir açıklamaydı. Devam etmeyince, üsteledim. "Ve? Bunun aramızdaki her şeyi bir yalan üstüne kurmanı açıklaması mı gerekiyor? Bana gerçeği söyleyebileceğin haftalar vardı ama sen başladığın yalanı desteklemek için daha çok yalan söyledin."

"Yaptığım şey daha çok bazı şeylerden bahsetmemekti, ama sana her şeyi söylemediğime pişmanım. Sadece bir süre normal biri olmak istedim. Bunun nasıl olduğunu anlamıyorsun, ben..."

"Tüm o partileri ve kadınları mı diyorsun?" İnternette gördüğüm görüntüler aklıma gelmeye başlayınca midem bulandı. Onları kafamdan çıkaramıyordum. "Yalan söylediğini anlar anlamaz, seni araştırdım, RJ. Bulduklarımın benim Alaska'da yaşadığım adamla alakası yok. Senin kim olduğunu bile bilmiyorum ben."

"Hayır, biliyorsun Lainey. Ben uçakta tanıştığın seni sakinleştiren adamım, tüm o haftalarda seninle zaman geçiren, sana araba sürmeyi öğreten, gök gürültülü fırtınada sana sarılan adam. İşte bunlar *gerçek* benim."

Bana tekrar dokunmak için hareket etti, ben de ikili koltuktan fırlayıp bana dokunamayacağı bir mesafeye kaçtım. "Neye inanacağımı bilmiyorum."

"Kötü göründüğünün farkındayım -gerçekten farkındayım, Lainey- ama tarihlerine bakarsan, hepsinin yıllar önce olduğunu göreceksin. Küçük bir kasabadan geldim ve çok genç yaşta oyuncu oldum. Pek de iyi olmayan bazı seçimler yaptım ve hokey oyuncularının ünlü sayıldığı bir şehirde yaşıyordum. Özel kalması gereken her şeyin halka yansıdığı bir zamandı. Orada olan boktan şeyler yüzünden annemle kız kardeşim benimle bir seneden fazla konuşmadılar, yani yaptıklarımın sonuçlarının ne olduğunu biliyorum."

Bu son kısma dudak büktüm. Sonuç olarak benim ne tür tepkilerle karşılaştığım veya bunun ailemle olan ilişkim üzerinde yarattığı baskı hakkında hiçbir fikri yoktu. Alaska'ya gitmeden önce, aşırı korumacı olduklarını düşünüyordum ama geri döndüğümde milyon kat daha kötüydüler.

"Hayatında isyan ettiğin bir zaman vardır. Sen asi bir dönemden geçmedin mi, Lainey?"

"Geçtim. Benim asi dönemim sendin ve belli ki korkunç bir hataymış," dedim ters bir şekilde.

RJ koltuğundan kalkıp beni sarmaya çalıştı ama koltukların arasından kayarak bir kez daha ulaşamayacağı bir yere kaçtım.

"Los Angeles'a gidip beni aradığında bana gerçekleri anlatmayı planladığını söyledin ama bu nasıl işe yarayacaktı ki? Aynı şekilde düşünecektim ve ülkenin diğer bir ucunda olacaktım. O zaman nasıl açıklayacaktın? Bana anlatmak istediğin gerçekleri nasıl gösterecektin?" Eve doğru ilerledim. "Seni bulmaya çalıştım. Seni arayarak New York'taki her alpaka çiftliğine telefon ettim ama kimse nerede olduğunu bilmiyordu ve çok mantıklı, çünkü asla tanımadıkları birini soruyormuşum."

RJ'in ifadesi acı doluydu. "Max doğduktan sonra annem çiftliği sattı, orayı bir girişimci aldı. Annem, kız kardeşim ve abimle beraber Los Angeles'ta olmak istedi."

Başımı iki yana salladım, birbirimizi sadece haftalarla, kıl payı kaçırdığımızı duymak istemiyordum. "Ben seni bulmaya çalıştım ama sen beni bulmak için ne kadar uğraştın RJ? Gerçekten, ama gerçekten?" Onu bulamayınca ne kadar yıkıldığımı düşündüm ve son zamanlarda bunun karmik bir etki olup olmadığını merak etmeye başlamıştım. "Gitmem gerek."

RJ'in omuzları çöktü. "Lütfen, Lainey."

"Şu an burada kalamam. Bu çok fazla." Sürgülü kapıya doğru ilerledim, ondan, tüm hatıralardan ve onun hakkında hissettiğim çatışmadan ve şu anda bildiğim her şeyden uzaklaşmaya ihtiyacım vardı.

"Bana, gerçek beni zaten tanıdığını kanıtlama şansı veremez misin?"

İfadesinin sesindeki hüzünle örtüştüğünü görmemek için ona bakamadım. Ona bu şansı vermek istiyordum ama kendimi daha fazla hayal kırıklığına uğratmak istemiyordum. "Ve senin için bir kez daha kalbimi tehlikeye mi atayım? Sana nasıl güvenebilirim?"

Ben yetişemeden kapının önüne geçti. Geriye doğru sendeledim ve düşmeme engel olmak için kollarımı kavradı. Belki de kaçmama engel olmaya çalışıyordu. Yeniden kollarını etrafımda hissetmeyi özlemiştim. Hâlâ canlı bir şekilde hatırladığım sıcaklığına ve rahatlığına gömülmek istiyordum.

"Sana tutulmuştum. Neredeyse sana aş..."

"Sakın!" diye bağırdım. "Duygularımla oynamaya kalkma. Bu haksızlık."

"Duygularınla falan oynamıyorum. Dürüst olmaya çalışıyorum."

"Dürüst olmak için birçok şansın oldu. Sadece bırak gideyim, *Rook*." Adını bir küfür gibi söylemiştim.

"Seni bir kez bıraktım, Lainey ve bu beni mahvetti... tekrar yapabilir miyim, bilmiyorum."

"Pekâlâ, beni esir tutamazsın, değil mi?"

"Hayır. Tutamam." Beni bıraktı ve arkamı döndüm, kapıyı çekip açtım ve parkenin üzerinden ön girişe doğru ilerledim. Ayaklarımı düz ayakkabılarıma sokarken aptal, düzenbaz gözyaşları akmaya başladı. Onun neredeyse bir malikânede yaşayan ve azılı bir çapkın olarak ün yapmış olan bu haliyle, tanıdığımı sandığım versiyonunu nasıl bağdaştıracağımı bilmiyordum.

Kapıyı açmaya çabaladım ama görüşüm bu kadar bulanıkken kilitlerin nasıl açıldığını çözemedim. Tam anlamıyla bir panik atağın eşiğinde olduğumun farkındaydım, bunların hepsi üstesinden gelinemeyecek kadar fazlaydı. Nefes almak, düşünmek için mücadele ettim. Görüşüm noktacıklarla dolup taşıyordu ve aniden kendimi onun sağlam kucağına çekilmiş halde buldum.

Dudakları şakağımı buldu. "Nefes al, Lainey... sadece nefes al."

Tişörtüne yapıştım ve tek yapmak istediğim daha sıkı tutunmakken kendimi bırakmaya zorladım. Sırtıma yatıştırıcı daireler çiziyordu, tekrar tekrar nefes almam için mırıldanıyor, üzgün olduğunu, beni asla incitmek istemediğini söylüyordu.

Hissedebildiğim, görebildiğim, duyabildiğim, tadabildiğim ve koklayabildiğim her şeyi saydım. Sonunda, parmaklarımı tişörtünden çekebilecek kadar sakinleşmiştim. Avuçlarımı göğsüne bastırdım, kalbi kıyafetlerinin altında hızla atıyordu.

Gözyaşlarımı sildi. "Çok özür dilerim, Lainey. İstediğim bu değildi. Sessizliğini duygularımın tek taraflı olduğunu yönünde yorumladım."

"Gitmem gerek." Sesim kırık bir fısıltıdan öte değildi.

Yüzümü avuçlarının arasına aldı. "Lütfen bana bak."

Gözlerimi yavaşça kaldırıp canımı yakan yakışıklı yüzünü inceledim.

"Bunu bir kez mahvettim, Lainey ve tüm bunlarla seni gafil avladığımı biliyorum ama yemin ederim ben senin bir yıl önce tanıştığın adamım. Bunu sana kanıtlamak için elimden gelen her şeyi yapacağım." Bir an için beni öpeceğini sandım.

Öptü de, yanağımdan.

Tenim alev aldı. Kalbim tekledi.

Ben de ona kendi gerçeğimi söylemeliydim.

Ama şimdilik berabereydik: yalana karşı yalan.

ON BEŞİNCİ BÖLÜM

Oyuna Dönüş

Rook

Lainey biraz yalnız kalmak istemişti ama dün evimden ayrılırken ne kadar üzgün olduğunu -ve benim de berbat uyuduğumu- düşününce, ertesi sabah ilk iş onu aradım, sesli mesaj bırakarak nasıl olduğunu sordum, onu düşündüğümü ekledim. Sonra da spor salonuna gittim.

Antrenmanımı bitirdiğimde Lainey'den hâlâ haber yoktu, bu yüzden sesli mesajla aynı içeriğe sahip bir mesaj gönderdim ve ardından ona bir buket çiçek ısmarladım. Tam eve gitmek üzereydim ki telefonum çaldı. Ekranı kontrol edip de Lainey'nin adının belirdiğini görünce havalara uçtum.

"Hey, selam. Nasılsın?"

"Ah, selam. RJ ile mi görüşüyorum?" Bir kadın sesiydi ama Lainey değildi.

"Benim." Ekranı kontrol ettim. Kesinlikle Lainey'in numarasıydı, aldığım gece ezberlemiştim. "Siz kimsiniz?"

"Ee, ben Eden. Lainey'in bir arkadaşıyım ve bir nevi şu an arkasından iş çeviriyorum."

"Arkasından iş çevirmek mi? Lainey'in başı belada filan mı?" Gözlerinin altındaki koyu halkaları ve anksiyetesi geldi aklıma, Alaska'da buna aşinaydım ama rahat ve güvende hissettiğinde her zaman iyi idare ediyor gibiydi. Belki de bir şeyleri gözden kaçırıyordum.

"Bir *müdahale* müdahalesi gibi değil – daha çok onu dostça doğru yöne dürtmeye çalışıyorum. Bu yüzden muhtemelen sana bunu söylediğim için başımı biraz belaya sokacağım, ama seni hiç unutamadı. Demek istediğim, pek çok şeyle uğraşıyor ve birileriyle çıkmaya da yeni başladı."

"Biriyle mi çıkıyor?" Bu duymak istediğim bir şey değildi.

"Pek sayılmaz. Yani birkaç kez çıktılar, adamın iyi ve istikrarlı falan filan olduğunu düşünüyor ama ondan gerçekten hoşlanmıyor."

"Yani ciddi bir şey değil mi?"

"Hayır. Henüz değil, yani. Dediğim gibi birkaç kez çıktılar ama bence adam ondan gerçekten hoşlanıyor. Aynı apartmanda yaşıyorlar, haliyle sana pek yarayan bir durum değil."

"Siktir. Evet, değil." Oyunumu hızlandırmam lazımdı.

"Sadece Lainey'in başında çok dert var, çoğundan sana bahsetmediğinden eminim ama kesinlikle bahsetmeli."

"Yapabileceğim bir şey var mı? Yardım edebileceğim bir yol?"

"Biz dörtte çıkıyoruz. Akvaryuma gelmelisin."

"Ama onunla dün görüştük ve zamana ihtiyacı olduğunu söyledi."

"Lainey'in zaten çok zamanı oldu. Bir yıldan da uzun bir zaman. Korkuyor. Eğer onun sana ikinci şans vermesi konusunda ciddiysen, burada olman lazım. Saat 15.45'e kadar özel bir tura rehberlik edecek. Kahretsin, gitmeliyim." Ben ona teşekkür edemeden telefonu kapattı.

Kıçımı kaldırmalı ve Lainey'e ciddi olduğumu, yalanlardan ve boş vaatlerden daha fazlası olduğumu nasıl göstereceğimi bulmalıydım.

Evde durup tekrar duş aldım ve üzerimi değiştirerek siyah bir pantolon ve gömlek giydim. Neden bir randevuya hazırlanıyor gibi giyinmek zorunda olduğumu bilmiyordum ama Lainey'in bana defolup gitmemi söylemekten daha fazlasıyla ilgileniyor olma ihtimaline karşı, yeterince hazırlıklı olmak istiyordum.

İşi şansa bırakmamak için üç buçukta akvaryuma vardım ve danışmaya yaklaştım. Kahverengi saçlı, gözlüklü ve fazlasıyla kıvrımlı, tanıdık görünen bir kadın bana bir kez daha baktı ve kaşını kaldırdı. "Bu defa çiçek yok mu?"

"Kahretsin." Bir çiçekçide durmayı unuttuğuma inanamıyordum. "Hemen bir buket ayarlayabileceğim bir yer var mı yakınlarda?"

Kadın elini kaldırdı. "Lainey evinde artık daha fazlasına yer kalmadığı için son buketi burada bıraktı. Yani bence yeterince çiçek aldın."

"Çikolata gibi bir şey peki?"

"Son çikolata kutusunu da burada bıraktı. Ve çok lezzetli oldukları için hepimiz minnettar olsak da bu yıl tatilden *önce* beş kilo vermeye çalışıyorum, yani çikolata ve çiçeğe biraz ara verebilirsin. Bir hafta filan mesela." Elini uzattı. "Ben Eden."

Elimi pantolonuma sildikten sonra elini sıktım. "Rook Bowman, yani RJ."

"Ah, kim olduğunu biliyorum." Dirseğini bankoya dayadı ve çok sayıdaki akvaryumdan birine yakın bir bankı işaret etti. "İstersen oturabilirsin - o işini bitirmeden önce birkaç dakikan var. Erken geldiğin için bonus puan aldın ama." Gözlüğünü burnundan yukarı itip önündeki ekrana dönerek beni kendi halime bıraktı.

"Peki, teşekkürler."

Beş dakika kadar yerimde kalmayı başardım ama sonra sabırsızlaıp volta atmaya başladım. Lainey'i beklerken kendimi yunus sergisinin önünde dururken buldum. Bugün erkek yunus iyi bir halde görünüyordu.

Sonunda Lainey ve fazlasıyla bilimci gibi görünen küçük bir grup insan lobiye girdi. Çoğu dağıldı ama bir adam onunla konuşmak için geride kaldı. Elini cebine atıp ensesini ovuşturmasından ona ilgi duyduğunu anlayabiliyordum. Bu pek şaşırtıcı değildi. Lainey donuk bej üniformasıyla bile muhteşem görünüyordu.

Varlığımı hissetmiş gibi bakışları bana kaydı. Konuştuğu adam bir cümlenin ortasındayken, Lainey ondan uzaklaşıp doğruca bana doğru geldi. İlgisini çekmenin iyi bir şey olduğunu söylemek isterdim ama ifadesine bakılırsa beni gördüğüne o kadar da sevinmemişti.

"Neden buradasın?" dedi ters bir şekilde.

Başından savdığı adam gibi ben de ellerimi ceplerime soktum. "Dünden sonra nasılsın diye görmek istedim."

Gözlerini birkaç kez kırpıştırdı, belki biraz şoke olmuştu ve ellerini ovuşturmaya başladı. "İyiyim."

"İyi görünmüyorsun. Üzgün görünüyorsun." Dün gözlerinin altında fark ettiğim halkalar daha da belirgindi, sanki hayatına girmem onun uykusunu kaçırmış gibiydi. Bu fikir hoşuma gitmedi ama sanırım anlayabiliyordum. Ben de o kadar iyi bir uyku çekmemiştim.

"Dünün ardından buraya geleceğini düşünmemiştim." Örgüsünün ucunu çekiştirdi.

"Seni bir kahve içmeye götürebilir miyim ya da sıcak çikolata?"

"Olmaz, benim… Benim bir yapmam gerekenler var," diye kekeledi, el ovuşturma işi daha üst bir seviyeye çıktı.

Elinde ceketler ve çantalarla aniden Eden göründü. "Aslında mecburiyetinle ben ilgilenebilirim."

Lainey ona manidar bir bakış attı. "Bunu yapmana hiç gerek yok."

"Önemli bir şey değil. Kesinlikle halledebilirim." Lainey'e çantasını uzattı.

"En azından üstümü değiştirip... bir şeyleri kontrol etmeliyim."

"Olduğun halinle çok güzelsin ama istiyorsan, seni eve bırakabilirim. Hatta senin için daha kolaysa kahve alıp senin evine gidebiliriz."

"Hayır!" diye bağırdı, sonra sesini alçalttı. "Yani... temizlik yapmam lazım. Ve hemen caddenin karşısında oturuyorum. Yanında bir kahve dükkânı var. Yirmi dakikaya seninle orada buluşabiliriz."

"Peki, olur." Aynı apartmanda oturan çıktığı adamla karşılaşmak istemediği için tuhaf davrandığını varsaydım. Bir kahve dükkânı pek iyi bir fikir değildi, özellikle de yüzümü kapatacak bir şapkam olmadığı için ama elime geçen her şey kabulümdü.

ON ALTINCI BÖLÜM

Merhaba Bebek

Lainey

Eden'i öldürecektim. Tamam, bu doğru değildi. Bir örümceği bile öldürmekte zorlanıyordum ama en azından günün geri kalanında ona çok gıcık olacaktım. Asansör lobiye inerken birkaç derin nefes aldım.

Şu an kesinlikle daha az gergin olmak isterdim. Avuçlarım deli gibi terliyordu. Aslında pek çok yerim terliydi. Etrafımdaki aynalarda yansımama bakarak gözlerimin altına sürdüğüm kapatıcının düzgün dağılıp dağılmadığını kontrol ettim. Bu sabah asansöre bindiğimde çizgi halinde kaldığını görmüştüm, şu futbolcuların gözlerinin altına sürdüklerine benziyordu, tek farkı ten rengiydi.

Asansör kapıları kayarak açıldı ve binen insanlara mırıldanarak selam verip lobiye adım attım. Ve elbette içlerinden biri Walter olmalıydı. Asansöre binmek yerine, herkesin binmesini bekleyip bana sarıldı.

Lobinin karşısındaki pencereden RJ'i görebiliyordum, elleri ceplerinde, bu muhabbeti kısılmış gözlerle izliyordu. Hemen Walter'ı bırakıp bir adım geri attım, bu da onun bir adım yaklaşmasına neden oldu. Kişisel alan konusunda tuhaftı.

"Hoş görünüyorsun, bir yere mi gidiyorsun?" Walter örgümün ucuna dokundu ve eli mememe yaklaştı.

Tekrar pencereye doğru baktım. RJ'in yüzü neredeyse cama dayalıydı ve süper güçleri olsaydı, lazer ışınlarının şu anda gözlerinden fırlayacağına ve Walter'ın bir elinden olacağına bahse girerdim.

"Bir arkadaşla kahve içmeye gidiyorum."

"Şanslı arkadaş." Bana abartılı bir göz kırptı. "Daha sonra buralarda olacak mısın? Belki uğrarım ve birlikte *Jeopardy!*'den bir bölüm izleriz."

"Ah, ee, bu hakkımı sonra kullanmak istesem? Dışarıda ne kadar kalacağımı bilmiyorum ve son birkaç gecedir pek iyi uyuyamıyorum."

Gülümsemesi soldu. "Tabii, elbette. Fikrini değiştirirsen arayabilirsin. Bir torba tatlı ve tuzlu patlamış mısırım ve her zaman içtiğin o özel naneli sıcak çikolatadan biraz var."

"Harika plan." Onun için asansör düğmesine bastım. "Seni sonra ararım."

"Harika olur." Eğilip ben kaçamadan yanağımdan öptü.

Neyse ki asansör geldi.

RJ ön kapıların dışında beni bekliyordu. Omzumun üzerinden geriye baktım, Walter'ın çoktan asansöre bindiğini görünce rahatladım. Walter elini veda edercesine kaldırdığı sırada, RJ beni kendine çekip kısa bir an sarıldı. Asansör kapılarının arkasında gözden kaybolan Walter'ın gülümsemesi, teflon tavadan düşen yumurta gibi yüzünden kaydı.

"Arkadaşın mı?" diye sordu RJ, Walter'ı kastettiği belliydi.

"Evet. Arkadaşım." Çantamı düzelttim. Bunun gerçekten onu ilgilendirmediğini söylemek istedim ama çekinmiştim.

"Bilişim işinde filan mı çalışıyor?"

Kaşlarımı çattım. "Bunu nereden biliyorsun?"

Sırıttı. "Şanslı bir tahmin."

"Walter iyi biri. Herkes Yunan tanrısı vücuduna sahip bir ünlü değil." Sanki egosunu pohpohlamama gerek varmış gibi. İnternet aramalarımda gördüğüm her şeye dayanarak -onunla ilgili yalanların nerede bittiğine dair hiçbir fikrim olmadığı için devam etmem gereken tek şeydi- o ve Şikago'daki kadın nüfusunun önemli bir yüzdesi, vücudunun ne kadar harika olduğunu biliyordu. Yanından geçip yan taraftaki kafeye yöneldim. Buradaki baristaları tanıyordum ve her zaman pek çok müdavim vardı, bu yüzden güvenli bir alan gibi geliyordu.

RJ elimi tuttu. "Üzgünüm. Ben sadece… kıskandım ve çocukluk ettim."

Dudaklarımı büzüp midemdeki kelebeklerin beni ele geçirmesine izin vermemeye çalıştım.

RJ elini sırtıma koyarak yeni bir kelebek fırtınasını kışkırttı. Ayrıca benim için kapıyı açıp kahve ve pastalarımızı ödedi; ama ben kafeinsiz çay istedim. Çünkü bugünlerde, akşam vaktinde kendimi kafeine boğmama gerek kalmıyordu, zaten uyuyamıyordum.

Köşede bir masa seçti ve yerlerimize oturduk. Ceketimi yeni çıkarmıştım ki iki delikanlı imza istemek için yanımıza geldi. Sonraki yarım saat boyunca RJ, her iki dakikada bir fotoğraf çekmek isteyen ve imza isteyen başka bir grup insanların akınına uğradı. Ergenler, üniversiteliler, yetişkin erkekler ve masanın karşısında ben otururken bile kaba bir şekilde salyalarını akıtan yaltaklanan kadınlar. İnanılmaz derecede bunaltıcıydı. Ve aydınlatıcı.

Onun hayatı buydu. Bu şehirde dışarı çıktığı her seferde başına bu geliyordu. Bildiği şey buydu ve nerede olduğuna ve etrafındakilere bağlı olarak bunun çok daha kötü olabildiğini varsaymam gerekirdi. Aslında kim olduğunu öğrendiğimden beri bulduğum tüm resimleri gözden geçirdim ve çok küçük bir parçam, herhangi eşitlik içeren bir ilişkiye sahip olmanın ne kadar zor olduğunu anlayabiliyordu.

Birileri tarafından şöhreti yüzünden mi yoksa gerçekte kim olduğu için mi istendiğini asla bilemeyecekti. Cevabını bilmediğim başka bir soru da bu değil miydi? Alaska'da beraber olduğum adam nazik, tatlı ve ayakları yere basan biriydi. Ama bu... tamamen farklıydı. Ve hayatı *gerçekten* böyleydi.

Kenara kaydım, ona yaklaşmak için yaygara koparan insan sayısını kaldıramadım ve ben kenardan gözlemlerken hayranları onu sıkıştırmaya devam etti. RJ zarif, uzlaşmacı ve karizmatikti ancak daha fazla insan selfie çekmek için toplandıkça, yanağındaki tikten hayal kırıklığını hissedebiliyordum. Sonunda, herkesin fotoğrafını çektirdikten ve insanların ona ittiği tüm şapkaları ve rastgele kâğıt parçalarını -ve hatta birkaç dergi ilanını- imzaladıktan sonra bana acı dolu bir şekilde gülümsedi. "Gidebileceğimiz, halka daha az açık olan bir yer var mı? Bir şapka takmalıydım, o zaman daha az tanınıyorum."

"Buradan çok uzak olmayan bir park var. Oraya gidebiliriz?" diye önerdim. Daireme gelemezdi. Henüz değil. Duruma göre belki de hiç gelemezdi.

Ayrılmadan önce tuvaleti kullandım ve döndüğümde RJ bizim için karton bardaklarda taze sıcak içecekler hazırlatıyordu. Tüm bu durum hakkında ne düşüneceğimi bilmiyordum. Walter iyi biriydi, iş için seyahat etmiyordu ve toplum içine çıktığımızda olay çıkarmıyordu ya da insan akınına uğramıyordu. Ve şu anki durumumu ve bir ilişkiye girme konusundaki bariz isteksizliğimi de kabullenmişti.

RJ'e karşı dürüst olmam gerektiğine karar verdim, gerçek niyetinin ne olduğundan emin olmanın tek yolu buydu. Gerçeği kaldıramazsa, hayatımdan tekrar kaybolurdu ve her şey biterdi.

Evimin aşağısındaki parkta tenha bir bank bulduk. Diğer tarafta, oyun parkının yanında oturan ebeveynler vardı ama bunun dışında huzurluydu.

"Bunun için üzgünüm. Muhtemelen en başta bir parka gelmemizi önermeliydim. Her zaman bu kadar yoğun değil ama sezon yakında başlıyor. Bu yüzden çok fazla tanıtım alıyoruz. Medya radarından uzak durmaya çalışıyorum ama takım kaptanı olmak bunu zorlaştırıyor." Kolunu bankın arkasına doğru uzattı ve parmakları omzuma dokundu.

"Sana bir şey sorabilir miyim?" Bardağımın tutacağıyla oynuyordum, ona bakmak zorunda kalmamak için kenarını büktüm. Elimi kolumu bağlayacak kadar güzeldi.

"Evet, elbette."

"İstediğin birini elde edebilecekken neden beni takip etmeye bu kadar kararlı olduğunu anlamıyorum. Ben senin için birkaç hafta boyunca başka biri gibi davrandığın kadından başka neyim?"

"Mevzu da bu zaten Lainey. Başka biri gibi davranmıyordum. Evet, işim hakkında yalan söyledim ama diğer diğer her şeyimle tamamen kendindim, gördüğün *gerçek* bendi."

"Ama gerçekten gördüm mü? Çünkü orada gördüğüm şey, gerçek sen değildin? Ne zaman bir yere gitsen ve insanlar seni tanısa başına bu mu geliyor?"

"Ben sadece birinin beni görmesini istedim, gerçek anlamda beni görmesini istedim ve senin de gördüğünü hissettim. Hiçbir zaman seninleyken olduğumdan daha fazla kendim gibi hissetmedim."

Bunun üzerine düşündüm ve onunla birlikte olduğum o haftalarda nasıl kendimin en iyi versiyonuymuşum gibi hissettiğimi de. Kendimi güvende, özel ve önemli hissettirmişti. "Sana bir şey söylemem lazım." Kelimeleri ağzımdan çıkarmak için kararlı olmaya çalışarak çayımı sımsıkı tuttum. Onun o haftaları birlikte geçirdiğim adam mı yoksa kısa süre önce hayatıma geri dönen yalancı pislik mi olmasını isteyip istemediğime artık karar veremiyordum. Her ikisi de çok farklı nedenlerle karmaşıktı.

"Peki. Dinliyorum."

Ona bunu söylediğimde tepkisini görmem gerektiğini bilerek ona doğru döndüm çünkü iyi ya da kötü her şeyi değiştirecekti.

"Benim bir oğlum var."

ON YEDİNCİ BÖLÜM

Hesap Yapmak

Rook

"Benim... ne?" Ne söylemesini beklediğimi bilmiyordum, belki de *sana hâlâ aşığım* gibi bir şey olabilirdi. Ya da *seni özledim* ya da *eskiden ben lanet bir sirk palyaçosuydum* da olurdu ama *benim bir oğlum var* kesinlikle ihtimaller listemde yer almıyordu.

"Adı Kody, *K* ile." Çayını kenara koydu ve cebinden telefonunu çıkardı. Şifreyi girerken elleri titriyordu. "4 Nisan'da doğdu, beklenenden on gün önceydi. Hamileliğim iyi geçti. Çok sağlıklıydım, harika bir doktorum vardı ve çok destek gördüm. Ailem çok mutlu olmadı ama yapabilecekleri bir şey yoktu." Konuşmaya devam ederken hâlâ telefonuna bakıyordu, sanki her şeyi anlatmak istiyormuş gibiydi. "Eve döndüğümde hamile olduğumu anlamam birkaç haftayı buldu. Aşk acısı çektiğimi sanıyordum ama arka arkaya iki ay regl olmayınca, bir doktora gittim ve..." Telefonunu göğsüne bastırdı. "Şimdi dört aylık."

Birden boğuluyormuş gibi hissettim. Aynı zamanda evrendeki en benzer dejavu vakasıyla vurulmak gibiydi. Sissy'nin ikinci bölümü gibi ama daha kötüsüydü çünkü altı hafta boyunca Lainey'i uygun her pozisyonda becermiştim. Korunmuştuk. Korunmadan sadece bir kez sevişmiştik, harika ve inanılmaz bir şekilde enfes sevişmeydi. Ama ertesi gün regli başlamıştı, yani sorun yoktu. Ve o da üç gün sürmüş, bu yüzden bizi çok yavaşlatmamıştı. O kadar şok olmuş ve açıkçası gerçekten korkmuştum ki, ağzımdan çıkan ilk kelimeler, "Benimle taşak geçiyorsun, değil mi?" oldu.

Küçük bir çocuk koşarak yanımdan geçti, ardından bana pis bir bakış atan annesi geliyordu. "Pardon," deyip Lainey'e dönerek sesimi alçalttım. "Senin şakadan anladığın bu mu? Eğer o Walter denen adam aslında senin erkek arkadaşınsa -ya da daha kötüsü kocansa- olman gereken son yer benim yanım." Yüzük takmıyordu ve bebek dört aylıksa, o zaman o - gittiğim boktan günde adamla birlikte olmalıydı, değil mi?

Lainey bana aklımı kaçırmışım gibi baktı. "Kody senden."

"Bu nasıl mümkün olabilir? Her lanet seferde prezervatif kullandık." Sesimi alçak tutmak için çabalamam gerekti.

"Evet." Bana katılarak başıyla onayladı. "Sadece…"

Ona saydırmaya başladım. "O zaman nasıl benim olsun, tabii çöp kutusundan kullanılmış prezervatifi çıkarıp hindi gibi kendini doldurmadıysan?"

Yüzümün önüne doğru elini kaldırdı. "Tamam da bu sadece… tamamen iğrenç ve mide bulandırıcı. Bu kadar gülünç bir şeyi kafa yormana bile gerek kalmadan düşünebilmen de rahatsız edici."

Haklıydı. Ayrıca, Sissy'nin yapmasını beklediğim bir şeydi çünkü o muhtemelen raporlu bir deliydi. Ve şimdi ruh eşim olabileceğini düşündüğüm kadın da açıkça öyleydi. Bekârlık yemini etmeliydim. "Başka ne açıklaman var? Seni ülkenin öte yanından sihirli bir şekilde döllemem dışında," diye çıkıştım.

Lainey'in dudakları ince bir çizgi halini aldı ve beni yaklaşık altmış santim boyunda minnacık hissettiren bir bakışla yerime sabitledi. Bunu yapacak güce sahip tek kişinin annem olduğu düşünülürse, bu oldukça etkileyiciydi.

"Çünkü son sefer *hariç* her defasında korunduk."

Başımı iki yana salladım. "Bu şey değil..." O sabahki sisli anıları düşündüm. Sabahın üçünde gelen telefon, abimin paniği, Los Angeles uçağımı ayarlamak ve tüm eşyalarımı spor çantama atıp kamyoneti çalıştırmak.

Ancak gitmeye hazır olduğumda yukarı çıkmış ve hiç istemediğim şeyi yapmıştım: Lainey'e veda etmek. Sona istediğimizden daha erken ulaştığımızı, seksin ne kadar yoğun olduğunu, nasıl çok çabuk bittiğini anladığımızda ne kadar çılgına döndüğümüzü hatırlıyordum... çünkü prezervatif aklıma bile gelmemişti.

"Ama sadece o seferlik oldu." Yüzümü ovuşturdum.

"Gerçekten tek gereken de bu. Ben doğurgandım ve görünüşe göre sen de verimliymişsin." Ses tonu gerçekçiydi ama sesi öfkeden titriyordu. "Farkına varır varmaz seninle iletişime geçmeye çalıştım. New York'taki her alpaka çiftliğini aradım ama seni bulamadım. Kulübeyi bile aradım ama tabii ki kimse cevap vermedi. Seninle iletişime geçmenin başka yolu yoktu. Pekâlâ, sanırım Netflix ve belgeseller dışında bir şey izlemeye zahmet etseydim, bunu çözebilirdim." Lainey telefonunu ellerinin arasında sımsıkı tutuyordu, sanki yeni bir suçlama bekliyormuş gibi dudaklarını büzmüştü.

O sabah bu kadar acelem olmasaydı ona cep numaramı verirdim. Kahretsin, şansım olsaydı ona tüm gerçeği anlatırdım. Ona baktım, gerçekten ona baktım. Korkmuş, üzgün, kızgın ve tedbirliydi. Midem burkuldu ve sancıdı. "Benim bir oğlum mu var?"

Başıyla onayladı. "Onun fotoğrafını görmek ister misin?" diye sorarken çenesi titredi.

"Evet. Evet, lütfen."

Titreyen elleriyle telefonuna tekrar şifresini girdi. Eskiydi, akıllı telefonlardandı ama eski bir modeldi. Beğendiğini bulana kadar bazı fotoğraflar arasında gezindi ve görebilmem için uzattı. "Devam et, al haydi." Ellerimi telefona doladı ve biraz daha yaklaştı, yanağını koluma değdirdi. "O çok güzel."

Ekrandaki iki boyutlu küçük yüze bakıp şey aradım... ne bilmiyordum. Bana kendimi hatırlatan bir şey? Kameraya gülüyordu, Lainey'in saç örgüsünün ucu tombul küçük yumruğunun arasındaydı. Koyu renk saçlarını ve burnunu Lainey'den almıştı ama gülümsemenin tamamı beni anımsatıyordu ve sağ yanağında beliren küçük gamzeyi de benden almıştı.

Kaçırdığım her şeyi düşündüm: tüm hamileliği, doğumu, oğlumun hayatının ilk dört ayı. Bunların hepsini kendi başına yapmıştı. Ve her zaman ailesine yakındı. Alaska'da benimle kalırken bile, ailesini haftada en az iki kez arar ve onlarla telefonda bir saate yakın zaman geçirirdi. Peki, onca yolu gelip tek başına bebek büyütmesine neden olan neydi? Cevapları olmayan pek çok soru vardı. Biri hariç: Bu bebek kesinlikle benimdi.

"Onunla tanışabilir miyim?" diye sordum.

Lainey dudağını ısırdı. "Şu an bunun iyi bir fikir olduğundan emin değilim."

"Şu ana kadar varlığından haberim olmayan dört aylık oğlumla tanışmamın iyi bir fikir olduğundan mı emin değilsin?"

"Babalık testi filan istemiyor musun?" Parmaklarını dudaklarına bastırdı.

"Şey, bana benzemeseydi isteyebilirdim ve evet, her şeyi resmileştirmek ne olursa olsun muhtemelen iyi bir fikir. Ayrıca menajerimin bu konuda ısrar edeceğinden oldukça eminim, bu yüzden bir şeyler ayarlamamız gerekecek ama şu an onunla tanışmak istiyorum."

Lainey'in gözleri kocaman açıldı ve resmen tırnaklarını yiyordu. Telefonu indirip ellerini ellerimin arasına aldım. "Lütfen Lainey. Kendini benim yerime koy... zaten çok şey kaçırdım."

Derin bir nefes verdi. "Eden'e mesaj atayım." Hızlı bir mesaj yazdı. Bir yanıt alması yalnızca birkaç dakikasını aldı. Telefonunu kaldırdı. Ekranda Kody'nin bir beşikte battaniyeye sarınmış, yanında doldurulmuş bir oyuncak ayıyla fotoğrafı vardı. "Uyuyor."

"Sorun değil. Senin için sıkıntı yoksa, benim için de yok."

"Yola çıktığımızı ona haber vereyim."

Apartmanına geri dönerken Lainey sessizdi. Sorularım olsa da konuşmak için zorlamadım. Zaten bunalmış olduğu açıktı ve durumu daha da kötüleştirmek istemiyordum çünkü bu onu daha da endişelendirecekti. Birlikte Alaska'dayken, gerildiği zaman seks yaparak dikkatini dağıtırdım. Ancak her şey farklıydı –o farklıydı– ve şimdi nedenini biliyordum.

Apartmanına kadar peşinden gittim. Neyse ki asansör için uzun süre beklemek zorunda kalmamıştık. On birinci kata geldiğimizde Lainey elini kaldırıp koridora bakındı. Parmağını dudaklarına götürerek sessiz olmam gerektiğini işaret etti. Sonra bileğimden tuttu ve beni asansörden çekip koridora çıkardı. Oğlumla tanışabilmem için dairesine gitmiyormuşuz da soyguna gelmişiz gibi neden gizlenmeye çalıştığımızı bilmiyordum.

Tanrım. *Benim bir oğlum var.* Bunu sadece düşünmek bile ne zaman tamamen gerçeküstü gelmeyecek merak ediyordum.

Ceketinin cebini karıştırıp sessizce anahtarı çıkardı. Kilidin içine sokup yavaşça, dikkatlice çevirdi, çıkan tık sesiyle yüzünü buruşturdu. Keskin bir nefes aldı ve kapıyı itip açarak beni içeri aldı. Avucunu sırtıma koydu ve kapıyı kapatırken beni öne doğru itti.

"Sen iste..." Elini ağzıma bastırıp bana bir şişt diyerek sessiz olmamı işaret etti.

Silah zoruyla tutuluyormuşum gibi ellerimi havaya kaldırdım. Birkaç nefes aldıktan sonra elini bıraktı ve beni kapıdan uzaklaştırdı.

Eden koridorda belirdi. İkisi anlamadığım rastgele el hareketleri yapmaya başladılar.

"Bana bir..." Lainey göğsüme bir şaplak indirip beni tekrar susturdu, sonra beni açık oturma odasından sürükleyerek küçük mutfağa itti. Dar alanda bırakın Lainey ve arkadaşını, bana bile zar zor yetecek kadar yer vardı.

"Sence gitmek senin için güvenli olacak mı?" diye sordu Lainey, Eden'e.

"Biraz riskli. Kapıya bir kez vurdu ve sen yeni geldiğin için muhtemelen kapının bir kez daha açılmasını bekliyordur."

"Sen gidince, meydanın boş olduğunu düşünecek."

"Aynen."

"Biri bana neler olduğunu anlatabilir mi?"

Lainey, "Bir şey yok," derken Eden de "Walter," dedi. Bu durumda, özellikle de Eden'e attığı bakış yüzünden, Lainey yerine Eden'e inanma eğilimindeydim.

Eden omuz sikti ve ağız hareketleriyle, "Üzgünüm," dedi.

"Bu senin lobide konuştuğun adam mı?"

Lainey bir nefes verdi. "Evet."

"Tam karşındaki evde mi yaşıyor?" Bu iyi değildi. Benim için değildi, en azından. Pek de öyle rakip olabilecekmiş gibi *görünmese* de Lainey ile ilgili planları olduğu açıktı.

"Evet."

"Ne yapıyor, gözünü kapı merceğine dayamış halde kapısında dikilip senin eve gelmeni mi bekliyor her gece? Bunu biraz ürkütücü bulan tek kişi ben miyim?"

"Oturma odası hemen kapıya bakıyor ve duvarlar ince."

"Ya da herif sapığın tekidir. Bundan hoşlanmadım."

Lainey kollarını göğsünde kavuşturdu. "Walter ürkütücü veya sapık biri değil. O iyi, yardımsever ve nazik biri."

"O zaman neden Eden'in gidişini duyacak diye endişeleniyorsun?"

Lainey şakağını ovuşturarak bana keskin bir bakış attı. "Çünkü beni seninle gördü ve eminim aklında sorular vardır. Sanırım bu gece Walter'la uğraşmak zorunda kalmadan da yeterince işim var."

Tek kaşımı kaldırdım. "Walter'la ben uğraşabilirim."

"Kesinlikle olmaz," diye karşı çıktı Lainey.

"Ciddi bir şey olmadığını sanıyordum." Ciddi olmasa iyi olurdu. Bu fikir paniklememe neden oldu, çünkü eğer gerçekten Walter'dan hoşlanıyorsa; bu, oğlumu başka bir adamla paylaşmak zorunda kalacağım anlamına geliyordu ve bundan hoşlanmamıştım. Hem de hiç.

Lainey, Eden'e bir bakış attı. "Değil... ama karışık, özellikle de sen burada olduğun için. Duygularını incitmek istemiyorum ve ona neler olduğunu açıklamak zorunda kalacağım, bunu seyirci olmadan yapmak istiyorum."

"Ben gideyim mi? Yoksa..." Eden başparmağını omzunun üzerinden kapıya doğru salladı ve Lainey ile bana baktı.

Lainey iç çekerek başıyla onayladı. "Pardon. Evet... Kody'ye baktığın için çok teşekkürler."

Lainey arkadaşına sarıldı ve o da bana anlam veremediğim bir bakış attı. Fısıldayarak konuşuyorlar, Eden ayakkabılarını giyiyordu, ben yarı mutfakta, yarı oturma odasında geride kalmıştım.

Daire küçük ama rahat ve kullanışlıydı. Duvarlar basit bir krem rengi ve çıplaktı ama yan sehpada gri kanepenin yanında çerçeveli fotoğraflar vardı. Altına bir sepet bebek oyuncakları sıkıştırılmış ve önüne mavi bir battaniye serilmişti. Burada ne kadar süredir yaşıyordu acaba?

Eden'i dışarı kışkışlamak için kilidi dikkatle çevirip kapıyı açarken Lainey'in yüzü utangaç bir ifadeye büründü. Kapı yumuşak bir şekilde çalındığında, daha kapıyı tam kapatmamıştı bile. Omzunun üzerinden bana baktı ve bana eliyle uzaklaşma işareti yaptı.

Ağız hareketleriyle, "Gerçekten mi?" dedim. Çünkü saklanmamı istediği açıktı.

Amacını anlayamadım çünkü herif muhtemelen benim burada olduğumu biliyordu ama Lainey, sessizce, "Lütfen," deyince ben de onun istediğini yaptım. Şimdilik.

Bir erkek sesinin alçak tonlarını ve Lainey'in yumuşak yanıtlarını duyabiliyordum ama kısa konuşmalarının içeriğini duyamadım. Bir dakikadan az bir süre sonra kapı tık sesiyle kapandı. Saklandığım yerden dışarı çıktığımda, Lainey'i eli hâlâ kapı kolunda ve parmakları ağzında, orada dikilirken buldum.

"İyi misin?" diye sordum.

Gözlerini kapatıp titrek bir nefes verdi ama yine de başını evet anlamında salladı.

Ne yapacağımı bilemiyordum. Onu teselli etmek istiyordum ama bunu ister miydi ya da bu münasip olur muydu emin değildim. Durumun, odanın diğer tarafında sessiz kalmamdan daha fazlasını gerektirdiğine karar verdim.

Ona doğru ilerledim. "Güvenlik sarılmasına ihtiyacın var mı?"

Bana baktı, gözleri dolmuştu ve çenesi titriyordu.

Kollarımı açtım ve kararsız birkaç saniyenin ardından bana doğru bir adım attı ve gömleğime yapışarak yüzünü göğsüme gömdü. Ona sımsıkı sarıldım ve ona yeniden bu kadar yakın olma hissinde, bana hâlâ tam uyuyormuş gibi görünme şeklinde tamamen kayboldum. Başımı eğerek şampuanının kokusunu içime çektim. Bizimle ilgili her şey çok daha karmaşık hale gelmişti ve eminim ki bu yeni gerçekliğin zor taraflarını o da hissediyordu.

"Kızdı mı?" Kelimeler neredeyse boğazımda kalıyordu ama pislik gibi görünmeden söylemeyi başarmıştım.

Gömleğimi bırakıp kollarımdan geriye bir adım attı, kumaşı elleriyle düzeltti. "Kafası karıştı ve endişelendi. O iyi bir arkadaş."

Ben bekâr, çoğunlukla kadınlardan uzak bir hayat yaşarken, onun tek başına bir bebek büyüttüğünü kendime hatırlatmam gerekti.

Burnunu çekip göğsüme pat pat vurdu. "Gel. Seni Kody'yle tanıştırayım."

Yanımdan geçip ilerledi, ben de koridorda peşinden gittim.

"Birkaç hafta önce onu çocuk odasına taşıdım çünkü eski beşiğine sığmamaya başladı." Kapıyı itip odaya girdi.

Dairenin geri kalanından farklı olarak, duvarlar açık, limon sarısına boyanmıştı ve beşiğinin yanındaki duvarda dağ çıkartmaları ve çizgi film hayvanları vardı. Beşiğin üzerinde hareket eden uçaklar asılıydı ve uçak temalı çarşafların ortasında, dudakları açık ve gözleri kapalı, kundaklanmış bir bebek vardı.

Lainey beşiğe uzanıp parmağını onun yanağına dokundurdu. Bebek küçük dudaklarını şapırdattı ve elleri açılıp tekrar yumruk oldu. Ona baktım, çok küçüktü ve kesinlikle benimdi. Bunu yüzünün, ağzının biçiminden görebiliyordum.

"Çok güzel, değil mi?" diye sordu Lainey bir fısıltıyla.

Söyleyecek sözüm olmadan başımla onayladım. Onu kucağıma alabilir miyim diye sormak istedim, ama onu uyandırmak istemiyordum. Özellikle de Lainey bu kadar yorgun görünürken. "Gece uyuyor mu?"

"Nadiren." Gülümsemesi yumuşaktı.

Zihnimde milyonlarca farklı şey döndü. "Yardım edebilirim. Yardım edeceğim. Babalık testine ihtiyacımız olacağını biliyorum ama bunu hemen yaptırabiliriz ve menajerimle konuşurum. Bunu tam olarak nasıl yapacağımızı çözeriz. Programım gerçekten yoğunlaşmak üzere ancak deplasman maçları için gitmediğim zamanlarda, sizinle olmak için burada olacağım. İkinizle de ilgilenirim. Evime çocuk odası yaptıracağım."

"Hayır!" Lainey daha önce hiç duymadığım bir tonda hırladı.

Sıcak bir his omurgamdan yukarı tırmandı. Ne yapacağımdan emin olmadığım histi. Ebeveyn olmaya hazır olmayabilirdim ama eğer o benim oğlumsa, onu desteklemek ve büyütmek için elimden geleni yapacaktım. "Ben onun babasıyım. Tıpkı senin gibi, ben de ondan sorumluyum. Benim olana sahip çıkarım."

Lainey korumacı ve sahiplenici bir tavırla beşiğin önüne geçti. "Bize sahip çıkılmasına ihtiyacımız yok. Bu zamana kadar kendi başımıza hallettik ve tekrar hayatıma girip altüst etmene hiç ihtiyacım yok. Bunu zaten bir kez yaptın… bir daha yapmana müsaade etmeyeceğim!"

İtiraz etmek için ağzımı açtım ama tiz, kızgın bir haykırış beni yarıda kesti.

ON SEKİZİNCİ BÖLÜM

Benim

Lainey

Kody'yi kaldırıp göğsüme yasladım. Kalbim çarpıyordu, anksiyete yüzünden ağzım kurumuş, ellerim terlemeye başlamıştı. "Şşşt." Onu nazikçe hoplattım ve o feryat etmeye devam ederken poposuna vurdum.

"Gitmen gerek," dedim RJ'e.

"Hadi ama, Lainey. Beni onun hayatından uzak tutamazsın." Paniğini hem sesinden hem de görünüşünden anlayabiliyordum.

Benim sesimde de panik vardı ama muhtemelen farklı nedenlerdendi. "Ve sen de benim hayatıma tekrar girip kontrolü ele geçirebileceğini düşünemezsin. İşler böyle yürümez."

Bir elini saçlarından geçirdi. "Kontrolü ele geçirmeye çalışmıyorum. Sadece bana izin verirsen, onun ve senin hayatınızın bir parçası olmak istiyorum."

Çığlıklar birkaç kademe daha yükseldi ve onu sakinleştiremeyeceğimden endişelenmeye başladım. Sonra yine çok az uykuyla geçen bir gece daha olacaktı. "İkimizi de üzdüğünü göremiyor musun? Lütfen, sadece git."

"Bunu konuşmamız gerek. Bana baba olduğumu söyleyip oğlumu bir kere gösterdikten sonra gitmemi isteyemezsin."

Haklıydı ama RJ evrenime geri döndüğünden beri başıma gelenlerle nasıl başa çıkacağımı da bilmiyordum. Onda şöhret ve para vardı, gerçekten çok parası vardı. Kody için savaşmasına yetecek kadar. Endişeli gözyaşları yanaklarımdan aşağı süzülürken Kody'nin çığlıkları daha da yükseldi. "Lütfen, durumu daha da kötüleştiriyorsun." Ona sırtımı döndüm ve Kody'yi susturup kırık bir sesle her şeyin yoluna gireceğini fısıldadım. "Anne burada. Ben buradayım, şşşt. Hiçbir yere gitmiyorum." Başka bir çözüm bulabilmek için sakinleşmeye çalışarak derin nefesler aldım.

Onun Kody'nin hayatının bir parçası olmak istemesine memnun olmalıydım ama tek hissettiğim korkuydu. Çünkü ben bu ufacık dairede hayat mücadelesi verirken, onun kocaman bir evi vardı ve bende olmayan tüm kaynaklara sahipti. Onu gerçekten tanımıyordum, o da beni tanımıyordu. Bir baloncuğun içinde altı hafta geçirmiştik ama bunun gerçek hayatla uzaktan yakından alakası yoktu. Özellikle de bu, bebek bezleri, kusmuk ve uykusuz gecelerle dolu olan türden bir gerçek hayatsa.

Kody'nin ağlaması sakinleşti ve burnunu köprücük kemiğime sürttü. O hıçkırıp sızlanırken ipeksi siyah saçlarını okşadım. RJ'le yüzleşmek için döndüm ama gitmişti.

***

Gece yarısı Kody'nin odasında uyandım. Tek memem dışarıda, Kody kucağımda, emzirme koltuğunda oturuyordum. Yavaşça ve dikkatle onu tutuşumu düzelttim. Kollarım uyuşmuştu, bu yüzden onu beşiğine geri koymadan önce birkaç dakika bekledim.

Battaniyesine sardım, oyuncak ayının yakında olduğunu kontrol ettim ve parmak uçlarımda odadan çıktım. Uyanmayınca rahat bir nefes aldım. Tuvalete gittim, kendime bir bardak su doldurdum ve yatak odama gitmeden önce tüm ışıkların kapalı olup olmadığını kontrol ettim. Durup çantamı karıştırarak telefonumu çıkardım. Kody'yi emzirirken, telefonun vızıldadığını odasından duymuştum ve görünüşe göre uyuyakalmıştım.

Ekrana dokundum ve Eden, Walter ve tabii ki RJ'den mesaj geldiğini gördüm. Eden'in mesajı saat dokuzda gelmişti ve baba-oğul görüşmesinde işlerin nasıl gittiğini konusunda haberleri öğrenmek istiyordu. Walter konuşmak istiyordu ve RJ... ah, bir sürü mesaj göndermişti. Hepsi iyi olup olmadığımızı, Kody'nin ağlamayı kesip kesmediğini, mesajı alıp almadığımı, onu görmezden gelip gelmediğimi soruyor ve lütfen, Tanrı aşkına, bu mesajı o delirmeden önce cevaplamamı istiyordu. Bu sonuncusu, on dakikadan az bir süre önce gönderilmişti.

Yaklaşık yirmi kez bir mesaj yazmaya başlayıp durdum. İkimizin de iyi olduğunu ve Kody'nin uyuduğunu yazarken RJ'den başka bir mesaj belirdi.

RJ: *15 dakikadır gözümün önündeki minik yıldızları izliyorum. Siz iyi misiniz?*

Lainey: *Evet. Kody uyudu.*

RJ: *Seni üzmek istemedim.*

Mesaja bir dakika kadar baktıktan sonra, nihayet bir yanıt yazdım.

Lainey: *Ben şaşkına döndüm sadece.*

RJ: *Ben de, ama bir yolunu buluruz.*

Bundan ne anlam çıkaracağımı bilemedim, ben de bir iyi geceler ile konuşmayı bitirdim.

***

Kody her sabah beşi çeyrek geçe uyanıp aç olduğunu bana ilan ettiğinden, alarm kurmak anlamsız bir hale dönmüştü.

Eğer bu mümkünse, dünden daha bitkin halde yataktan yuvarlandım ve koridorda sendeleyerek onun odasına gittim. "Günaydın, küçük adam. Kahvaltını buraya getirdim." Mememi çıkarmıştım, emzirmeye hazırdı.

Küçük yumrukları havada savruldu, ben onu göğsüme yaklaştırıp emzirme koltuğuna yerleşirken ağzı açılıp kapanıyordu. Sağ memeden emdiği sırada tekrar uyudum. Diğer tarafa geçmeye hazır olduğunda ciyakladı. Önce gazını çıkardım, sonra sol mememi açtım. Zaten süt sızdırıyordum, bu yüzden ilk emdiğinde tükürdü, süt çok hızlı gelmişti.

İlk fışkırma ve aceleci iştah yavaşladığında, mutlu homurdanmalarla emmeye geçti. Saçını okşadım ve bana baktı, mavi gözleri yüzüme kilitlenmişti. "Ah, tatlı oğlum, ben ne yapacağım? Bunca aydır biraz yardım istiyordum, ama şimdi seni paylaşmak zorunda kalmaktan korkuyorum."

Göğsüm ağzından fırladı ve yüksek bir öksürme sesi çıkardıktan sonra tekrar mememe yapıştı. On beş dakika daha uyuduktan sonra kahvaltısını bitirdiğini ve bezinin değişmesi gerektiğini ağlayarak bildirdi.

Akvaryumda çalışmanın harika yanı, kreş masraflarını karşılamaya yardımcı olmalarıydı ve benim apartmanımda da bir tane vardı. Dairemden çıkarken çok sessiz olmaya çalıştım, henüz Walter'la uğraşacak havamda değildim. Nedeni genel olarak ona ne söyleyeceğimi bilmememdi.

O iyi bir arkadaştı ve binaya taşındığımdan beri bana çok destek olmuştu ama arkadaşlıktan flörte geçiş çok doğal olmamıştı. Ondan hoşlanıyordum, yanımda olması hoş ve keyifliydi ama sevgisini istemiyordum.

Öte yandan, RJ... Onun kollarında olmanın ne kadar iyi hissettirdiğini aklımdan çıkaramıyordum. Bu da başka bir karmaşaydı. Ve haklı olduğu başka bir konu da konuşmamız gerektiğiydi. Belki bana ilk rastladığında Alaska'da geçirdiğimiz zamanları yeniden yaşamak istemişti ama şimdi... Kody her şeyi değiştirmişti, ikimiz için de.

Kody'yi kreşe bırakıp işe gittim. Bugün sadece araştırma günüydü ve bunun için minnettardım çünkü insanlarla uğraşmak için gereken enerji bende yoktu.

Laboratuvara gittim ve Eden'i çoktan bilgisayarını açmış otururken buldum. Benim gibi, işinin bir parçası da hayvanları araştırmak ve hayvanların bakımına yardımcı olmaktı. Bu yüzden sık sık birlikte çalışıyorduk. Bana doğru bir karton bardak iterken tek kaşını kaldırdı. "İyimser olup, gözlerinin altındaki torbaların senin ve ateşli hokeycinin geceyi ateşli şeyler yaparak geçirmenizden kaynaklandığını varsayabilir miyim?"

"İyimser olmakta özgürsün ama bu seni acayip yanılmaktan alıkoymuyor."

"Eyvah. Ne oldu?"

Yanındaki sandalyeye oturdum. "Kody'nin hayatına dahil olmak istiyor."

Eden gözlüğünü burnundan yukarı itti. "Bu iyi bir şey değil mi?"

"Evet. Hayır. Bilmiyorum. Sadece... ya ortak velayet isterse? Tonlarca parası var. Bir dadı tutabilir, isterse onun için her şeyi başkasının halletmesini sağlayabilir ve bende ne var? Bu iş ve küçücük bir daire. Ben sadece... korkuyorum."

"Ama zaten o, şey, hâlâ senden hoşlanmıyor mu? Sen de geçen yıl boyunca onun hasretinden yanmadın mı? Yani, oğlunun adını Kodiak koydun, Lainey. Bence bu herkese bu adama karşı ne durumda olduğunu gayet net anlatıyor."

"Ama bu onun profesyonel hokey oyuncusu olduğunu öğrenmeden önceydi. Dün gece kafede nasıl olduğunu görmeliydin. Onunla fotoğraf çektirmek ve imzasını almak için bekleyen bir sürü insan vardı. Ve en berbatı da o kadınlardı! Ergeni de ninesi de hepsi resmen adamın üstüne çıktılar!"

"Onları suçlayabilir misin?"

Ona çileden çıkmış bir bakış attım. "Bununla nasıl başa çıkabilirim? Eskiden çok büyük bir çapkınmış ve eminim kadınlar sürekli üstüne atlıyorlardır. Hiçbir şey düşündüğüm gibi değil ve şimdi Kody sayesinde hayatımın geri kalanında ona bağlıyım. Ben sadece normal bir hayat istiyordum."

"Normal bir hayatın vardı, Lainey. Seni mahvediyordu."

"Evde eğitim almak ve diplomalarımı mektuplarla almak normal değildir."

"Bugünlerde normal ne ki? Bunun zor olduğunu biliyorum ama ne olursa olsun o senin hayatının bir parçası olacak. Asıl meselenin ne olduğunu düşünüyorum, biliyor musun?"

"Ne?" diye mırıldandım kahveme doğru.

"Mevzu onun hokey oyuncusu olması değil. Yalan söylemesi değil, bunun üstesinden muhtemelen gelebileceğini biliyorum. Bence bu daha çok onun gelip seninle ilgilenmeye çalışmasından korkmanla ilgili ve sen bunu bağımsızlığını yeniden kaybetmekle eş tutacaksın."

"Bu hiç de..."

"Doğru değil mi? Bundan emin misin, Lainey? Sen yedi aylık hamileyken, ailen seni boğduğu için tüm o yolu arabayla katettik. Haddimi aşacağım ve hayatında kontrolü ele almaya çalışan birine gerçekten sıcak bakmadığını söyleyeceğim."

"Gerçekten abartı bir hareketti, değil mi?"

"Her zaman hormonları suçlayabiliriz."

"Peki şimdi neyi suçlayayım?"

"Hormonları ve korumacı annelik içgüdülerini. Ve kalbinin kırılmasından korkmanı çünkü eğri oturup doğru konuşalım Lainey, hiç istemese bile ilk seferinde tam olarak yaptığı şey buydu."

ON DOKUZUNCU BÖLÜM

Bebeğinin Annesine Yaranmaya Çalış

Rook

Dün gece Lainey'in evinden ayrılmak kolay değildi ama gitmem gerekmişti. Her şeyden önce, bebeklerle olan deneyimlerim yeğenim ve takım arkadaşlarımın çocuklarıyla sınırlıydı. Tabii ki onlarla aram iyiydi. Onları güldürüp gülümsetebilirdim ama ağlamaya başladıkları an onları annelerine verip giderdim.

Kody ise benimdi.

Onu ben yapmıştım.

Ve o rahme düştüğünden beri annesiyle ya da onunla hiçbir şekilde görüşmemiştim. Yani bu biraz boyumu aşıyordu.

Ayrıca Lainey'i tanıyordum. Ne kadar değişmiş olsa da onun fırtınada kurtardığım kadın olduğunun farkındaydım. Alaska'ya seyahatinden önce hiç uçağa binmemiş olan kadın. Ve epey travmatik şeyler yaşamış ama hâlâ tatlı, masum ve biraz da saf kalmayı başarmış olan kadın. Ama aynı zamanda amansız, güçlü ve kararlıydı. Ve onu Şikago'ya getiren her neyse, hem seksi hem de açıkçası gerçekten çetin olan o gücü ortaya çıkarmıştı.

Bir yıl önce olsa, beni hayatına oldukça kolay kabul ederdi. Tek ihtiyacı kahramanca bir kurtarma girişimi olurdu ama şimdi farklıydı.

Stres ve sezon öncesi antrenman yaklaşırken beklendiği gibi spor salonuna gittim. Antrenmanımı bitirdiğimde saat ondu. Abimi aramayı düşündüm ama West Coast'ta saat henüz erkendi ve Max'in hâlâ uyuyor olma ihtimali varsa eğer, uyanma sebebi olmak istemedim. Bu yüzden genelde erken kalkan kız kardeşime konuşmak için müsait mi diye mesaj attım. Yüksek lisans programı için Los Angeles'taydı. Benden daha genç olabilirdi ama o bir kadındı ve genellikle benim sahip olmadığım bir bakış açısı sunabilirdi. Neyse ki uyanmıştı, bu yüzden onu görüntülü aradım.

"Selam, abi!" Görüntüm telefon ekranını doldururken gülümsemesi yüzünü buruşturmaya dönüştü. "Oha, keyifsiz görünüyorsun."

"Dün gece pek iyi geçmedi," diye kabul ettim. Oğlumla tanıştığım an harikaydı ama Lainey'i de oğlumu da ağlattığım kısım o ana gölge düşürmüştü.

"Anlaşılıyor. Bok çuvalı gibi görünüyorsun, bu da çok şey anlatıyor. Çünkü dört hafta alem yapıp bu süre boyunca bir kez bile duş almayabilir ve yine de iyi görünmeyi başarabilirsin ama şu anda bir sürü tavşan tarafından hırpalanmış ve üstesinden gelememişsin gibi görünüyorsun."

"Beynin tuhaf bir yer, Stevie."

"Yarısından haberin bile yok." Telefonunu bir yere dayayıp koltuğunda geriye yaslandı. "Ee? Dün gece ne oldu? Ah, bekle, Lainey'i görmeyecek miydin? Bundan istediğin kadar iyi gitmediğini anlıyorum."

Stevie'yi Lainey ile yeniden görüşmemiz, söylediğim yalan ve onun eskiden nasıl biri olduğumu öğrendiğine verdiği tepki hakkında bilgilendirmiştim. "Ee'si benimle konuşmayı kabul etti ama bir kafeye gittik ve insan akınına uğradım."

Stevie inleyerek gözlerini devirdi. "Sezon başlarken kafelere gidemezsin."

"Pek seçeneğim yoktu ve o kadar kötü olacağını düşünemedim. Pek dışarı çıkmam ama sezon gösterimleri başladı ve insanlar heyecanlandı, bilirsin işte. Her zamankinden de kötüydü ve nihayetinde oradan kalktık... neyse, işler beklediğimden daha karmaşık." Ağzım kuruduğu için kendime bir bardak su doldurdum. Tükenmiş ve yaralıydım.

"Nasıl karmaşık? Sen bugün neden böyle lanet derecede huzursuzsun? Erkek arkadaşı filan mı var?"

"Hayır. Şey, bir herifle görüşüyor ama ciddi bir şey olduğunu sanmıyorum ve ona bir şekilde baskın çıktım."

"Nasıl baskın çıktın? Saçma bir şekilde yakışıklı olduğun için mi? Dökül, RJ. Şu an benim kazara bir yığın enerji içeceği içmiş halimden daha gerginsin."

"Dün gece Lainey'in bir bebeği olduğunu öğrendim."

Stevie aniden ayağa kalktı ve telefon masanın üzerinde takırdayıp düşerek bana tavan vantilatörünü göstermeye başladı. Aniden yüzü ekrandan on santim uzakta bulanık halde göründü. "Ne?" diye haykırdı.

"Lainey'in dört aylık bir bebeği var ve benim oğlum."

Stevie, yüzünde bir şok ifadesiyle sandalyeye yığıldı. Acaba dün gece Lainey bana söylediğinde ben de böyle miydim?

"Vay anasını. Senin olduğuna emin misin?"

"Eminim. Dün gece onunla tanıştım ve tıpkı bana benziyor."

"Ama... ya bu senin bebeğine hamileymiş gibi yapan ve seni aylarca sosyal medyada etiketleyen çatlak hatun gibiyse?" Sözünü kesmek için ağzımı açtım ama Stevie'nin gözleri kocaman açılmıştı ve alakalı alakasız her şeyi sıraladığı dönemlerinden birine geçiş yaptı. "Ya Lainey belirli bir tiple görüşen bir kadınsa ve sen de o tipe uygunsan? Ya başkasının bebeğiyse ve para içinde yüzdüğün için sana kakalamaya çalışıyorsa? Tanrım, bu lanet bir pembe dizi gibi. Aslında daha çok şu senaryolu televizyon programları gibi."

Ona etkilenmemiş bir bakış attım. "Bu hiç yardımcı olmuyor, farkında mısın?"

"Üzgünüm, üzgünüm." Ellerini havaya kaldırdı. "Ben sadece... şoke oldum, sanırım? Bebeğin senden olduğuna *emin* misin?"

"Gayet eminim, evet. Ağzı aynı ben, gamzeleri de. Aileyle bazı sağlam benzerlikleri var."

"Peki. Vay be. Yani ben tekrar hala mı oldum? Bu, aranızdaki meseleyi çözmeye çalışacağınız anlamına mı geliyor?"

"Mevzu da bu, dün gece çıldırıp gitmemi istedi."

Stevie gözlerini kıstı. "Neden? Ne yaptın?"

"Neden hemen sorunun benim yaptığım bir şey olduğunu düşündün ki?"

"Çünkü sen bir erkeksin ve kendi vücudunda bir insan büyütmedin."

"Sen de büyütmedin."

"Evet, ama senin o aptal sallanan çıkıntılarının aksinde, bende o kabiliyet var. Yani kadını çıldırtacak ne yaptın?"

"Gerçekten bilmiyorum. Kody'yi görmeme izin verdi..."

"Adı Kody mi?"

"Evet."

"Bayıldım. Tamam, devam et."

Bacak bacak üstüne atıp devam etmemi işaret etti.

Tavsiye almak için muhtemelen bekleyip abimi aramam gerektiğini düşünmeye başlamıştım ama devam ettim. "Bu yüzden Kody ile tanışmam için evine girmeme izin verdi ve onun gerçekten benim olduğunu anladığımda ona evimde bir çocuk odası yapacağımı ve onlara bakacağımı söyledim."

Stevie tek kaşını kaldırdı. "Pardon, ne dedin, ne dedin?"

"Onlara bakacağımı söyledim. Onun olduğu kadar benim de oğlum. Zaten hayatının ilk dört ayını kaçırdım. Daha fazlasını kaçırmaya niyetim yok."

"Ona da bunu söylemiş olabilir misin acaba?"

"Evet, tabii ki. Onun hayatının bir parçası olmak için her hakka sahibim. Ona bakmak için her tür kaynağa sahibim. İkisine de."

Sen aptalın tekisin, diyen bir ifade takındı.

"Neden bana öyle bakıyorsun?"

İç çekerek başını iki yana salladı. Daha hızlı açıklaması için onu zorlayamamak sinir bozucuydu. "Ağzından çıkanı kulağın duysun, RJ. Kadın tüm hamileliğini kendi başına geçirmiş. Son dört aydır bebek büyütüyor, *tek başına.* Aniden onun hayatına geri dönüyorsun, o senin kim olduğun hakkında yalan söylediğini öğreniyor ve *ayrıca* senin bir sürü paran olduğunu öğreniyor. Ama sen ondan bir bebek yaptığını öğrendiğin an, resmen onun tüm dünyasını ele geçirmeye çalışıyorsun."

"Hiçbir şeyi ele geçirmeye çalışmıyorum. Batırdığımı biliyorum. Yalan söylememem gerekirdi ve bazı şeyleri kaçırmam benim hatam, ama hayatlarının bir parçası olmak istememin mantıksız bir şey olduğunu düşünmüyorum."

"Hiç mantıksız değil, ama senin söylediklerinle onun duydukları muhtemelen apayrı şeyler."

"Anlamıyorum."

Stevie bunu bekliyormuş gibi başıyla onayladı. "Max doğduktan sonra hiç kimse onu beş saniyeden fazla tutamazdı. Joy hemen onu geri alırdı, hatırlıyor musun?"

"Evet, ama ben bununla..."

"Annelik içgüdüsü güçlüdür. İlk hafta onu neredeyse kucağından indirmemişti. Kyle bile sadece birkaç dakikalığına kucağına alabildi. Tahminimce –ve bu sadece bir tahmin, ama bence epey sağlam bir tahmin– bebeğini ondan almaya çalışacaksın diye Lainey'in ödü kopmuştur."

"Neden böyle düşünsün?"

"Çünkü deli gibi paran var ve evine çocuk odası yaptırmayı planlıyorsun. Buradan bu anlam çıkıyor, RJ."

"Ama ben ikisiyle de ilgilenmek istiyorum."

Stevie çenesini eline dayadı. "O bunu biliyor mu?"

"Evet. Belki. Bilmiyorum." Elini saçlarımın arasından geçirdim. "Ne yapmam gerek? Dün onun hayatına tekrar girmeye çalışıyordum ve şimdi çocuğunun üzerinde hiçbir hakkı olmayan bir babayım. Bütün bunlarla nasıl başa çıkmam gerektiğini bilmiyorum."

"Şimdi onların gönlünü kazanmaya çalışmalısın. İkisini de istediğini onlara göster."

"Bunu nasıl yapacağım?"

"Milyoner bir NHL oyuncusu olduğun konusunda yalan söyledikten sonra onu yumuşatmaya çalıştığın zamanki gibi, onlar için güzel şeyler yap. O tek maaşla yaşayan bekâr bir anne. Joy ve Kyle başlarda ne kadar yorgundu, hatırlamıyor musun? Şimdi bile gece saat ondan sonra uyumadılarsa mucize. Buradan anladığım kadarıyla çocuk bakmak lanet derecede yorucu ve tek başına çocuk büyütmenin sağlam bir üç yıl kadar zombi olmayı kabul etmek olduğunu düşünebiliyorum."

İyi bir noktaya parmak basmıştı, benim oturup bunu düşünecek vaktim olmamıştı. "İşte ben de bu yüzden onlarla ilgilenmek istiyorum."

"Evet, ama Lainey'in mecbur bırakıldığını hissetmeden yardıma ihtiyacı var. Alışveriş yapmakla vakit kaybetmesin diye yiyeceklerini gönder, ona bir temizlikçi bul, çılgınca bir pedikür yaptırması için onu kaplıcaya gönder. Annem ile Joy'a bu hediyeyi vermiştik ve aklı başından gitmişti. Rahat bir altı ay kadar ayaklarını görememiştir ve bahse girerim artık böyle şeylerle uğraşacak zamanı, enerjisi ve parası yoktur. Her ikisinin de yanında olacağına ve sadece bir çapkın ve yalancı olmadığına inanması için ona bir neden ver."

"Tek bir yalan söyledim."

"Maalesef çok büyük bir yalandı. Sana güvenebileceğini bilmesi lazım, o yüzden güvenilir ol."

Yirmi dört saatten daha kısa bir süre önce, Lainey ile birlikte olup yatağına geri dönmenin tüm yollarını düşünüyordum. Şimdi tek düşünebildiğim, oğlumun daha fazla anını kaçırmamak için onun hayatına nasıl yeniden girebileceğimin bir yolunu bulmaktı. Çünkü onun babasız büyümesini kesinlikle istemiyordum.

YİRMİNCİ BÖLÜM

Ciddi Olduğunu Göster Bana

Lainey

Asansörden dışarı çıkarken Walter'ın kapalı kapısına baktım. Onu incitmek istemiyordum ama RJ'e Kody konusunda bir şans vermem gerekiyordu ve bundan ne istediğine bağlı olarak muhtemelen bize de bir şans vermeliydim. Kody'nin bebek arabasını döndürünce, evimin kapısının yanına yığılmış kutu yığınını fark ettim. "Bütün bunlar da ne?" diye sordum Kody'ye, mırıldanarak oyuncak ayı çıngırağını sallıyordu.

Koridorun karşısındaki kapı açıldı ve Walter çıktı, kollarını göğsünde bağlamıştı. "Çoğu ben işten geldiğimden beri burada. Üstteki ikisi hariç, onlar birkaç dakika önce geldi." Cepli hâkî pantolon ve cep korumalı, çizgili kravatlı, kısa kollu beyaz gömlekten oluşan iş kıyafeti vardı hâlâ üzerinde.

"Ah merhaba, Walter." Anahtarımı kilide sokarken onunla konuşmamız gerektiğinin farkındaydım ve bunun için çok hevesli olduğum söylenemezdi.

Walter bana yardım etmek için, ben Kody'yi içeri alırken kapıyı açık tutmak için koşturdu. Tüm kutuları taşımama yardım etti, boynundaki damarların şişmesinden ve yüzündeki bariz kızarmadan anladığım kadarıyla bazıları ağırdı.

Her şeyi içeri taşıdığımızda ellerini ceplerine soktu. "Başka insanlarla görüştüğünü bilmiyordum."

Kody'yi pusetinden çözüp kucağıma alarak onu bu konuşma için yarı kalkan olarak kullandım. "Öyle bir şey değil, Walter."

"Öyle mi? Çünkü dün Eden Kody'ye bakarken sen biriyle çıktın ve sonra onu buraya getirip burnumun dibinde onunla gösteriş yaptın."

Her şeyin ona nasıl göründüğünü ve onun yerinde olsaydım nasıl hissedeceğimi fark ettim. "Onunla gösteriş yapmadım. O Kody'nin babası."

Öfkesi kafa karışıklığına dönüştü. "Babasının onun hayatında yer almakla ilgilenmediğini söylemiştin."

Şakaklarımı ovdum. "İlgilenmediğini sanmıştım. Yeni ortaya çıktı."

"Nasıl ortaya çıktı? Onunla tekrar bir araya gelmeyi mi planlıyorsun? Kody'nin hayatının bir parçası olmadı ve şimdi sanki her zaman buradaymış gibi tekrar hayatına girmesine izin mi vereceksin? Bütün bunları o mu gönderdi?"

"Belki?" Kutu yığınına baktım. Mantıken hepsi RJ'den olmalıydı ama emin olmak için önce açmam gerekiyordu. "Bu karmaşık bir durum, Walter. Şu an ne yaşadığımdan ben de pek emin değilim."

"Peki ya sen ve ben?" İkimizi işaret etti.

"Onu da bilmiyorum," dedim dürüstçe.

Omuzları düştü, yere bakarak başıyla onayladı.

O başka bir şey diyemeden, kapının zili çaldı. Ayrıca çantamda telefonum çalıyordu. "Bana bir saniye ver." Kody'yi kalçama yerleştirip diyafon tuşuna bastım. "Efendim?"

"Lainey Carver için teslimat."

"Tamam. Yukarı gelin." Gelen kişi girsin diye tuşa bastım.

"Sanırım gitsem iyi olacak," dedi Walter, cesareti kırılmıştı.

"Gerçekten özür dilerim, Walter. Seni yanlış yönlendirmek istemiyorum ama tüm bu durum çok... kafa karıştırıcı."

"Anlıyorum." Kody'nin burnunun ucuna parmağıyla dokundu. "Sonra görüşürüz, küçük adam."

Bir teslimatçı asansörden el arabasının içinde kutularla çıkarken dairemden çıktı. Kutunun yan tarafındaki şirketin adını biliyordum. Üst düzey market teslimat hizmetlerinden biriydi.

Walter başka bir şey söylemeden dairesine girdi. Kendimi kötü hissediyordum ama şu anda bu konuda yapabileceğim hiçbir şey yoktu. Teslimatçının gelip arabayı mutfakta boşaltmasına izin verdim. Kutular tezgâhtaki tüm alanı kapladı. O gittikten sonra, ben her şeyi açarken Kody'yi oynaması için oyun masasına koydum. Taze ürünler ve pişirmeye hazır yemeklerin yanı sıra çeşitli bebek mamaları dolaplarımı ve buzdolabımı doldurmuştu.

Tüm bunların RJ'den olduğunu düşünüyordum. Bunun ne kadara mal olduğunu tahmin etmeye bile çalışmadım. Her şey markalı veya üst düzey organik ürünlerdi. Bu akşam market alışverişi için zaman ayırmam gerekecekti ama artık en az bir hafta daha buna gerek kalmamıştı. Bu nazik ve düşünceli bir hareketti ve Alaska'da tanıdığım RJ'e daha çok uyuyordu.

Yiyecekleri poşetlerden çıkarıp kaldırdım, Kody'nin karnını doyurdum, sonra artık dolmuş olan buzdolabımı karıştırıp akşam yemeğinde ne yemek istediğime karar vermeye çalıştım. Bir makarna paketinde karar kıldım. Üç ila dört kişilikti, bu da yarın öğle yemeği için bol bol yemeğim olacağı anlamına geliyordu.

Telefonumun boğuk bildirim sesi, kontrol edilmemiş mesajlarım olduğunu hatırlattı. Paketi tezgâhın üzerine bıraktım ve eğilip keyfi yerinde olan Kody'yi başının tepesinden öptükten sonra telefonu aldım. İki sesli mesajım vardı: biri annemden, diğeri RJ'den.

Önce annemden geleni dinledim, onu geri aramamı istiyordu. Mesajı yirmi dakikadan daha kısa bir süre önce bırakmıştı ama annemi tanıyorsam bir saat geçmeden tekrar arayacaktı. İşten eve geldiğimi biliyordu ve beni ve Kody'yi kontrol etmek için haftada en az üç kez arıyordu. Washington'a geri dönmemi istiyordu ama ben burayı seviyordum. Ayrıca bunaltılmamak da iyiydi. Ve şimdi kalmak için başka bir nedenim olabilirdi.

Bir sonraki mesaja geçtim ve RJ'in tok sesi kulağıma dolarken vücudumun her yerine sıcak titreşimler yayıldı. "Selam, Lainey, ben Rook, RJ. Sadece... dün gece için özür dilerim. Bunun senin için kolay olmadığına eminim ve benim için de değil. Kody'yi senden almak istemiyorum. Sadece yardım etmek, hayatınızın bir parçası olmak istiyorum, nasıl olabilirsem öyle. Bugün sana bir sürü şey yolladım, hepsi işine yarayabileceğini düşündüğüm şeyler. Zaman bulduğunda beni arayıp ya da mesaj atıp her şeyin ulaşıp ulaşmadığını söyleyebilir misin? Görüşmek üzere."

Belli ki bana dahil olmak istediğini göstermeye çalışıyordu. Bunları satın almasının... yardımı dokunmuştu ancak gecenin bir yarısı emzirmek için kalkmakla veya Kody saatlerce huysuzken onunla uğraşmakla aynı şey değildi. Onun hayatının ve belki de benim hayatımın bir parçası olmayı istemek konusunda gerçekten ciddi olup olmadığını öğrenmemin tek yolu, bizimle zaman geçirmesine izin vermekti.

Mesajı üç defa daha dinledikten sonra, nihayetinde onu aradım. Daha ilk çalışta açtı. "Selam."

"Merhaba." Cesaretimi toplamaya çalışarak dudağımın içini ısırdım.

"Mesajımı aldın mı? Ve yolladığım her şeyi?"

"Aldım. Teşekkürler. Ee... Merak ediyordum da, uğramak ister misin? Bir sürü yiyeceğim ve açılacak kutu var... belki akşam yemeği yiyebiliriz."

"Çok hoşuma gider ama beni davet etmek zorunda hissetmeni istemem. Bütün hepsini gönderdim çünkü sana elimden geldiğince yardımcı olmak istiyorum ve bu iyi bir başlangıç gibi göründü," dedi yumuşak bir şekilde, sesi umutluydu.

"Öyleydi. İyi bir başlangıç yani. Ve mecbur hissetmiyorum. Gerçekten. Düşündüğün şekilde değil."

"En fazla yarım saate orada olurum."

"Tamam. Harika."

Hâlâ aptal üniformamı giydiğimin farkındaydım ve muhtemelen balık gibi kokuyordum. Kody'yi yanıma alıp banyoya gittim ve akvaryum aromalı kokuyu yıkarken ona şarkı söyledim.

Tayt ve üzerine uzun, bol bir gömlek giymeye karar verdim. Çok çabalamışım gibi görünmek istemiyordum ama hiç çabalamıyormuş gibi görünmek de istemiyordum. Hamilelik öncesi kiloma geri dönmüştüm ama emzirdiğim için göğüslerim iki kat daha büyüktü ve Kody rahmimdeyken epey genişlediğim için karnım da pek formda değildi. Birine hayat vermiş olmanın fazladan bir hatırlatıcısı olarak geride kalan birkaç çatlak izim vardı ve onları zerre umursamıyordum.

Saçımı taradım, kurumadan ördüm ve kendimi gözaltlarımdaki koyu renk halkaları gizlemek için kapatıcı kullanırken buldum. Banyo aynasının önünde durup yansımamı incelerken uzun bir nefes verdim. Bu bir randevu değildi ama birçok yönden öyleymiş gibi hissettiriyordu.

Midem guruldayarak bana öğle yemeğinden beri yemek yemediğimi hatırlatırken zil çaldı. Kody şiddetli bir feryat kopardı ve ben onu oyun masasından alıp koridorda koşturup RJ'e apartman kapısını açan tuşa bastım.

Asansörü dinlerken Kody'yi kalçamın üzerinde zıplatarak kapının yanında bekledim. Walter'ın kapısına bakarken bir suçluluk duygusuyla onu çabucak içeri aldım.

RJ'in tam olarak ne istediğini öğrenmem gerekiyordu. Ona kalbimi tekrar açıp bir kez daha kırılmasına izin vermek istemiyordum. İkimiz de yalnızken birbirimizin varlığından keyif almak başka bir şeydi ama şimdi hayatım tamamen farklıydı. Onun hayatı da.

Kapıyı kapatırken Walter'ın kapısının açıldığını gördüm. Kapıyı kilitleyip sürgüyü çektim. Kody bir kez daha sıkıntılı bir şekilde ciyaklayıp gözlerini ovuşturdu. "Birileri yorulmuş mu?" diye mırıldanıp yanağından öptüm.

RJ'in elinde bir buket çiçek, bir şişe şarap ve küçük bir hediye çantası vardı, evime göz gezdirirken bana mahcup bir şekilde gülümsedi. Akvaryuma geldiğinden beri bana düzenli olarak çiçek gönderiyordu, bu yüzden hemen hemen her yerde buket vardı. Çoğunun kendi vazolarıyla gelmesi iyi bir şeydi çünkü bende sadece bir vazo vardı.

Hâlâ kapının içinde duran kutu yığınına anlamlı bir şekilde baktım. "Bütün bunlar yetmiyormuş gibi?"

"Elim boş gelmek istemedim." Topuklarının üzerinde ileri geri doğru sallandı, Kody'ninkiyle aynı olan o küçük gamzesini göstererek gülümsedi.

Kody bir kez daha inledi, göğsüme hafifçe vurup gömleğimi yakalarken kafasını köprücük kemiğime çarptı. "Sanırım başka bir şey yapmadan önce onu tekrar doyurmam gerekecek. Yatma vakti geldi. Yorgun ama karnı aç."

"Yardım etmek için ne yapabilirim? Karnını ben doyurabilir miyim?"

"Besleme kısmı bende." Memelerimi işaret ettim.

"Ah, doğru." RJ'in bakışları göğüslerime indi, gözleri ışıldadı ve yanakları kızardı. "Ben yemek hazırlamaya girişeyim o zaman?"

"Olur. Tezgâhın üstünde. Sana tencere ve tavaların nerede olduğunu göstereyim. *Puttanesca* usulü makarnanın iyi olacağını düşündüm."

Beni mutfağa kadar takip etti, ona tencere ve tavaların nerede olduğunu gösterdim. Tarife baktım –yemeklerin üstünde tastamam talimatlar vardı– ve işe koyulsun diye oradan çıkıp Kody'yi emzirmek için oturma odasındaki sandalyeye yerleştim.

Çabucak emmeye başladı, akşamları her zaman daha aç oluyordu, sanki biberon aynı hissi vermediği için bütün gün memeyi bekliyormuş gibiydi. Sürekli kıvrılan tepesindeki tutamı düzeltmeye çalışarak koyu renkli, kalın saçlarını düzelttim.

"Hey, Lainey, sana bir şey getireyim... ah, siktir, pardon!"

Başımı kaldırdığımda RJ'i oturma odasının ortasında, komik bir şekilde kocaman açılmış gözlerle, Kody'nin elini korumacı bir şekilde göğsüme yapıştırdığı yere odaklanmış bakarken buldum.

"Ben, ee... sana içecek bir şey getirmemi ister misin diye sormak istedim ama sen memeli, yani meşgulsün. Yani... özür dilerim." RJ birkaç kez gözlerini kırpıştırarak bakışlarını kaçırdı ama gözlerinin bana ve açıkta kalan göğsüme dönüp durmasına engel olamıyor gibiydi.

"Su iyi olur, aslında."

"Tamam. Sana su getirebilirim. Hemen dönerim." Bir dakika sonra geri döndü, bardağı yanımdaki masaya koydu, gözlerini benden başka bir yerde tutmaya çalışıyordu ama bir türlü başaramıyordu.

Elinin tersine dokundum. "Eğer bu seni daha çok rahatsız edecekse, orada bir emzirme örtüsü var."

Bana baktı, bakışlarını indirdi ve sonra yeniden baktı. "Ne?"

"Seni rahatsız ediyorsa, örtebilirim. En azından şimdilik," diye düzelttim.

Dudaklarını yaladı. "Beni rahatsız etmiyor. Ben sadece seni rahatsız etmek istemiyorum."

"Ben rahatsız değilim."

"O zaman benim için örtme." Gözleri gözlerimdeydi, ağzının kenarında alaycı bir sırıtış belirdi. "Bu noktada benimki rahatsızlıktan çok imrenme zaten."

Ne diyeceğimi bilemeyerek kızardım ama bana hâlâ ilgi duymasına sevinmiştim.

Mutfağa geri döndü.

Kody burnunu çekti ve elini göğsümün üstünde açtı. "Merak etme, küçük adam, bir altı ay daha bunlar senin." Gerçi sonsuza kadar süt torbası olmayacağımı hatırlamak iyi gelmişti.

Kody emmeyi bitirdiğinde akşam yemeği neredeyse hazırdı. En azından şimdilik uykulu ve karnı toktu, bu yüzden onu salıncağa koydum. Ninni açtım ve nadiren kullandığım yemek masasında akşam yemeği için RJ'e katıldım. Kody huysuzlanmaya başlamadan önce ancak iki lokma alabilmiştim.

"Kusura bakma, genelde akşamın bu saatinde huysuzlanıyor. Yatmaya hazır olana kadar yatırılmaktan hoşlanmıyor." Onu kucağıma aldım ve hem yatıştırabileyim hem de yemeğimi yiyeyim diye bir koluma yerleştirdim.

"Sen yerken onu ben tutabilirim," diye önerdi RJ.

"Sorun değil. Bugünlerde çoğu şeyi tek elle yapmaya alıştım. Hâlâ sıcak olan bir yemek yiyor olmam bile müthiş bir şey."

RJ çatalını bıraktı. "Ben sürekli sıcak yemek yiyorum, hem de iki elle. Onu tutmak gerçekten sorun değil. Lütfen?"

Onu bir kez bile kucağına alma şansı olmadığını fark ettim. Dün, RJ'i hayatımıza sokarsam kaybedeceklerimden korkmuştum. Ama çabaladığını görebiliyordum ve bana söylediği yalanlara rağmen hâlâ nazik ve düşünceli olduğunu ve elinden gelenin en iyisini yapmaya çalıştığını da görebiliyordum. Bu yüzden hâlâ korkuyor olsam bile benim de elimden gelenin en iyisini yapmam gerekiyordu.

Ayrıca, bu artık sadece benimle ilgili değildi. Kody'nin tanıdığı ve onu seven bir babayla büyümesiyle ilgiliydi ve gerçekten istediği buysa, RJ'e bunu yapabilmesi için bir şans vermem gerekiyordu. Bazı açılardan geçerli olsalar bile, kendi korkularım yüzünden onu uzak tutamazdım. Hayatının nasıl olduğunu gördükten sonra yalanları şimdi mantıklı geliyordu ve yaptığı şey hoşuma gitmeyebilirdi ama en azından mazeret üretmemişti. Ve ters yöne kaçmamış ya da beni susturmak için bana para savurmamıştı. Uğraştığını göstermeye çalışmasaydı, satın aldığı akşam yemeğini pişirdikten sonra yemek masamda karşımda oturuyor olmazdı.

"Tabii ki." Kody'yi alnında öptükten sonra sandalyemi itip kalktım. "Kusura bakma, daha önce onu kucağına vermeyi düşünmedim... sadece onun tamamen bende olmasına alışkınım. Dünyaya karşı o ve bendik."

"Bunu anlayabiliyorum." RJ bana gülümsedi.

Ben de gülümsemesine karşılık vererek ona kollarını nasıl konumlandıracağını ve Kody'nin başını nasıl tutacağını gösterdim. RJ'in kollarında çok küçük görünüyordu Geri çekildim ve parmaklarımı dudaklarıma bastırdım. RJ'in yüzünün merakla aydınlanmasını izlerken gözyaşlarımla mücadele ediyordum. Kody acıklı bir ses çıkardı, gözleri bana odaklanmıştı. Sıcak yanağını okşadım. "Sorun yok, bebeğim," diye cıvıldadım. "O senin baban."

Yan masada bıraktığım telefonumu alıp RJ ile Kody'nin birkaç fotoğrafını çektim ve ardından yemeğe devam ettim. RJ'in tüm dikkati parmağını keşfeden ve onu yemeye çalışan oğlumuzun üzerindeydi. Tabağımı bitirdiğimde, RJ isteksizce onu geri verdi. Kody, bir eli sahiplenici bir tavırla göğsümde dururken boynuma sokuldu. Başını kokladım, bebek kokusunu ve bir de ona karışmış RJ'nin tıraş losyonunun hafif kokusunu içime çektim.

Akşam yemeğimizi bitirdikten sonra Kody'yi RJ'e geri verdim ve o oğlumuzu kucağında tutarken mutfağı temizledim. Bu tatlı, harika ve kafa karıştırıcıydı çünkü beni umutlandırıyordu.

Mutfak toplandıktan ve artıklar kaldırıldıktan sonra, şarap şişesini açıp ikimize de birer kadeh doldurdum ancak benimki daha azdı. Çünkü Kody'yi gece yarısı tekrar emzirmem gerekecekti. Genellikle akşamın bu saatlerinde onu beşiğine yatırırdım ama onu RJ'den almak istemedim, özellikle de birbirlerine bu kadar bağlanmışken. Kody gözlerini RJ'den alamıyordu ve RJ her surat ifadesi yaptığında veya küçük ayaklarını gıdıkladığında kıkırdıyordu. Walter, Kody'yi sevse de onunla asla tam olarak anlaşamamıştı, bu şekilde değildi.

RJ oturunca, kolunun altına bir yastık koyarak onu rahat ettirmeye çalıştım. "Daha iyi mi?"

"Evet, hem de çok. Teşekkürler." Gülümsedi. "Bunda bir harikasın, bunu biliyorsun, değil mi?"

"Pek sayılmaz. Sadece yaşadıkça öğreniyorum her şeyi."

"Ebeveynlik de böyle bir şey değil mi zaten?"

"Öyle görünüyor."

Sonraki yarım saati RJ'in gönderdiği kutuları açarak geçirdim. Giysiler vardı, çoğu Kody'yeydi ama ona daha birkaç ay büyük gelirdi. Oyuncaklar, hamileyken ağzımın suyunu akıttığım ama asla karşılayamayacağımı bildiğim, birinci sınıf yeni bir bebek arabası. Arkasında "Bowman" ve RJ'nin numarası olan küçük tatlı bir hokey forması ve Kody ile neredeyse aynı beden olan uyumlu bir forması olan bir oyuncak ayı bile vardı.

"Biraz abartmışsın," dedim boş kutuları, yeni giysi ve oyuncakları inceliyordum.

"Kaçırdığım tüm zamanı telafi ediyorum. Ve seni temin ederim, Kody'yi senden almaya niyetim yok, sadece onun hayatında daha fazla şey kaçırmak istemiyorum. Anlıyorsun değil mi?"

"Anlıyorum. Ve seni hayatımızda istemediğimi düşünmeni istemem. Tüm bu zamanı kendi başıma idare ederek geçirdim. O sadece benimdi, bu yüzden onu paylaşmak zorunda olmanın düşüncesi bile korkutucu."

"Anlıyorum, ama senin yalnız başına idare etmendense bu işte birlikte olsak, daha kolay olmaz mı?" diye sordu nazikçe.

"İstediğin bu mu? Bu işte birlikte olmak?"

RJ güçlükle yutkundu. "Ben bir şekilde hâlâ birlikte olabilir miyiz görebileceğimizi ummuştum. Güvenini geri kazanmak için uğraşmam gerektiğini biliyorum, Lainey. Bunu mahvettiğimi anlıyorum -ve bu benim hatam- ama dürüst olacağım:

Seninle iletişim kurmanın bir yolu olmadığını ve beni de bulmanın bir yolunu sana bırakmadığımı fark ettiğimde mahvoldum. Seni bulmayı çok istiyordum ama telefona cevap vermemen ve not bırakmaman Alaska dışında 'biz' ile ilgilenmediğini açıkça gösteriyordu. Seni bulmaya çalışmalıydım ama bu tür bir gerçeği duymayı kaldırabileceğimi sanmıyordum. Keşke geri dönüp farklı şeyler yapsaydım."

Ellerimi kucağımda kavuşturup, gerginlikten ovuşturmamaya çalıştım. Geçen sefer ona çok fena ve hızlı bir şekilde âşık olmuştum ve sonrası hayal bile edemeyeceğim kadar acı vericiydi ama birbirimize geri dönmemiz tesadüf olamazdı. Hâlâ aynı şekilde hissedip hissetmediğimizi görmeyi kendime ve Kody'ye borçluydum. "Bence, Kody'nin hatırına, denemeye değer." Ama yine de kalbim konusunda temkinli olmalıydım.

"Gerçekten mi?"

"Daha önce birlikte çok iyiydik, ama artık her şey çok farklı. Yani bakacağız. Adım adım ilerleyip göreceğiz, değil mi?"

RJ başıyla onayladı. "Adım adım ilerlemek bana uyar."

Korkularımdan bahsetmedim: bu gerçeklik, bir yıl önce yaşadığımızdan çok farklıydı. Burada, Alaska'da olmayan sorumluluklar ve mecburiyetler vardı. Ve RJ'in gösterdiği tüm bu ilgi beni korkutuyordu. Ama Kody için deneyecektim ve bencil davranarak kendim için de deneyecektim, çünkü diğer seçenek ortak velayetti ve oğlumla zamanımın yarısından vazgeçmek istemiyordum.

"Şey, bunu garipleştirmeden nasıl söyleyeceğimi bilmiyorum ama takım doktoruyla DNA testi hakkında konuştum. Kody'nin benim olduğu tamamen ortada, ancak ilerlemek için ona ihtiyacımız olacağını ve bizi bürokrasiden kurtaracağını düşündüm. Yani ne zaman vaktin olursa, eve gelebilir."

Kody sanki aniden endişemi hissetmiş gibi huysuzlanmaya başladı. Bir şey söylememe gerek kalmadan, RJ onu dikkatlice kollarıma verdi. Boynuma sarılırken ve sessizce burnunu çekerken onu susturdum ve poposuna pat pat vurdum. "Benim için her gün uygun. Yarın izinliyim ama bu kadar kısa sürede ayarlayabilir mi bilmiyorum."

"Hallederiz. Sabah antrenmanım var ama ondan sonra boşum. İstersen gelebilirsin, ikiniz de gelebilirsiniz. Seni alması için bir araba yollayayım mı?"

"Arabam var."

"Ehliyet almışsın." Gülümsedi, bir soru değil, beyandı.

Bir noktada RJ'e gerçeği söylemeliydim: Alaska'da araba kullanmayı biliyordum ama ehliyet almamıştım. Washington'a döndüğümde, o bağımsızlığımı isteyerek yaptığım ilk şeylerden biri bu olmuştu. "Aldım. Ve Washington'dan buraya kadar araba kullandım."

RJ'in gözleri kocaman oldu. "Bu büyük bir mesafe."

"Bir de yedi aylık hamileyken denemelisin. Tuvalet molaları yüzünden muhtemelen iki kat uzun sürdü."

"Neden onca yolu Şikago'ya gelmek için katettin?" RJ yanağını eline dayadı.

Bakışlarımı kaçırarak omuz silktim. "İş fırsatı oldu, ben de kabul ettim." Dudaklarımı Kody'nin alnına bastırdım. Nihayet uyumuştu. "Onu beşiğine koyayım."

"Peki. Tabii. Yardım edebilir miyim?"

"Elbette."

Fısıldayarak RJ'e Kody'yi nasıl yatıracağını öğrettim. Öyle aman aman zor bir şey değildi ama hep yaptığımız bir rutinimiz vardı. Beşiğine yerleşip mışıl mışıl uyuduğunda, RJ ve ben oturma odasına döndük.

İki fotoğraf albümü çıkardım, ilki hamileliğimi gösteriyordu; ultrason resimleri, küçük bir yumrudan kocaman bir bebek göbeğine dönüşüm, Washington'dan Şikago'ya arabayla geliş, bu evde çocuk odasını yaparkenki hallerim ve Eden ile hastaneye yolculuk.

RJ'in kolu kanepenin arkasına uzanmıştı ve albüm aramızda açıktı. Bacaklarımız birbirine değene kadar yaklaştı. Yakınlığımızın, bedenlerimizin temas ettiği her yerin, saç örgümün ucuyla oynayıp durduğunun fazlasıyla farkındaydım. Yakınlık hem kolaydı hem değildi çünkü bana birlikte olduğumuz haftaları ve ellerimizi birbirimizden uzak tutamadığımızı hatırlatıyordu.

"Doğumda Eden yanında mıydı?" diye sordu RJ, beni kafamın içinden ve gelişmekte olan uygunsuz düşüncelerinden çekip çıkardı.

"Yanımdaydı. İyi bir arkadaş."

"Seninle olmasına memnunum. Burada tamamen yalnız olduğunu düşünmek beni çok üzerdi. Ülkenin öteki ucuna taşınmana ailenin pek de mutlu olduğunu sanmıyorum."

"Burada olma nedenim onlar."

"Ne olduğunu sorabilir miyim?" RJ kıpırdanarak bana döndü.

Önümdeki resme, tüm hayatım yeniden değişmeden önce çektiğim son resme odaklandım. "Alaska'dan döndüğümde annemle babam evde olmama çok mutlu oldular ama ben... orada olmaktan o kadar mutlu değildim. Kodiak Adası'nı özlüyordum –seni özlüyordum– ve sen de öylece... gitmiştin. Annemin tüm aşırı korumacı rutine başlaması çok uzun sürmedi. Hızla eski haline döndü ve hamile olduğumu anladığımda işler hızla yokuş aşağı gitti. Sana ulaşmanın bir yolunu bulmaya çalıştım ama tüm seçeneklerim tükendiğinde... şey, durum epey umutsuz görünmeye başladı."

"Çok üzgünüm, Lainey."

"Ben de." Şarap kadehime uzanıp titrek bir yudum aldım. "Aslında annemle babamın gerginliği yüzünden en büyük ablamın evine taşınıp bir süre o ve ailesiyle yaşadım. Biraz alana ihtiyacım vardı ama hiç bulamıyordum. Yüksek lisans tezimi bitirdim, o sıralarda Eden onu ziyarete gelmemi teklif etti. Bir uçağa atladım, hamileliğim henüz uçamayacak kadar ilerlememişti. Akvaryuma ve özgürlüğe âşık oldum. Washington'a dönmek istemiyordum ama o zaman başka seçeneğim yoktu. Akvaryumdaki pozisyon müsait olana kadar."

"Sen de işi kabul edip buraya kadar tek başına araba kullandın."

"Eden uçakla geldi ve arabayla birlikte döndük. Annemler mutlu olmadı tabii ama biraz alana ve bunu yapabileceğimi sadece onlara değil kendime de kanıtlamak için güce ihtiyacım vardı."

"İnanılmaz birisin, biliyorsun değil mi? Yaşadığın bunca şeyden sonra, bir de tek başına yaşadığın hamilelikle uğraştın, buraya geldin ve tek başına bebek büyüttün."

"Çok destek aldım. Ve işim harika. Saatlerim esnek. Caddenin hemen karşısında. Gerektiğinde evden araştırma yapabiliyorum. Tıbbi ve diğer ayrıcalıklar muhteşem. Onca şey arasında bu harika oldu, en azından benim için."

"Ailen en azından Kody'yle tanıştı mı?"

"Ah evet. O doğar doğmaz ziyarete geldiler. Beni eve dönmeye ikna etmeye çalıştılar ama yerleşmiştim ve kararlıydım ve burada kaldım."

İlk albümü kapatıp ikincisini aramıza koydum. İlk fotoğraf doğum ilanıydı.

"Kodiak RJ Carver," diye mırıldandı RJ, fotoğrafın kenarını okşadı. "Kody. Anlamadığıma inanamıyorum."

Başımı kaldırıp ona baktım, biraz utanmıştım ama her şeyden daha nostaljik hissediyordum. "Orada çok özel anılarımız oldu. Şey, benim için özeldi."

"Benim için de aynıydı, Lainey." Gözleri yumuşak, sesi ciddiydi. "Seninle daha fazla öyle anılarımız olsun istiyorum. İkinizle de."

YİRMİ BİRİNCİ BÖLÜM

Yeniden Aşk

Lainey

RJ bir saat önce gitmişti, beni yanağımdan öpmüştü ve bu tatlı ve saygılı bir tavırdı. Hayal kırıklığına uğramıştım ama bir yandan uğramamıştım. Çünkü hâlâ aramızda olan kimyayı araştırmaya hazır hissetmiyordum ve belki de bunu hissetmişti.

Kody'nin gece emzirmesine başlamak üzereyken telefonum çaldı. Kimin aradığına bakınca annem olduğunu gördüm. "Anne, beni neden gece yarısı arıyorsun?"

"Çünkü az önce Walter'la telefonla konuştum ve bana az önce erkek bir misafirin evinden çıktığını söyledi, bu yüzden arıyorum. Lainey Patricia Carver, senin dört aylık bebeğin var, geceleri erkekleri eğlendiremezsin!" diye haykırdı kulağıma. "Senin içine ne girdi bilmiyorum ama Walter tamamen yıkılmıştı. *Yıkılmış*. Ben seni böyle yetiştirmedim. Sen sırf yakışıklı diye bir adama bacaklarını açan bir edepsiz değilsin. Hatalarından hiç ders almadın mı?"

Walter'ın anneme RJ'den bahsetme cüretinde bulunmasına sinirlenerek dişlerimi sıktım. "Öncelikle seni arayıp beni ispiyonlamak Walter'ın üzerine vazife değil..."

"Beni o aramadı. Ben onu aradım, çünkü sen altı saat önceki aramama dönmedin. Altı saat, Lainey! Burada perişan oldum!"

Derin bir nefes alarak sakinleşmeye çalıştım. "Seni hemen aramadığım için üzgünüm. Meşguldüm..."

"Sürtüklük yapıyordun!" diye bağırdı.

"Öncelikle burada neler olduğunu bilmiyorsun. Yanlış varsayımlarda bulunuyorsun ve gereksiz hakaretler savuruyorsun. Bana sürtük denmesine asla müsamaha göstermedim ve asla göstermeyeceğim... özellikle kendi annem tarafından. İkincisi, çok değer verdiğim biriyle sağlıklı bir fiziksel ilişkiye girdiğim için beni kötü hissettirmene izin vermeyeceğim."

Ofladı. "Seni orada terk etti..."

"Sakın," diye tersledim. "Olanları daha önemsiz gibi gösterecek bir hale çevirmeye çalışma. Biz birbirimizi önemsiyorduk ve öngörülemeyen koşullar bizi ayırdı. Ve hamile kalmamın yerinde olmadığı konusunda hemfikir olsam da, RJ ile geçirdiğim zamanın tek bir anından veya şimdi Kody'ye sahip olmaktan hiç pişman değilim." Pişman olduğum tek şey onun için hissettiklerimi söylemek için iş işten geçene kadar beklemiş olmamdı.

"Bu zavallı Walter'ın duygularını neden ayaklar altına aldığını açıklamıyor."

Annemle babam, Kody doğduktan sonra onunla tanışmak için geldiklerinde Walter ile tanışmışlardı ve annem onu hemen sevmişti. Bu yüzden ona arkadaş olduğumuzu söylediğimde çok mutlu olmuştu ve randevuya çıktığımızı söylediğimde daha da mutlu olmuştu. Şimdi keşke bu bilgiyi kendime saklasaydım diye düşünüyordum. "Sözümü kesmeyi bırakırsan, büyük bir karmik şans eseri RJ ile yeniden iletişim kurduğumuzu açıklayabilirim. O burada, Şikago'da yaşıyor ve bu gece bizimleydi. Zavallı

Walter'ı incitmek için gözüne soktuğum öylesine bir erkek ziyaretçi değil. Ve bu koşullar altında durum –ve Walter– hakkında kötü hissetsem de, RJ ile en azından çocuğumuzun iyiliği için bu işi aramızda yürütüp yürütemeyeceğimizi görmeye çalışmamızın oldukça mantıklı olduğunu düşünüyorum."

"Ama New York'ta alpaka çiftliği olduğunu söylemiştin, nasıl Şikago'da yaşıyor?"

Yüzümü buruşturdum çünkü bu, açıklaması o kadar kolay olmayan ve üstesinden gelinmesi en zor kısımdı. "Ailesinin New York'ta alpaka çiftliği var ama daha sonra satmışlar. RJ Şikago'da profesyonel hokey oyuncusu."

"Profesyonel ne demek?"

"NHL'de oynuyor."

Uzun bir sessizlik oldu. "Bu çok seyahat ettiği anlamına gelmiyor mu? Sana nasıl duygusal bir istikrar sağlayabilecek? Kody'ye? Bu hoşuma gitmedi. Hem de hiç, Lainey."

Ve Washington yerine tam burada, Şikago'da olmamın asıl nedeni buydu. Kendime aynı soruları sormuş olabilirdim ama annemin bunu benim için zorlaştırmasına ihtiyacım yoktu. "İstediğin kadar hoşuna gitmesin ama bu benim hayatım, senin değil – ve ister onayla ister onaylama kendi seçimlerimi kendim yapıyorum. Saat geç oldu, yorgunum. Kody'yi emzirmem lazım, sonra da yatacağım."

"Lainey, lütfen. Ben senin annenim. Senin için iyi olanı biliyorum."

"Seni seviyorum, anne, gerçekten seviyorum ama sen *kendin* için iyi olanı biliyorsun ve bu *benim* için illaki iyi olmuyor. Kody'nin iyiliği ve kendi iyiliğim için RJ ile şansımı deneyeceğim. İster beni destekle ister destekleme ama her durumda seçimim bu."

"Bence bu da başka bir hata."

"Bu da senin fikrin. Kararımı desteklesen de desteklemesen de seni seviyorum. İyi geceler, anne." Telefonu kapattım ve anksiyetenin beni ele geçirmesini bekledim. Ama hiçbir şey olmadı. Aksine, kolay olmadığı halde kendimi savunduğum için kendimi çok iyi hissettim.

***

Sonraki birkaç hafta RJ –ne kadar denesem de ona Rook demeye alışamamıştım ama dürüst olmak gerekirse o kadar çok da denememiştim– Kody ile hayatımıza girdi. Doktor zaten bildiğimiz gerçeği doğruladıktan sonra –RJ, Kody'nin babasıydı– mümkün olduğunca beraber zaman geçirmeye başladık.

Artık evi toplamak için haftada bir değil iki kez gelen bir temizlikçim vardı. Kadın tekrar gelmeden önce bir toz tabakası oluşma şansı bile yoktu. Ayrıca tüm çamaşırları da o yıkıyordu ve dürüst olacaktım, bebek çamaşırlarını yıkamak tam bir karın ağrısıydı. Bebek kıyafetleri çok güzeldi. Ve minnacıktı. Ve bebeklere, bir podyum defilesi için modellik yapıyormuş gibi kıyafetler yapılıyordu. Sadece çoğu zaman tükürükle kaplı oluyordu veya artık katı besin denediğimiz için her yere bulaşabiliyordu. Hal böyleyken durum göz alıcının tam tersine dönüyordu ve ben lekeleri çıkarmak zorunda kalmadığım için çok mutluydum.

RJ, erkenden antrenmanı olmadığı veya takım arkadaşlarıyla akşam toplantıları için buluşması -ki bunlar bazen barda gerçekleşiyordu- gerekmediği sürece, haftanın çoğu gecesi evime gelmeye alışmıştı. Beni onlara katılmam veya antrenmanlarına gelmem için davet ediyordu ama onun hayatına ve hayatında olmamla birlikte gelen tüm diğer çılgınlıklara alışmadan önce ona alışmaya çalışıyordum. Tüm bu insanlarla bir yerde oturma fikri bile kalbimi hızlandırmaya ve avuçlarımı terletmeye yetiyordu. Bunun için henüz hazır değildim.

Kody için banyo gecesiydi ve buna bayılıyordu. Su sıçratmayı ve oyuncaklarıyla oynamayı çok seviyordu, bu yüzden tam bir şova dönüşüyordu ama umurumda değildi. Çünkü sonrasında her zaman çok iyi uyuyordu.

RJ onu yerdeki matından alıp karnına yüzünü sürttü, bu da Kody'nin kıkırdayarak çığlık atmasına neden oldu. "Hadi bakalım, küçük adam, banyo vakti! Yarın kreşte Stella'ya iyi kokmak istersin. Bugün onun emziğini çalmaya çalıştığını gördüm ve sana söylemeliyim, iyi bir izlenim bırakmak için pek iyi bir yol değil. Dikkat etmezsen, o küçük serseri Hunter senin bölgene girecek. Geçen gün onun zürafa diş kaşıyıcısını kızla paylaştığını gördüm. İşte kızı böyle kaparsın." Kody, sanki kafasında anlattıklarından notlar alıyormuş gibi söylediği her şeyden büyülenmiş bir şekilde babasına kıkırdadı. RJ bana göz kırptı, ben de gülümseyip başımla onaylayarak koridorda onu takip ettim.

Bebek banyosunu ve Kody'nin oyuncaklarını çoktan ayarlamıştım. RJ onun kıyafetlerini çıkarırken, ben de lavanta kokulu köpüklerle sıcak suyu küvetine koydum. RJ'in nasıl idare ettiğini görmek için döndüm ve eğilip karnına yine ağzını sürterken gülümsememem genişledi, sonra da bezini çıkarıp onu gıdıkladı.

Çıplak gıdıklamaların iyi bir fikir olmadığına dair RJ'i uyarmak üzereydim –en azından Kody'yle öyleydi– ama çok geç kaldım. Kody gürültüyle kıkırdadı, bu da işemesine neden oldu ve RJ tam ateş hattının üzerindeydi.

"Ah siktir!" RJ elini kalkan olarak kullanmaya çalıştı ama Kody bacaklarını savuruyordu, bu da yangın hortumu etkisi yarattı. RJ başını eğip sırılsıklam gömleğine ve ellerine baktı. "Hoş değil, küçük adam, hiç hoş değil."

Kahkahamı bastırmak için avcumu ağzıma bastırdım ve RJ'i dürterek yolumdan çekip Kody'yi aldım. "Babanın üstüne mi işedin sen? Onu çok iyi yakaladın, değil mi? Evet, yakaladın! Şimdi babanın da senin gibi yıkanması gerekiyor!" Onu küvete koyduğumda Kody mırıldanarak gülümsedi, hemen baloncuklara vurmaya başladı ve önüme bir su sıçrattı. En azından sadece sabunlu suydu, çiş değil.

Metalin metale çarpma sesini duyunca omzumun üzerinden baktım ve RJ'i kemerini çözerken yakaladığımda derin bir nefes aldım. Bakışlarımı kaldırınca, gözlerim karın kaslarını, belirgin göğüs kaslarını ve geniş omuzları taradı. O kot pantolonunun düğmelerini açıp fermuarını aşağı çekerken kendime bakışlarımı başka tarafa çevirme emri veremedim.

Hayatıma tekrar girdiğinden beri geçen haftalarda, aramızdaki kimyayı tam olarak kabul etmek ve biraz rahatlatmak konusunda tereddüt etmiştim çünkü bir kez adım adınca geri dönüş olmayacaktı. Ama onu Kody'nin banyosunda soyunurken gördüğümde vücudumun nasıl alev almaya başladığını görmezden gelemedim.

"Ne yapıyorsun?" Sesim yüksek çıkmıştı, neredeyse panik doluydu.

Bana arsız bir şekilde sırıttı. "Benim de yıkanmaya ihtiyacım olduğunu söyledin."

"Ama..."

Pantolonunu bacaklarından aşağı indirdi ve bakışlarımı başka yöne çevirerek banyodaki Kody'ye odaklandım. RJ'in ne kadar çıplak olduğuna, bana ne kadar yakın olduğuna ya da seks yapmayalı ne kadar uzun zaman olduğuna değil... son seferim Kody'ye hamile kaldığım geceydi - daha doğrusu sabahtı.

RJ duş başlığını çıkardı ve serbest bıraktı. Ardından küvetin kenarından girip çömeldi ve kaslı bacaklarını Kody'nin bebek küvetinin iki yanına koydu. Küvetin içinde on santimden daha az köpüklü su vardı ve RJ'nin boxerını çıkarmamış olması beni hem rahatlatmış hem de hayal kırıklığına uğratmıştı.

Lifi ve bebek şampuanını RJ'e uzattım. "Bu onuru yerine getirebilir misin, babası?"

Ben küvetin büyük çoğunluğunu kaplayan neredeyse çıplak vücuduna bariz bir takdirle bakarken sırıtışı daha da genişledi. "Ben Kody'yi yıkarsam, bu senin de beni yıkayacağın anlamına geliyor?"

"Bence sen kendi başına gayet iyi halledersin." RJ'e yardım edersem, işleri güvenli bir şekilde platonik tutabileceğime dair şüphelerim vardı. Küvetin kenarına tutunup ayağa kalktım.

"Nereye gidiyorsun?"

"Hemen dönerim."

Çiş kaplı tişörtünü ve Kody'nin kirli kıyafetlerini alıp makineye attım. Banyoya dönerken oturma odasından telefonumu alıp koridorda sessizce yürüdüm. RJ sığ suda su sıçratmakla meşguldü, Kody'yi gülümsetip kıkırdatıyordu, bu yüzden hemen bir sürü fotoğraf çektim ve bütün bu resimlerin *yumurtalıklar patlıyor* altyazısıyla mükemmel uyacağını düşündüm.

Banyo oyuncaklarından birini Kody'nin kafasının üzerinden geçirirken sırtındaki kasların esnemesini izledim. Birlikte geçirdiğimizden gecelerden bu yana, daha da formda görünüyordu, eğer bu mümkünse tabii. Benim vücudum da değişmişti ve kesinlikle daha düzgün veya biçimli değildi. Bana farklı bir şekilde bakmasını, beni farklı bir şekilde görmesini istemiyordum. Ancak muhtemelen zaten öyle olduğunun farkındaydım. Ben onun çocuğunun annesiydim. Bir bebeğimiz vardı. Bu her şeyi değiştiriyordu. Bildiğim şeylere bu kadar sıkı tutunmamın nedenlerinden biri de buydu.

Dahası, beni yatağa atmasına izin verdiğim an, muhtemelen kaçınılmaz olarak onu kalbime tekrar alacaktım. RJ söz konusu olduğunda bu ikisi bir paketti.

Tek taraflı sohbetlerini tekrar dinlemeye başladım. "Biliyor musun, küçük adam? Bence anneyle biraz ilerleme kaydetmeye başladım."

Kody mırıldandı, suyu tokatlayarak yüzüne sıçrattı.

"Biliyorum. Sadece birkaç hafta oldu ve hâlâ yapmam gereken çok iş var… ama dostum, sana söylemem gerek, annen tam bir seksi anne ve bunu söylediğimi ona yetiştirirsen, oracıkta inkâr ederim. Ama Tanrım, çok güzel."

Kody çığlık atarak suyu tekmeledi.

"Sen de yakışıklısın, buna hiç şüphe yok, küçük adam. Sana önemli bir şey söyleyebilir miyim?" RJ ayaklarının altını gıdıkladığında Kody kıkırdadı. RJ gülümsedi, sonra ciddileşti. "Bence senin hatırın olmasa, annen bana ikinci bir şans vermezdi. Yani teşekkür ederim. Seni seviyorum, dostum ve hayatımın kalanında her gün sana bunu söyleyebilmeyi umuyorum. Ergenliğe girdiğinde bu seni utançtan yerin dibine soktuğunda bile."

Oğluna onu sevdiğini söyleyen bu dev adamı izlerken kalbim sıkıştı.

"Biliyor musun, kim seninle ve annenle tanışmayı çok isterdi?"

Kody sanki babasının sorusuna cevap veriyormuş gibi mırıldandı.

"Deden Steven James, benim babam. Sen de ben de onun gamzelerini almışız." RJ kendi yanağına dokundu ve eğilip Kody'nin yanağını öptü. "Tanrım, onu özledim. Muhteşem bir babaydı. Bir çiftliğimiz vardı ve o hep meşguldü, ama yine de tüm hokey maçlarıma gelecek zamanı bulurdu. Bunu nasıl yaptığını gerçekten bilmiyorum. Çiftlik işletmek acayip zordur. Uzun saatler, sıkı çalışma, ama o gülümseyerek gelir ve bana tezahürat ederdi. Keşke hâlâ burada olsaydı." RJ şampuanı avucuna sıkıp Kody'nin saçlarını yıkamaya başladı.

"Deden benim için çok endişelenirdi. Dürüst olacağım küçük adam, özellikle NHL'ye ilk geldiğimde her zaman çok iyi seçimler yapmadım – ve benden daha iyi seçimler yapmana yardım etmek için elimden gelenin en iyisini yapacağım. Ama annen kesinlikle başıma gelen en iyi şeydi, sen de öylesin ve bence deden de benim gibi ikinizi de çok severdi."

YİRMİ İKİNCİ BÖLÜM

Bununla Başa Çıkabilir misin?

Rook

Spor salonunda saatler geçirmek bugünlerde bir ihtiyaç haline gelmişti çünkü aksi takdirde, aynı zamanda çocuğumun annesi olan muhteşem, seksi bir kadının yanında olmaktan kaynaklanan bastırılmış, huzursuz enerjiyi atmanın hiçbir yolu yoktu. Lainey çaba göstermeden güzel ve inanılmaz, sabırlı bir anneydi ki bu bir aydan daha kısa bir süre önce tahrik olmama neden olmayan bir şeydi.

Adil olmak gerekirse, son zamanlarda çok fazla göğüs görmüştüm. Görüyor ama dokunamıyordum. Bu garip bir işkence türüydü. Bir sürü sarılma, yanaktan öpücükler ve cilveli dokunuşlar olmuştu ama bir şeyleri çok hızlı zorlamak istemiyordum.

Sonra dün gece vardı. Kody diş çıkardığı için son birkaç gündür huysuzdu ve Lainey uykusuzluktan sarhoş gibiydi. Onda kalmayı ve gece yarısı beslenme işini üstlenmeyi teklif etmiştim, böylece Lainey'in kesintisiz birkaç saatten fazla zamanı olurdu.

Geceyi kanepede geçirmeye hazırdım ve geriye dönüp baktığımda bu muhtemelen çok daha akıllıca olurdu.

Göğsünde Kody ile uzanmıştı ve onu beşiğine geri götürmeden önce ikisinin de uykuya dalmasını beklemiştim. Emzirmek için uyanmasına sadece birkaç saat kaldığını ve yatağının kanepeden çok daha rahat olduğunu düşünmüştüm, bu yüzden yanına uzanmıştım.

Yine de gece yarısı beslenmesi hiç olmamıştı, bu yüzden kanepeye geçmemiştim. Ama bunun yerine, Lainey'e kaşık şekilde sarılmış halde, sabah ereksiyonum sırtına bastırırken ve bir elim memesini avuçlamak üzereyken uyanmıştım. Neyse ki bu, işleri çok garipleştirmemişti ki bunu iyiye işaret olarak aldım.

Her şeye rağmen, artan cinsel gerilim, altıncı göğüs presi setinde olmamın sebebiydi.

"Son birkaç haftadır hangi kayanın altında saklanıyorsun? Seni sadece antrenmanlarda ya da sporda görüyorum." Lance benim gözcümdü.

"Bugünlerde biraz meşgulüm." Sekizinci tekrarı yaparken homurdandım.

"Tur rehberini saklamayı ne zaman bırakacaksın?"

"Lainey'i saklamıyorum, sadece onu boktan durumuma maruz bırakmak istemiyorum. Ve birlikte nasıl yürüteceğimizi anlamaya çalışıyoruz. En son dışarı çıktığımızda, akına uğradım ve bu onu korkuttu."

"Maruz kalmadan buna alışamaz." Lance benim için çıtayı yükseltti. "Onu dünyadan saklayamazsın ve onu medyadan korumaya çalışman ona bir fayda sağlamaz. Bandajı çıkar, Rook. Onu bir antrenmana götür ve hazır olduğunda diğer eşlerle tanışması için onu ve Kody'yi bir maça getir. Yalnız olmadığını bilmesi gerekiyor. Takımın senin ailen."

"Büyük kalabalıklardan nefret ediyor."

"Localar güvenli olur. Poppy ve Sunny de Zen ekibi gibi, ona kendisini evinde gibi hissettirirler." Omzuma vurdu. "Ben saunaya gidiyorum ve eğer daha sonra bebeğin gibi ağlamak istemiyorsan sen de gelmelisin."

Bu konuda haklıydı. Lainey'e hemen hemen her antrenman yaptığımızda gelmek isteyip istemediğini sormuştum. Ve tam bir kargaşa içinde gerçek bir maçtan önce katılabilse harika olurdu. Bu gece Kody uyuduktan sonra konuyu tekrar açmaya karar verdim.

Lainey'e mesaj atıp öğle yemeği yemek ister mi diye sordum. Çoğu zaman bir şey alıp akvaryuma götürüyordum ama bugün kafeye gidebileceğimizi düşünüyordum. Bebek adımları filan işte.

Akvaryuma ulaşmadan önce ondan haber alamadım ama bu o kadar da şaşırtıcı değildi. Bir tura rehberlik ederken veya hayvanlarla birlikteyken mesajlara cevap vermiyordu. Eden'den, işten yaklaşık bir saat önce ayrıldığını ve ateşinin çıktığını, üşüdüğünü ve midesinin bulandığını öğrendim.

Onu tekrar aradım, ama hâlâ cevap yoktu. "Peki ya Kody?" diye sordum Eden'e.

"Bildiğim kadarıyla hâlâ kreşte. Ya da umarım öyledir. Lainey'in şu an ona bakabilecek durumda olduğunu sanmıyorum. Giderken gerçekten iyi görünmüyordu."

"Onu kontrol ederim. Neye ihtiyacı olduğuna bakarım." Lobiyi yarıladığım sırada anahtarımın olmadığını fark ettim ve telefonuna cevap vermiyorsa, kapısını da açacağından emin değildim.

Döndüğümde Eden'i parmağında bir anahtarlık sallarken gördüm.

"Bunu ödünç alabilir miyim?"

"Hayır. Bunlarla seni hipnotize etmeyi düşünüyordum." Hangisinin apartmanın, hangisinin Lainey'in dairesi olduğunu gösterdi.

Sokağın karşısına geçip asansöre bindim onun katına çıktım. Onu korkutmamak için önce kapıyı çaldım ama otuz saniye sonra cevap vermeyince anahtarı kullanarak içeri girdim. "Lainey?" diye seslendim, kapıyı kapatıp arkamdan kilitlerken.

Anahtarları cebime attım, endişe yüzünden koridorda yürürken kalbimin daha hızlı atmaya başladı. Kody'nin odasına baktım ama boş olduğunu görünce devam ettim. Açık, boş banyoyu geçip Lainey'in yatak odasına yöneldim. Yorgan ters dönmüştü, yerde bir kâse ve komodinin üzerinde yarısı dolu bir bardak su vardı.

"Lainey? Burada mısın?"

"RJ?" Adımdan çok bir hırıltı gibiydi ve banyodan geliyordu.

"Eden iyi hissetmediğini söyledi."

"İyiyim. Sadece bana bir dakika ver." Bunun söyler söylemez ardından korkunç bir öğürme sesi, su sıçraması ve tuvaletin sifon sesi geldi.

Onu klozete sarılmış, yanağını kenara dayamış halde buldum. Üzerinde bol bir gecelik vardı, bacakları çıplak ve çoğunlukla açıktaydı. Saçları gelişigüzel bir örgüyle sırtından aşağı sarkıyordu, uçuşan tutamlar dışarı fırlamış, bukleler boynuna ve alnına yapışmış durumdaydı. Normalde bronz teni kremsi bir beyazlıktaydı ve tüyleri diken diken olmasına rağmen yüzünü ve boynunu ince bir ter tabakası kaplamıştı.

"İyi görünmüyorsun."

Gözleri donuktu ve odaklanmakta zorlanıyordu. "Beni böyle görmemelisin. İğrenç."

Çömelirken onu görmezden geldim ve beni el sallayarak uzaklaştırmaya çalıştı. Elimin tersini alnına bastırdım, sonra eğilip annemin eskiden yaptığını hatırladığım gibi dudaklarımla ateşini ölçtüm.

İnlemeyle birleşmiş bir uğultu gibi küçük bir ses çıkardı.

"Yanıyorsun. Burada ateş ölçerin var mı?"

"Kody'nin odasının karşısındaki banyoda, ecza dolabında bir tane var ama ben iyiyim. Sadece bakteriyel bir şey. Birkaç saat uykuyla düzelirim."

"Tuvalete sarılıp uyumanın bir seçenek olduğunu sanmıyorum, Lainey."

"Banyo paspasım epey yumuşak." Ürpererek omzunun üstünden zemine bir bakış attı.

"Hadi yatağa gitmene yardım edeyim."

"Daha gidemem. Midem bula…" Yüzü daha da soldu, gözleri kocaman açıldı ve sonra kollarını sallayarak doğruldu, oturağa tutunup şiddetle öğürürken parmak uçları bembeyaz oldu. Bana gitmemi söylemeye çalıştı, ama sözcükler ağzından zar zor çıkıyordu. Sonra yeniden öğürdü, bu sefer hiçbir şey çıkmadı. Sifonu çekti ama spazmlar onu iki dakika kadar rahatsız etmeye devam etti ve sonunda tekrar çökerek yanağını oturağa yasladı.

Bir el bezi alıp onu temizlemek için ıslattım. O kadar zayıf ve tükenmişti ki karşı koymadı. "Bu kaç kez oldu?"

"Bilmem. Böyle berbat ataklar halinde geliyor. Eve geldiğimden beri buradayım ve sanırım geldiğimde öğle yemeği vaktine daha vardı."

"Bir ateş ölçer getirip ateşini kontrol edeceğim, bir de sana bir bardak su getireyim ki bu öğürmeler çok acı verici olmasın." Alnındaki saçları yüzünden ittim. "Hemen dönerim."

Bir bardağa su doldurduktan sonra banyo dolabında ateş ölçeri aradım. Ben döndüğümde yine kuru kuru öğürüyordu. Bu atak geçtiğinde ateşini ölçtüm, 39,5 dereceydi. Bir saat kadar kusmadı. Solgun, terli ve bitkindi. Onu yerden kaldırıp yatağa taşıdım.

Lainey titreyerek doğrulmaya çalıştı, gözleri ateşten kan çanağı gibiydi ve donuk bakıyordu. "Giyinip Kody'yi kreşten almalıyım."

"Hiçbir yere gitmiyorsun. Kody'yi ben alırım, sen burada uzanıp biraz dinlen."

"Ama ben…"

"Lainey." Elimi nazikçe omzuna koyup kalkmasına engel oldum. "Bırak sana yardım edeyim. Hastalığının Kody'ye de bulaşmasını istemezsin."

Lainey'in gözleri parladı. "Ah Tanrım, bunu düşünmemiştim."

"Ben buradayım ve yardım etmek istiyorum. Seninle bunu yapabileceğimi sana göstermeme izin ver."

İnleyerek yastığına geri döndü, üzerine on battaniye yığılmış olmasına rağmen dişleri hâlâ takırdıyordu.

"Sana daha kalın kıyafet getirmemi ister misin?"

Örtüleri çenesine kadar çekti. "Ha...hayır. Terliyorum za... zaten, sonra ye...yeniden değiştirmem gerekecek. Titremeler so...sonunda geçer."

Buzdolabında kalmış gibi dişleri takırdarken onu burada yalnız bırakmamın hiçbir yolu yoktu. Yatağın diğer tarafına geçip gömleğimi çıkardım.

"Ne ya...yapıyorsun?" diye sordu Lainey.

"Seni ısıtıyorum." Örtüyü açıp altına geçtim.

"Ama sa...sana da bulaştıracağım."

"Benimle öpüşmeye çalışmadığın sürece bana bir şey olmaz." Ona sarılıp kucağıma oturttum ve kollarımı etrafına doladım.

Direnemeyecek, hatta benimle bu konuda kavga etmeyi bile düşünemeyecek kadar yorgundu, bu yüzden donmuş ayaklarını bacaklarımın arasına sıkıştırarak hemen sokuldu. Yapış yapış alnı boynumun yan tarafına yaslandı ve avuçlarını göğsüme yerleştirdi. "Çok sı...sıcaksın."

"Büyük oyuncak ayı, hatırladın mı?"

"Hımm. Hatırlıyorum."

Saçı kolumu gıdıklıyordu, bir elimi nazikçe bacağında yukarı aşağı kaydırarak titremelerinin geçmesini bekledim.

Kucağımda kıpırdanmaya devam ediyordu ve fena halde hasta olmasına rağmen, vücudum onun yakınlığına, ellerinin göğsümdeki hissine ve istemeden sürtünmesine uygun olmayan bir şekilde tepki vermeye başladı.

"RJ?"

"Efendim, bebeğim?"

"Telefonun cebinde mi?"

"Hayır. Neden? Birini araman mı gerekiyor?"

Kucağımda biraz daha kıpırdandı. "Hayır, ama burada sert bir şey var… ah." Başını kaldırdı, kan çanağı gözleri benimkilerle buluştu. Avucuyla ağzını kapatınca bir an için tekrar hasta olacağından endişelendim ama, "Sen… *sertleştin* mi?" diye sordu.

Omuz silkerken sırıtışımı bastırma zahmetine bile girmedim. "Çok fazla kıpırdanıyorsun. Vücudumun bazı kısımları düşüncesiz ve hasta olmanı kesinlikle umursamıyor."

"Berbat görünüyorum ve muhtemelen iğrenç kokuyorumdur." Elini indirip bana tekrar sarılmadan önce hafifçe gülümsedi. Sonunda titreme azalmıştı ve nefesi düzene girdi. Uyuduğundan emin olduktan sonra onu kucağımdan kaldırıp battaniyeye sardım.

İhtiyacı olan her şeyin yanında olduğunu kontrol ettikten sonra gömleğimi geri giydim.

Koridorun sonundaki banyoda ellerimi yıkadım ve gelip dezenfekte etmesi için Lainey'in temizlikçisini aramayı aklıma not ettim. İhtiyacımız olan son şey, hastalığın hepimize bulaşmasıydı.

Eden'in anahtarını ona geri verebilmek için Lainey'in anahtarlarını aldım, sonra Kody'yi almak için aceleyle çıktım. Lainey'e, onu alabilecek onaylı yetişkinlerin olduğu kısa listeye beni eklediği için minnettardım. Şu anda bu listede Lainey'in kendisi, Eden ve ben vardık. Walter'a bu ayrıcalığın asla verilmediğini belirtmekten mutluydum.

"Lainey bugün işten geç mi çıkıyor?" diye sordu kreşteki bakıcılardan biri olan Kristen, beni Kody ve diğer bebeklerin oturup ışıklı düğmelerle veya yumuşak sıkılabilen oyuncaklarla oynadığı oyun masasına götürdü. Diğer personelden biri yerde bağdaş kurmuş onları eğlendiriyordu.

"Kendini pek iyi hissetmiyor, ben de onu gelip benim almamın daha iyi olacağını düşündüm. Bugün nasıldı?"

"Harikaydı, bu öğleden sonra güzel uyudu ve Lainey'in onunla yolladığı gevreğe gerçekten bayılıyor. Etrafta bir grip virüsü dolanıyor, bu yüzden bütün çocukları takip ediyoruz ve ellerini yıkadıklarından emin oluyoruz."

"Her gün binlerce insanın içinden geçtiği bir akvaryumda çalışmanın mikrop karşı pek yardımcı olduğunu sanmıyorum." Kody'nin hizasına gelmek için çömeldim. "Benim küçük adamım nasıl?" Eğilip alnına bir öpücük kondurup onun da ateşi olmadığından emin olmak için kontrol ettim. Gülümseyip mutlu bir ses çıkardı ve kaldırılmak istiyormuş gibi kollarını uzattı. Onu oyun masasından aldım ve Kristen eşyalarını toplamama yardım etti. Lainey'nin genellikle yaptığı gibi, bebek arabasını yanıma almayı düşünmemiştim, bu yüzden biraz hokkabazlık yapmam gerekti ama çantaları omuzlayıp Kody'yi biraz yardımla tutmayı başardım.

Lainey'in evine doğru yola çıktık, asansör yarı yarıya işten eve dönen insanlarla doluydu.

"Annen kendini pek iyi hissetmiyor dostum, bu yüzden ona biz bakacağız ve sen ve ben erkekler gecesi yapacağız. Bunu ister misin?" Bu plana katılıyormuş gibi bana bir sevinç çığlığı attı, ben de konuşmaya devam ettim. "Biraz hokey izleyebiliriz, istersen annenin sütünden içmeni bile ayarlarım, ama beni ele vermemen lazım." Kody bana daha çok bebek sesleri çıkardı ve öne atılarak koordinasyonsuz bir şekilde yüzüme şaplak atmaya çalıştı. "Beşlik çakmaya mı çalışıyorsun?"

Asansör çınladı ve geldik mi diye kontrol etmek için yukarı baktım ve o sırada asansördeki her bir kadının bana baktığını fark ettim. Neyse ki gelmiştik, bu yüzden müsaade istedim ve bebek eşyalarıyla bir de bebek taşıdığım için hepsi ya yoldan çekilmek ya da kapıyı açık tutmak için birbirleriyle yarıştırlar.

"Sanırım yumurtalıklarım az önce infilak etti," dedi kadınlardan biri, kapılar kapanırken.

"Seksi baba afişine çıkacak adamlar gibi," dedi bir başkası.

Daha fazla yorum duyamadım çünkü kapılar kayarak kapanmıştı. Anahtarları bulmak için tüm çantaları yere koyup cebimi karıştırmam gerekti.

Koridorun karşısındaki kapı açıldı, Walter gözüktü. Kabul etmekten nefret etsem de o kötü görünen bir adam değildi. Sıska, neredeyse sırık gibi bir yapısı vardı, hâlâ tüm saçları yerli yerindeydi. Ancak şakaklarında bir dökülme belirtisi vardı, bu da yaklaşık on yıl içinde tepeye doğru saçların açılacağı anlamına geliyordu. Fazlasıyla ortalama biriydi belki ama bu onun bir pislik olduğu gerçeğini değiştirmiyordu. "Mücadele ediyor gibi görünüyorsun."

"Hallettim," diye mırıldandım, nihayet anahtarı bulduğumda.

"Bil diye söylüyorum, ben burada, evcilik oynamanın tüm eğlencesinin sona ereceği ve senin Lainey'i tekrar terk edeceğin günü bekliyor olacağım."

Omzumun üzerinden baktığımda onu kapı pervazına yaslanmış, kollarını göğsünde kavuşturmuş halde buldum. Herif yürek yemişti, hakkını vermeliydim. "Bak, burada olmamım planlarını altüst ettiğini biliyorum Walt ve ihtiyacı olduğunda Lainey'e yardım etmek için burada olduğun gerçeğini takdir ediyorum ama artık muhtemelen hayatına devam etmelisin. Hiçbir yere gitmiyorum."

"Bundan altı ay sonra hâlâ burada olduğun zaman buna inanacağım. Sürekli seyahat ediyorsun, değil mi? Profesyonel hokey oyuncusu falan. Bu kadar uzak olmak ilişkiler için zor olmalı. Sen etrafta yokken Lainey'in biraz yardıma ihtiyacı olacak ve benim koridorun hemen karşısında olmam devreye girmemi kolaylaştırıyor." Alaycı bir şekilde gülümsedi. "İyi geceler RJ." Dikkatini Kody'ye çevirip çenesinin altını hafifçe gıdıkladı, sert adam görünüşü hüzünlü bir üzüntüye dönüştü. "Annene iyi davran."

Dairesinde gözden kayboldu ve birkaç saniyeliğine onun için üzüldüm. Ben yokken o buradaydı. Kendisinden olmayan yeni doğmuş bir bebekle olmasına rağmen Lainey'i istiyordu. Onun ne kadar özel olduğunu biliyordu. Ama yardım etmek için yakınlarda olacağı konusunda yanılıyordu çünkü Lainey hazır olur olmaz onları evime taşıyacaktım, böylece Walter tüm denklemlerden etkili bir şekilde çıkarılacaktı.

Onun için üzülüyor olabilirdim ama rakibim olmasını kesinlikle istemiyordum.

Kody'yi oturma odasındaki oyun masasına koyduktan sonra Lainey'in kreşe gönderdiği sayısız çantayı aldım. Hepsini koltuğa bıraktım, kapıyı kilitledim, Kody'yi tekrar aldım ve Lainey'yi kontrol etmek için koridora yöneldim.

Odaya göz attım ve onu uyurken buldum, bu iyi bir şeydi. Belli ki biraz dinlenmeye ihtiyacı vardı. Lainey'in işten eve geldiğinde genellikle yaptığı şeyler listesini zihnimde gözden geçirdim. Genellikle Kody'yi hemen doyuruyordu ve burnunu omzuma nasıl çarptığını düşününce, yakında ne kadar acıktığı konusunda sessiz kalmayacağına dair bir his vardı içimde. Ve şu anda onunla ilgilenmesi için Lainey'i uyandırmamın hiçbir yolu yoktu.

"Gel bakalım, küçük adam, sana akşam yemeği hazırlayalım."

Lainey biberonları buzdolabında tutuyordu ve tezgâhın üzerinde muhtemelen bu sabahtan kalma bir kutu bebek mısır gevreği vardı. Ben ona akşam yemeği hazırlamak için yönergeleri takip edip yanına bir biberonu ısıtırken, zıplasın diye Kody'yi salıncağına oturttum.

Bilge bir tavsiye: bir bebeğe gevrek yedirmek şeyden daha kötü, ııı... hiçbir şeyle karşılaştırmamayı tercih ettiğim şeylerden biriydi işte. İşim bittiğinde, Kody'nin saçına, boynuna, önlüğüne ve ellerine yemek bulaşmıştı.

Bir şekilde gömleğimin her yerine bulaştırmayı başarmıştım. Değiştirecek kıyafetim yoktu, bu yüzden lekeleri temizlemek için bulaşık bezi kullanmak zorunda kaldım. Sonra Kody'yi banyoya götürüp ona ılık bir banyo yaptırdım ve biberonunu vermeden önce üzerindeki mısır gevreğini yıkadım.

Akşam yemeğini ve banyoyu bitirdiğimizde saat altıyı geçmişti, hâlâ tek lokma yememiştim. Lainey'i uyandırmamak için gereksiz gürültü yapmak istemiyordum, ayrıca koku mide bulantısına iyi gelmeyebilirdi.

Kilerinde ve buzdolabında ne olduğunu kontrol ettim ve alışverişe çıkmanın gerekli olduğuna karar verdim. Caddenin aşağısında onun ve benim için birkaç şey alabileceğim küçük bir market vardı. Komodinine bir not bıraktım ve Kody'yi dışarı çıkarmak için üzerini değiştirdim.

Onu bebek arabasına bindirmek de başka bir destansı başarıydı ama çözdüm. Lainey'de onu vücuduma bağlayabileceğim şu bebek taşıyıcı şeylerinden biri vardı ama yaklaşık yedi yüz metre kumaş vardı. Nasıl kullanacağımı bilmiyordum, bu yüzden onu başka bir zamana bıraktım.

Bunun Kody'nin huysuzlanma zamanı olduğunu hesaba katmamış veya muhtemelen hâlâ uyanık olduğu ve annesinin kollarında olmadığı için kızgınlıkla ciyaklayacağını öngörememiştim. Zencefilli gazoz, soda kraker, tavuk çorbası, spor içecekleri ve biraz ekmek ve söğüş gibi kendime sandviç yapabilmek için malzemeler de dahil olmak üzere bazı ihtiyaçları almayı başarmıştım. Ayrıca bir de pizza dilimi aldım ve kasaya bir şeyler yüklerken onu mideye indirdim.

Ödemeyi bitirdiğimde Kody avazı çıktığı kadar bağırıyordu. İnsanlar bana acımaktan küçümseme ve yargılamaya kadar değişen bakışlar atıyorlardı. Çocuğun yüzü pancar kırmızısıydı, çığlık atarken ağzı sonuna kadar açık, gözyaşları yanaklarından aşağı akıyordu. "Tamam, küçük adam, seni duyuyorum. Şimdi eve gidiyoruz." Çok sıkı olup olmadıklarını merak ederek onu bağlarından kurtardım ama yeterince yakına eğildiğim anda, meselenin bu olmadığını anladım.

"Ah si..." Muhtemelen Kody'den birkaç yaş büyük çocuğu olan bir kadın yanımdan geçerken kendimi sansürlemeyi başardım. "Pek iyi şeyler yapmamışsın gibi kokuyor," dedim Kody'ye.

Tabii ki, onun bebek bezi çantasını getirecek öngörüm yoktu. Bu yüzden eve gitmeden önce durumla ilgilenebilmek için bir paket çocuk bezi, krem ve mendil almak zorunda kaldım. Bebek arabasında fazladan bir uyku tulumu olmasına minnettardım çünkü şu anda giydiğini mahvetmişti.

Mendil paketinin yarısını kullanırken, ikinci banyo seansının biz eve gelir gelmez başlayacağının bilincindeydim. Koku, bir hokey çantasının iç kısmıyla birleşen umumi tuvaletle rekabet eder haldeydi.

Döndüğümüzde saat yediyi geçiyordu ve ben banyo rutinini bitirdiğimde saat neredeyse sekiz olmuştu, bu da Kody'nin her zamanki uyku saatinden epey geçti, yani çok huysuz olması normaldi. En azından banyosundan önce bir biberon hazırlayacak öngörüye ermiştim, böylece temizlenip kurulanıp pijamalarını giyer giymez onu doyurabilirdim. Bariz sebeplerden dolayı hokey temalı olanları seçtim. Uyuması çok uzun sürmedi ve içimde benim de çok geçmeden devrileceğime dair bir his vardı.

Kody'yi yatırdıktan sonra tekrar Lainey'i kontrol ettim, hâlâ uyuyordu. Telefonu titredi, ben de onu rahatsız etmemek için kapıyı arkamdan kapatırken telefonu da kaptım. Ekranda *ANNEM* yazıyordu. Sesli mesaja düşsün diye bıraktım.

Annesinin, onun hayatına geri döndüğümü bildiğinin farkındaydım. Oradaki durumla ilgili ayrıntıları fazla sormamıştım ama Lainey'in koyduğu bu mesafe anlamlıydı. Ayrıca annesiyle haftada birkaç kez konuştuğunun da farkındaydım, bu da bana Lainey bunu kendi başına yapabileceğini kanıtlamak istese de aralarında hâlâ çok sevgi olduğunu gösteriyordu.

On beş dakika sonra annesi tekrar aradı, ben de bu defa telefonu açtım. "Alo."

"Kusura bakmayın… yanlış numarayı aramış olmalıyım."

"Lainey'i aradınız değil mi?"

Bu duraksamasına neden oldu. "Ben… evet. Siz kimsiniz?"

"Ben RJ. Rook. Lainey'in... arkadaşı." Bunun üzerine hafifçe yüzümü buruşturdum. Bu noktada kendimi onun arkadaşı olarak sınıflandıracağımı sanmıyordum ama benden erkek arkadaşı olarak bahsetmiyordu ve pek fazla flört etme fırsatı da yok gibiydi. Gecenin bir yarısı kazara kaşık şeklinde sarılma pek sayılmazdı.

Annesi hıhladı. "Kendine şimdilerde böyle mi diyorsun? Kızımı hamile bıraktın, kim olduğun konusunda yalan söyledin ve yüzünü tekrar gösterene kadar bir yıl geçti. Ne *arkadaşsın* ama. Sanırım büyük bir hokey oyuncusu olduğun için kuralların hiçbirinin senin için geçerli olmadığını düşünüyorsun."

Lainey'in annesinden fırça yemek ne kadar berbat olsa da nedenini anlıyordum. Ondan böyle bir şeyi zaten bekliyordum. "Tüm saygımla beraber Bayan Carver, neden benden hoşlanmadığınızı anlıyorum. Bir kızım olsaydı ve onun başına bunlar gelseydi, onu korumak için gücüm dahilindeki her şeyi yapardım ve o herife karşı da iyi şeyler hissetmezdim, ki bu durumda o herifin ben olduğumun farkındayım."

"Pekâlâ, sana olan duygularım hakkında yanıldığını söyleyemem. Lainey her zaman özel bir kız oldu... o kırılgandır..."

"Gerçi sizin düşündüğünüz kadar kırılgan olmayabilir."

"Neler yaşadığını bilmiyorsun."

"Üniversitedeki silahlı saldırı olayını mı diyorsunuz?"

"Sana bunu anlattı mı?" Sesinden şoke olduğu belliydi.

"Anlattı. Alaska'da yaz aylarında oldukça kötü fırtınalar oluyor, bu onun için anlaşılır bir tetikleyici."

"Bundan asla kimseye bahsetmez," dedi annesi yumuşak bir şekilde. "Şimdi lütfen onunla konuşmak istiyorum."

"Üzgünüm, Bayan Carver. Sizin için onu telefona çağırmayı ne kadar çok istesem de pek iyi değil ve şu anda uyuyor. Onu neden uyandırmak istemediğimi anlayacağınızdan eminim."

"İyi değil mi? Ne oldu?"

"Sanırım grip."

"Grip mi? Kızımı tekrar hamile bırakmamış olsan iyi edersin."

Sözlerinin arkasında gerçek bir tehdit vardı. "Grip olduğuna ve kesinlikle hamile olmadığına eminim. Bu pek... şey, bu mümkün değil." Bir gün kayınvalidem olacağını varsaydığım kadınla ilk konuşmamız bu zamana kadar yapılan tuhaf konuşmaların da tuhafıydı.

"Pekâlâ, rahatladım." Sanırım alay ediyordu ama emin olamadım. "Ne kadar hasta? Onu hastaneye götürmen gerekecek mi? Oraya gelmem gerekiyor mu? Bir akvaryumda çalışmanın onun için iyi olmadığını söyleyip duruyorum. Orası bir mikrop ve hastalık yuvası. Şimdiye kadar hastalanmamış olması gerçekten şaşırtıcı. O çocuğu büyütmek için ihtiyaç duyduğu yardımı alabilmesi için bu işi bırakıp eve gelmesi gerekiyor."

"Lainey'in yanındayım."

"Doğru mu? Ve bu ne zamana kadar böyle olacak? Çocuk yetiştirmek hakkında bir şey biliyor musun? Sen oraya buraya seyahat ederken ve o bebeğe tek başına bakarken kim yanında olacak?"

"Burada onun da arkadaşları var benim de. Diğer eşler var..."

"Diğer eşler mi?" diye haykırdı kulağıma. "Aman Tanrım, siz gizlice evlendiniz mi? Önce izin almadan, haber etmeden kızımla evlendin mi?"

Lainey'in neden ülkenin bir ucuna taşındığını şimdi anlayabiliyordum. "Hayır, öyle değil... Ben diğer oyuncuların eşlerini kastetmiştim. Gizlice evlenmedik. Lainey'e karşı çok hata yaptım..."

"Hadi canım, öyle mi dersin?" Alaycılığı tam on ikiden vurdu.

"Daha en başında Lainey'e işim hakkında gerçeği söylemem gerekirdi. Hayatım karışık ve bu bir bahane değil, ama Lainey'le iletişimi kaybetmeyi hiç istemediğimi de bilin. Tamamen dürüst olmam gerekirse, Alaska'dan ayrıldıktan sonra Lainey'den haber alamamak beni mahvetti ve onu tekrar bulduğumda ve olanları fark ettiğimde, tekrar mahvoldum. Bütün hamileliğini kaçırdım – oğlumun doğumunu ve hayatının ilk dört ayını kaçırdım.

Zamanı geri çevirip olanları değiştiremem ama telafi etmeye çalışıyorum. Bu yüzden buradayım, bildiğim en iyi şekilde onunla ilgileniyorum ki şu anda bu, iyileşebilmesi için dinlenmesi gerektiği anlamına geliyor."

Uzun ve gergin birkaç saniye boyunca sessizliğini korudu. "Kody nasıl?"

"O da şimdilik uyuyor. Ama Lainey uyanır uyanmaz, sizi aramasını söyleyeceğim."

"Evet. Tamam. Bunu yaparsan sevinirim. Ama ayrıca birkaç saatte bir bilgi almak da isterim. Lainey grip olduğunda bazen günlerce perişan olur. Aniden ateşi çıkar. Küçükken onu defalarca hastaneye götürmek zorunda kaldık. Ayrıca ateşi düşene kadar Kody'yi ona yaklaştırma. Onu emzirmek isteyecektir ama bu çok riskli. Midesine bir iki lokma bir şey girebildiğinde, zencefilli gazoz ve sodalı kraker yediğinden emin olman gerek."

"Hepsini aldım ve her birkaç saatte size mesaj atıp bilgilendireceğim."

"Keşke evde olsaydı da ona bakabilseydim."

Onları kazanmanın en iyi yolunun kızlarını görme fırsatı vermek olduğuna karar verdim. "Buraya gelmek ister misiniz?"

"Çok uzun yol."

"Size bir uçak bileti ayarlayabilirim."

"Ah... ben uçağa binmem." Endişeli olduğunda Lainey gibi ellerini ovuşturduğunu neredeyse görebiliyordum. Şimdi nereden geldiğini anlamıştım.

"Ama Lainey için bunu yapabilirsiniz, değil mi? Kody'yi en son ne zaman gördünüz?"

"Doğduğundan beri görmedim... ama çiftlik..."

"Orada size yardım eden çok kişi var, değil mi? Lainey de sizi gördüğüne sevinir. Ve Kody artık oturabiliyor. Bunu bir düşünün."

"Dur bir de babasına sorayım, onun için uyar mı bir bakalım." Lainey'nin babasıyla fısıltılı bir konuşma yaparken bekledim. "Tamam. Evet. Simon ziyaretin iyi bir fikir olduğunu düşünüyor."

"Uçak biletlerinizi ayırtıp kalacak yerinizi ayarlarım."

"Bunu yapmana gerek yok. Simon halleder."

"Lütfen, eğer benim halletmeme izin verirseniz benim için anlamı büyük olur. Sadece biletler için bilgileriniz ve size göndermek için de e-posta adresiniz gerekiyor."

Bir an tereddüde düşse de sonunda pes etti. İhtiyacım olan tüm bilgileri aldım, Lainey'in dizüstü bilgisayarını açıp yarın sabah Washington'dan Şikago'ya gelecek ilk uçağı bulmak için uçuşları aradım. Her şey rezerve edildikten sonra, e-postayı onlara ilettim.

Aramayı bitirip Lainey'in telefonunu kanepeye fırlattım. Tükenmiştim. Lainey'in bunca ay bunu tek başına nasıl yaptığını bilmiyordum. Ve şimdi ailesini ziyarete davet etmiştim. Annesini kazanmak belki bir ihtimaldi ama babası... Pekâlâ, umarım onlar gidene kadar hayalarım hâlâ yerinde olurdu.

YİRMİ ÜÇÜNCÜ BÖLÜM

Azim

Lainey

Gece saat bir civarında göğüslerim ağrıyarak uyandım ama artık ateşim yoktu ya da kusacakmış gibi hissetmiyordum, ki bu da rahatlatıcıydı. Kuru kuru öğürme çok berbat bir şeydi.

Yataktan kalktım. Vücudumdaki her kas, sanki aralıksız birkaç saat maraton koşmaya veya ağırlık kaldırmaya çalışmışım gibi ağrıyordu. Kusmaktan midem ağrıyordu ve hassastı.

Deneme amaçlı birkaç yudum su içtim ama boğazımdaki ağrıyla yüzümü buruşturdum. Ağzımın tadı da berbattı. Tuvalete gittim ve dişlerimi fırçalarken, aynadaki yansımam gözüme çarptı. Saçlarım vahşi bir yumak şeklinde, gelişigüzel bukleler kendilerini örgüden kurtarmıştı.

Gözlerimin altında mor halkalar vardı ve cildim kâğıt gibi beyazdı. Hemen yatağa dönmeyi düşündüm ama sütümü sağmam lazımdı. Veya Kody'yi emzirmeliydim. Başım dönüyordu ve halsizdim ama en azından hastalığın en kötü aşaması geçmiş gibi görünüyordu.

Kody'nin odasına göz attım ve onu beşiğinde bulamayınca hemen panik oldum. Koridorda hızla ilerledim, aniden sersemleyerek durdum. RJ'nin kocaman vücudu emzirme koltuğuna yayılmıştı, emzirme yastığım beline sabitlenmiş, başı yanda, Kody'yi kollarıyla sarmış, ikisi de uyuyordu. Yanlarındaki masada boş bir biberon duruyordu. Birlikte çok tatlı görünüyorlardı.

Gizlice mutfağa girdim ve olabildiğince sessizce göğüs pompamı bulmaya çalıştım. İki yüz ml iki şişeyi doldurmam on beş dakikadan az sürdü. İşim bittiğinde, banyo lavabosundaki her şeyi temizledim ve kendi korkunç görünüşümü de biraz düzelttim. Gerçi RJ beni iki kez kusarken görmüştü, bu yüzden neden buna ihtiyaç duyduğumdan emin değildim. Ve rüyamda görmediysem, bana sarılmıştı ve dünkü içi dışına çıkmış görüntüme rağmen sertleşebilmişti.

Pijamalarımı değiştirip kendimi ılık bir bezle sildim, gecenin büyük bir bölümünde ateşim çıktığının farkındaydım. Tüm süreç yorucuydu ve işim bittiğinde tekrar uzanmak zorunda kaldım. Tabii ki bu da gözlerimi kapatmam gerektiği anlamına geliyordu. Ve RJ'e ikinci bir şans vermeyi seçtiğim için ne kadar mutlu olduğumu ve buna değdiğini kanıtladığını düşünerek uykuya daldım.

Beş buçukta aç bir bebek sesiyle uyandım. Örtüleri atıp en kalın sabahlığımı giydim. Yeterince hızlı olursam, Kody'yi tamamen uyanmadan yakalayabilirdim ve bu da genellikle karnı doyduğunda yaklaşık bir saat daha uyuması demekti.

Hâlâ biraz yapış yapıştım ve hafif ateşim vardı ve kendimi tır çarpmış gibi hissediyordum. Ancak düne göre önemli bir gelişme vardı. Midemin guruldaması da iyiye işaretti.

RJ'i mutfakta buldum, Kody'yi kalçasına yaslanmıştı. Saçları darmadağındı –her iki erkeğin de– ve RJ kıyafetleriyle yattığı için üstü başı kırışıktı. Omzunda da kusmuk lekesi vardı. Yine de onu şu anda, bu dakika olduğu kadar seksi gördüğümü hiç sanmıyordum. "Bakalım burada başka anne sütü var mı, küçük adam."

"Günaydın."

"Ah, selam. Seni uyandırdıysak kusura bakma. Nasıl hissediyorsun?" Beni baştan ayağa süzdü. "Daha iyi görünüyorsun."

"Daha iyi hissediyorum." Kody bir çığlık atıp bana doğru uzandı. "Onu alabilirim."

Kollarımı uzattım ama RJ Kody'nin başını korumacı bir şekilde kavrayarak benden hafifçe uzaklaştı. "Bunun iyi bir fikir olduğundan emin değilim, Lainey. Hastalığının ona bulaşmasını istemeyiz."

Altı saat daha uyumaya ve duşa ihtiyacı varmış gibi görünmesine rağmen yine de muhteşem ve ilgili olmayı başardığını görünce, hem sinirlendim hem de etkilendim. "Temizlendim ve üstümü değiştirdim. Sütü doğruca kaynağından içebilir, biberona gerek yok."

"Annenin dediğine göre biberon..."

"Annem mi? Onunla ne zaman konuştun?"

"Dün gece aradı. Ona geri dönmediğin için endişeliydi."

Kody tekrar, bu kez daha yüksek, ısrarlı bir şekilde haykırdı. İleri bir adım atarak avucumu RJ'in göğsüne koydum. Ona bu ikinci şansı vermek kolay olmamıştı. Kalbimi tehlikeye atmak istemiyordum, tekrar kırılacağından korkmuştum ama RJ'in bunu ne kadar istediğini görmeye başlıyordum. Annemden gelen aramayı açmıştı ve bu bile tek başına çok şey söylüyordu. "Sorun değil. Ben iyiyim ve onun karnının doyurulması gerek ve onu emzirmem lazım,çünkü resmen musluk gibi sızdırıyorum."

Biraz isteksizlik ve kocaman açılmış gözlerle Kody'yi bana uzattı. Kody kollarıma girer girmez etrafta hareketlenerek ağzı açık bir kuş gibi beni gagalamaya başladı, yemek bekliyordu. Otomatik pilota geçip sabahlığımı kenara kaydırdım ve özellikle gece yarısı emzirmeleri için tasarlanmış geceliğimin çıtçıtını açarken ne yaptığımı pek düşünmedim.

Kody neredeyse çılgınca kendini savuruyordu. "Sorun değil. Annen burada. Kahvaltı yolda." Memeye yapıştı ve birkaç saniye sonra öksürdü, ben de serçe parmağımı ağzıyla göğüs ucumun arasına sıkıştırıp onu bırakması için zorladım. Daha önce sağmama rağmen, emzirmeden epey zaman geçmişti, bu yüzden her yere fışkırtan bir yangın hortumu gibiydim.

Ne yazık ki görünüşe göre RJ ana hedefti, gömleğin her yerine süt püskürttüm. Üzerimi kapatmaya çalıştım ama sonunda tek yaptığım sütün yönünü değiştirip yüzüne vurmak oldu. Sabahlığımı çektim, bu Kody'nin pek hoşuna gitmedi. Şok olduğu açıkça belli olan RJ'in yanından geçtim ve lavabonun üzerine eğilerek Kody'yi tekrar emzirmeye çalışmadan önce memeyi iyice sıktım. Kody memeye yapışana ve boğazına kaçtığına dair bir belirti olmadığından emin olana kadar bekledikten sonra döndüm.

"Yani gerçekten bu da oldu." RJ'in yüzünde keyifli bir gülümseme vardı. "Yapılacaklar listeme üstüme anne sütü fışkırmasını ekleyip üstünü çizebilirim diye düşünüyorum, ki onun hemen altında da oğlumun her yerime işemesi var."

Güldüm ve sonra inledim çünkü midem hâlâ dünkü ataklardan ötürü ağrıyordu. "Bunun için özür dilerim. Biraz fışkırtırım."

Gülümsemesi anında sırıtışa dönüştü. "Hatırlıyorum."

Göğsünü dürttüm. "Çocuğumuz seni duyabilir."

Parmağımı tuttu. "Birlikte yaptığımız çocuğumuz." Ellerimizi birbirine kenetleyip elimin tersini öptü. "Oturman lazım, daha iyi görünüyorsun ama hâlâ solgunsun. Sana bir şey getireyim mi? Su, meyve suyu, zencefilli gazoz, mineralli bir şey?"

"Evde zencefilli gazoz veya mineral içeren herhangi bir şey olduğunu sanmıyorum, bu yüzden su iyi olur, teşekkürler."

"Dün gece Kody'yle alışverişe çıktık. Evde ikisi de var, yani sudan başka bir şey istiyorsan, söylemen yeter."

"O zaman mineralli bir şey olsun, lütfen. Neli var?"

"Limonlu. En sevdiğindi, değil mi?"

"Hâlâ öyle."

Bana bir spor içeceği ve tereyağlı bir tabak tuzlu kraker getirip beni oturma odasına gönderdi. Onları yavaş yavaş yerken, zavallı Kody'nin üzerine kırıntı dökülüyordu ama emmeye o kadar dalmıştı ki ya fark etmedi ya da umursamıyordu.

RJ kahve kokusunun beni rahatsız etmediğini öğrendikten sonra kendine bir fincan kahve yaptı ve ardından kıpırdanarak karşımdaki kanepeye oturdu, gözleri Kody'den yüzüme, sonra tekrar aşağı baktı. Bence bu kadar endişeli olması çok hoştu. "Ona bir şey olmayacak. En kötü kısım geçti ve iyileşiyorum."

"Sana inanıyorum. Ben sadece yarı sertleşmiş halimle göğüslerinin benim oyuncağım olmadığı ve onların Kody için olduğu gerçeğiyle uzlaşmaya çalışıyorum. Kafamda bunu oturtmak zor bir şey."

Tekrar güldüm ve inledim. "Lütfen komiklik yapma, gülünce karnım çok ağrıyor."

"Üzgünüm. Bundan sonra ciddi olacağım." Telefonu titredi ve ekrana baktıktan sonra başparmağıyla mesaj yazmaya girişti.

"Sabahın altısında kim sana mesaj atıyor?" Ani bir mantıksız kıskançlık patlaması beni vurdu. Onu Kody ile tanıştırdığımdan beri neredeyse her gece buradaydı ve geçen gün sarmaş dolaş uyanmıştık. Elbette, mememe arzuyla bakıyor olabilirdi ama o bir erkekti ve erkeklerin memeleri olmadığı için elbette onlardan büyüleniyorlardı. Tıpkı kadınların penisten ve yaptığı tüm ilginç şeylerden büyülenmesi gibi.

"Annen. Bütün gece onunla mesajlaşıp durduk."

"Aman Tanrım. Ona hasta olduğumu mu söyledin?"

RJ telefonundan başını kaldırıp bana baktı. "Şey, evet, ona yalan söyleyemezdim. Seni uyandırıp telefona vermemi istedi ve bana bunu hiçbir kuvvet yaptıramazdı, ben de ona hasta olduğunu söyledim."

"Çılgına dönmüştür." Onu reddetmesine annemin nasıl tepki verdiğini hayal dahi edemezdim.

"Her annenin yapacağı gibi, senin sağlığın için endişelendi."

Ses tonu kelimelerinden daha çok şeyi ele veriyordu. "Yani sen de… ne? Ona saat başı bilgi vereceğini mi söyledin?"

"Birkaç saatte bir," diye mırıldandı.

Neredeyse gülmek istiyordum. Annemin bilgi almak için onunla pazarlık yaptığını hayal edebiliyordum. "Orada gecenin bir yarısı, neden hâlâ ayakta? Belki de telefonu bana vermelisin. Onu aramalıyım."

"Şu anda valiz hazırlıyor." RJ'nin yüzüne tuhaf bir ifade oturdu, biraz yüz buruşturma ve *ah, sıçtık* bakışı vardı.

"Valiz mi? Bir yere mi gidiyorlar?"

Ensesini ovuşturdu. "Ee, şey…"

Elbette bu, Kody'nin meme değiştirmek istediğine karar verdiği andı. Onu omzuma koyup sırtına vurdum, devam edip geçiş yapmadan önce geğirmesini bekledim.

Memeyi aldıktan ve göğsümden düzgünce içtiğinden emin olduktan sonra, dikkatimi yeniden RJ'e verdim. "Ee, şey, ne?"

"Aileni ziyarete gelmeleri için davet etmiş olabilirim."

Puflayıp elimi savurdum. "Annem asla uçağa binmez."

"Senin için binecek."

"Sen ciddi misin?" Tiz sesim Kody'yi ürkütünce onu susturup saçını okşadım, bu da kaygısını biraz hafifletmeye yardımcı oldu.

"Sadece kızını becermek isteyen bir pislik olmadığıma dair ona güvence vermek istedim. Bunu yapmanın en iyi yolunun onlara seni ve Kody'yi ne kadar önemsediğimi göstermek olduğunu düşündüm."

"Sen de onları buraya uçakla getirmeye karar verdin?"

"Evet."

"Nerede kalacaklar? Ayrı bir odam veya bir çekyatım bile yok."

"İstersen onlarda otelde yer ayırtabilirim ya da alternatif ayarlamalar yapabiliriz."

"Alternatif ayarlamalar?"

"Evimde bir sürü boş oda var. Hepiniz orada kalabilirsiniz. Eğer seni daha rahat hissettirecekse, ben otelde bile kalabilirim."

Annemi buraya gelmeye ikna edebilmesine inanamıyordum, hem de uçakla. Kalbim o tekleme hareketini bir kez daha yaptı ve bu kez bu duyguyu kontrol altında tutmaya çalışmak yerine yayılmasına izin verdim. Bu işi yapma konusunda ciddi olduğunu ifadesinde ve davranışlarında görebiliyordum. Öyle olmasaydı geceyi bizimle ilgilenerek geçirmez ya da aileme gelmelerini teklif etmezdi. Hayatıma, hayatımıza geri döndüğünden beri, ikimizi de içtenlikle istediğini defalarca kanıtlamıştı. Dün gece ne kadar kararlı olduğunun gerçek bir kanıtıydı. Yavaş yavaş yalanını unutturuyor ve yaptıklarıyla güvenimi kazanıyordu.

"Seni asla kendi evinden postalamam, bu aptalca. Annemle babamın bizi birlikte görmesi aslında harika olur."

"Bir aile gibi mi?" RJ çok umutlu görünüyordu.

Avcumla Kody'nin saçlarını okşarken başımla onayladım. "Dün gece bizimle ilgilendiğin için teşekkürler. Benim için çok şey ifade ediyor, RJ ve ailemi uçağa atlayıp buraya gelmeye ikna ettiğin için de teşekkürler. Ama seni uyarıyorum, idare edilmesi zor insanlardır."

"Bence anneni kafaladım."

"Evet, şey, ikisinin arasında kazanması kolay olan o." Ama onun bana ve Kody'ye ne kadar değer verdiğini -benim de ona ne kadar değer verdiğimi- gördüklerinde yola geleceklerini umuyordum. Onlarla yüzleşmeye istekli olması ve bizi bu noktaya getiren seçimler bana bilmem gereken her şeyi anlatıyordu.

YİRMİ DÖRDÜNCÜ BÖLÜM

Misafirler

Rook

Çıktığım bir kadının ebeveynleriyle tanışmayalı çok ama çok uzun zaman olmuştu. En son lisedeydim sanırım. Ve bu sıradan bir aileyle tanışma senaryosu değildi çünkü gerçek şuydu ki ben sıradan bir adam değildim. Şikago'da profesyonel bir hokey oyuncusu olmak, Vegas'ta Britney Spears olmaya benzerdi. Lainey ile ilk tanıştığımda kendimle ilgili çizdiğim basit imaj değildi ve bu yalan, ailesi için büyük bir sorun olacaktı. Bunu tamamen anlayabiliyordum.

Lainey, Kody'nin odasındaki her şeyi toplamak istiyor gibi görünüyordu, bu yüzden nihayet yatak odalarımdan birini çocuk odasına dönüştürdüğümü ve onun sadece temel şeylere ihtiyacı olduğunu itiraf etmek zorunda kaldım.

Lainey bir çantaya kıyafet ve pişik kremi doldurmayı bırakarak bana kuşkulu bir bakış attı. "Çocuk odası yapacak vakti ne ara buldun? Şu son birkaç haftadır evinden çok buradasın."

Ellerimi ceplerime soktum. "Bir sürü şey sipariş ettim ve boyacılarla dekoratörler geldi."

Yatağın kenarına oturdu, yine yorgun görünüyordu. "Bütün bunları senin yerine yapacak insanları tutabileceğin gerçeğine alışmak kolay değil."

"Seni yavaşça alıştırmak için çalışacağım. Bu arada, bununla benim ilgilenmeme izin verir misin? Aileni almamıza daha nereden baksan beş saat var. Dünün büyük bir bölümünü *Şeytan* filminden o sahneyi klozete yeniden canlandırarak geçirdin. Daha iyi hissediyor olabilirsin ama uzanıp iyileşmekten başka bir şey yapacak durumda değilsin."

"Kody'nin çantasını toplayalım. Sonra uzanırım."

Ona karşı çıkmak istiyordum ama onun da çantayı toplamadan rahatlayamayacağını görebiliyordum. Ve tek kelime etmeden bile onun gözetimi olmadan toplanma konusunda bana güvenmediğini anlıyordum.

Sallanan sandalyeye oturup ihtiyaç duyacağı her şeyi söylemesi için üsteledim. Neredeyse aynı şeylerin benim evimde zaten olduğunu söyleme zahmetine bile girmedim.

Birkaç dakika sonra eşyaları saymayı bıraktı. Baktığımda sandalyede içinin geçtiğini gördüm. Onu orada bırakıp çarşaflarını değiştirdikten sonra, dönüp onu yatak odasına geri götürdüm. Hepimiz yeterince uyuyamadığımız için, onun emzirme yastıklarından birini Kody'nin etrafını sarmak için kullandım ve oğlumu ortaya koydum, böylece her iki yanı destekli oldu ve üçümüz güzel, uzun bir şekerleme yaptık.

Lainey uyandığında, o Kody'yi emzirirken, ben de ağrı ve sızıları için ona Epsom tuzlarıyla dolu bir banyo hazırladım. Lainey yirmi dört saat öncesine göre çok daha iyi görünüyordu ve havaalanına gitmeye hazırdı.

Ben biraz dağılmış haldeydim, Lainey'in anne sütü püskürttüğü ve Kody'nin daha önce üzerine kustuğu gömlek hâlâ üzerimdeydi. Ayrıca tıraş olamamış ve duş almamıştım. En azından gömlekteki lekeleri kapatacak bir ceketim vardı ve şapkam da saçlarımı kapatıyordu.

Halihazırda bebek koltuğu takılı olan SUV'uma inip tüm çantaları yükledik. Havaalanına park ettim ve Lainey, deli gömleği gibi kangurusuyla Kody'yi vücuduma bağladı. Kendisi taşımak istemişti ama fazladan ağırlık ve çabanın onun için iyi olmayacağını düşünüyordum. Etrafıma metrelerce uzunluktaki kumaşı bu kadar çabuk sarmayı başarması etkileyiciydi.

Havaalanında uzun süre kalmayacak olmamızın bebek çantasını arabada bırakmamız gerektiği anlamına gelmediğini öğrenmiştim, bu yüzden onu da omuzladım. En azından küçük uçakları olan mavi bir şeydi, bu yüzden biraz erkeksiydi.

Otoparktan gelen yolcu alanına yürürken avuç içlerim terliyordu. Lainey elini elimin içine yerleştirip sıktı. "Ne kadar çabaladığını gördükleri an seni sevecekler."

"Umarım." Ben de onun elini sıktım. "Sana bir tekerlekli sandalye getireyim mi? Bunu yapabilecek kadar iyi hissediyor musun? Belki de arabada beklemeliydin."

"Ben iyiyim. Biraz yorgunum ama kendime gelirim."

Gelen yolcu kısmına geldiğimizde Lainey'i oturttum. Sonra en yakın havaalanı kafesini bulup ona bir şişe su, nane çayı ve beklerken biraz yesin diye tereyağlı simit aldım.

Yanındaki koltuğa oturup Kody'nin rahat etmesi için bacaklarını düzelttim. Kody de tekrar uyumayı başarmıştı. Lainey simidin yarısını yediği sırada ailesi geldi. Annesi ve babası ona sarılarak onu ne kadar özlediklerini ve burada olmaktan ne kadar mutlu olduklarını söylediler.

Bazen bu sevgi onun için boğucu olsa da tek bir sarılmalarından gerçekten ne kadar önemsediklerini görmüştüm. Ve bunu anlıyordum da, çünkü Lainey zaman zaman kırılganlık gösterebiliyordu, oysa aslında masumiyeti ve macera duygusu onu insanların sandığından daha güçlü ve dirençli yapan şeylerdi. Üstelik bu yeterince ikna edici değilse, o zaman Şikago'ya tek başına bebek büyütmek için gelmiş olması bunu göstermeliydi.

Kody'nin vücuduma bağlı olması bir kalkan görevi görüyordu.

"Ah! Tam bir tablo değil mi? Bu yakışıklılık neredeyse baş edilemeyecek gibi!" Lainey'in annesi bir eliyle Kody'nin yanağını çimdiklerken diğer eliyle benim yanağıma hafifçe pat pat vurdu. "Sen de kötü görünmüyorsun."

Babası annesinin arkasında duruyordu, ağzı sert bir çizgi halindeydi. En azından bakışları bendeyken, sonra gözleri Kody'ye kayınca resmen parıldadı. Lainey, Kody'yi vücudumdan çözüp babasına verdi. Ama henüz çok uzun tutmasına fırsat olmadan annesi gelip onu çaldı.

Babasının elini sıktım ve kendimi tanıttım, temkinli ifadesine ve çok sıkı tutuşuna hiç şaşırmadım.

"Uçuş nasıldı?" Ellerindeki iki valizi de aldım ve otoparka doğru yürümeye başladık.

"Şey, gayet iyiydi. Doktorum bana anksiyeteme iyi gelecek bir şey verdi ve sihir gibi işe yaradı! O kadar da gerilmedim ve uçuşun çoğunda uyudum, çünkü koltuklar çok rahattı. Ve bize harika bir kahvaltı ikram ettiler. Uçmanın böyle olduğunu bilsem, çok daha öncesinde uçağa binerdim!"

"Birinci sınıfta uçtuk, Elaine. Çoğu insan için o kadar hoş olmuyor," dedi Lainey'in babası Simon.

"Peki, o zaman gelmenin tek yolu birinci sınıf uçmak, değil mi?"

Lainey ve annesi arka koltuğa oturdular. Annesi onun üzerine titriyordu, ne kadar solgun göründüğünü söyledi ve kendine bakıp bakmadığını sordu. Bu arada ben de Simon ile bir sohbet başlatmaya çalışıyordum. Bu resmen uyuşturmadan, paslı bir pense ile diş çekmek gibiydi.

Ona çiftliğini sorunca, homurdanmalardan biraz fazlasını alabildim. Yüzleşmenin yaklaştığını hissedebiliyordum.

Evime vardığımızda sinirlerim birkaç kademe daha gerilmişti. Lainey de sık sık böyle mi hissediyordu acaba. Eğer böyleyse, ona daha da hayran kalırdım çünkü bu kadar gerilmek insanı tüketiyordu.

Evim gösterişli değil ama büyüktü. Lainey'in aile evinin resimlerini görmüştüm ve ortalamadan daha büyük olsa da -tüm kardeşleri için gerekli olmuştur- geleneksel bir çiftlik eviydi.

"Ah, vay canına! Bu... büyük bir ev. Sadece sen mi kalıyorsun?" diye sordu Elaine, onlara oturma odasının gezdirirken.

"Şimdilik, evet. Los Angeles'ta yaşayan bir abim var ve tatillerde sık sık karısı ve oğluyla ziyarete gelirler. Annemle kız kardeşim de gelecekler."

"Burada insan kaybolur!" Elaine'in şaka yapıp yapmadığından emin değildim.

Duvara yaslanmış duran Lainey'e döndüm. Dudaklarımı alnına bastırdım. Dünkü gibi sıcak değildi ama yirmi dört saatten daha kısa bir süre önce içi dışına çıkan biri için çok hareketli bir sabahtı. "Uzanman gerek, enerjin kalmamıştır."

"Belki birazcık." Bana minnetle gülümsedi.

"Hadi size odalarınızı göstereyim, böylece yerleşebilirsiniz?"

Her iki valizi de ikinci kata taşıdım ve Kody'yi Elaine'den alarak Lainey'in annesiyle babasını misafir odalarından birine götürdüm. Çantalarını boşaltmaları için onları baş başa bıraktık. Kody'yi kalçama yasladıktan sonra Lainey'i elinden tutup koridorda daha da ileriye götürdüm. "Sana bir şey göstereceğim."

"Tamam."

Soldan ikinci kapıyı açıp ışığı yaktım. Lainey elini ağzına kapattı, gözleri kocaman açılmıştı. "Ah, RJ, bu... muhteşem."

Çocuk odası hokey temasıyla dekore edilmişti çünkü, şey, bu benim hayatımdı. Beşik, Alex ve Violet'ten aldığım bir fikirle hokey pisti gibi görünecek şekilde tasarlanmıştı ve nevresimde takımımızın logosu vardı.

Kody'yi yeni beşiğine koydum. Başucunda asılı bebek dönencesine dokunmak ister gibi ellerini uzattı. "Kody'yi erken yaşta hokeyle tanıştırmanın iyi olacağını düşündüm. Belki benim gibi o da sever. Ama sana daha çok benzeyebileceği de aklıma geldi, o yüzden ikimizden de izler yerleştireyim dedim." Deniz canlıları dönencesini çalıştırdım ve Kodiak Adası'nın duvar resmini gösterdim. Boya değildi, çıkartma olarak yapılmıştı, yani istediğimiz zaman değiştirebilirdik.

Lainey odanın içinde dolaştı. Emzirme koltuğuna oturup birkaç kez ileri geri sallandıktan sonra, şifonyere ve alt değiştirme masasına geçti. Sonunda geri gelip önümde durduğunda, gözleri akıtmadığı gözyaşlarıyla parlıyordu.

"Onu senden almak için yapmadım bunu, Lainey… anlıyorsun, değil mi? Bunu yaptım çünkü ikinizi de önemsediğimi görmeni istedim ve onu büyütürken bunun bir parçası olmak istiyorum. Birlikte ya da ayrı, o hep ikimizin olacak."

Biraz hüzünlü biraz özlem dolu bir şekilde gülümsedi. "Haklıydın, biliyor musun?"

"Hangi konuda?"

"Sen tam olarak olduğunu düşündüğüm adamsın."

"Bu iyi bir şey mi, kötü bir şey mi?"

"İyi. İyi bir şey." Kollarını belime dolayıp yanağını göğsüme yasladı.

Onu tamamen sarıldım, burada olduğu ve yanlışımı gerçekten düzeltmek istediğimi anlayıp inandığı için rahatlamıştım. "Bazı büyük hatalar yaptım Lainey, ama hatalarımı telafi etmek için elimden geleni yapıyorum."

"Harika bir iş çıkarıyorsun." Lainey geri çekilip çenesini kaldırdı. Avucunu yanağıma bastırdı ve yumuşak bir şekilde gülümsedi. "Başta gerçeği söylemekten neden kaçındığını şimdi daha iyi anlıyorum."

"Fırsatını bulduğumda sana söylemediğim için hâlâ üzgünüm." Onlarla geçirebileceğim bunca zamanı kaçırmış olmam, gerçekten atlatabileceğimden emin olmadığım bir cezaydı.

"Üzgün olduğunu biliyorum ama birlikte daha çok zaman geçirdikçe, bana anlatmanın zorlaşmasını da anlıyorum. Ve sana dürüst olacağım, o zamanlar tanıdığın versiyonum tüm bunlarla nasıl başa çıkardı onu da bilmiyorum, çünkü çok şey değişti." Titrek bir nefes verdi. "Sana Kody'yi hemen söylemediğim için de özür dilerim."

"Beklemeni anlıyorum. Seni gerçekle hazırlıksız yakaladım."

"Ve tüm hayatımı değiştirme potansiyeline sahip olduğunu söylemen de şaşırttı. O zaman bunun iyi mi yoksa kötü mü olacağından emin değildim, bu yüzden ben tüm bunları çözerken bana karşı sabırlı olduğun için teşekkür ederim."

"Bana bir yıl önceki aynı adam olduğumu kanıtlama şansı verdiğin için teşekkürler." Dudaklarımı şakağına bastırarak ona sarıldım, bu ikinci şansa minnettardım.

Kody beşiğinde mutlu göründüğü için –şimdilik– ben Lainey'e çocuk odasındaki banyoyu gösterirken onu orada bıraktık. Diğer tarafta bir yatak odasına açılan başka bir kapı vardı, yani üç oda da bağlantılıydı.

"İstersen burada kalabilirsin." Lainey'i vermeye hazır olduğundan fazlasına zorlamak istemiyordum.

Lainey başıyla onaylarken dudağını ısırdı. "Senin odan nerede?"

"Aslında ben de dolaptan Kody'nin odasına bağlantılıyım." İlk başta anlamadığım bir tasarımdı. Ama daha sonra, Lainey'in kalmasını planladığım misafir odasının aslında bir dadı odası olduğunu fark etmiştim. Lainey'i Kody için yeni giysilerle dolu gömme dolaptan diğer taraftaki kapıya götürdüm, bu da bizi yatak odama çıkardı.

Alaska'daki kulübenin tıpatıp aynısı olan yatağa doğru ilerledi. Yorgan bile aynıydı. Elini ayakucundaki basamağın kenarında gezdirdi. "Peki ya… onun yerine burada kalmak istersem?"

"Eğer istediğin buysa, ben diğer odaya geçebilirim."

Dönüp omzunun üzerinden baktı, dudağını dişliyor, utangaç ve gergin görünüyordu. "Hayır. Demek istediğim, ya burada seninle kalmak istersem?"

Aramızdaki boşluğu aşıp onu kollarıma aldım. "Bir yıldan uzun süredir seni her gün özledim. Şampuanının kokusunu, kollarımda olman hissini, sesinin tonunu, teninin yumuşaklığını ve burada benimle kalırsan babanın beni öldürme ihtimali olsa da bu riski almaya hazırım."

Lainey kıkırdadı. "Ben yirmi altı yaşında bir kadınım, ve bir anneyim. Sanırım hepimiz onun öyleymiş gibi davrandığı masum küçük kız olmadığımı biliyoruz. Ve sen bana yakınken kalbimde hissettiklerimi özledim, bu yüzden lütfen bu sefer kalbime dikkatli davran."

Lainey'in hâlâ biraz grip olduğu gerçeğine rağmen, başını geriye atıp bakışlarını ağzıma sabitlediğinde, onu öpme niyetiyle öne eğildim.

Başını birkaç santim çevirdi, haliyle ağzının kenarına dokundum. "Seni hasta etmek istemiyorum."

"Bağışıklık sistemim hazırlıklı. Bir şişe C vitamini yutarım, gerekirse el dezenfektanını da kafaya dikerim."

Onu doğru düzgün öpmek için bir hamle yapamadan Kody yüksek perdeden bir çığlık kopardı.

Öz oğlum tarafından engellenmiştim resmen. "Ben onu alırım, sen uzan."

"Annemle babam ne olacak?"

"Onlarla ben ilgilenirim. Senin dinlenmen lazım, onlar da Kody'yle vakit geçirmek isterler." Kody'nin odasına giderken pantolonumun önünü düzelttim. Lainey'in biraz kafasını dinlemesi için kapıyı arkamdan kapattım ve babasıyla aynı anda çocuk odasına girdik. Beşiğe benden önce vardı ve Kody'yi aldı. "Lainey nerede?"

"Uyuyor. Grip onu epey hırpaladı."

Başıyla onayladı ve odaya göz gezdirdi. "Bu, ee... bir bebek için pahalı görünen bir oda."

Kody hâlâ ağlıyordu. Yüksek sesli değildi ama hâlâ bağırıyordu. Onu almak istiyordum ama dedesini onu yatıştırma fırsatından da mahrum etmek istemedim. Kesinlikle kolay çözüm bulunan bir durum değildi. "Belki de Kody'yi alt kata götürsek iyi olur. Lainey'i rahatsız etmek istemiyorum."

Simon peşimden alt kata indi. Kody'nin farklı çığlıklarının ne anlama geldiğini Lainey'in yaptığı gibi tamamen anlamıyordum ama yüzünü Simon'ın omzuna vuruşundan muhtemelen aç olduğunu anlayabildim. Bebek çantasını karıştırıp ayrı soğutucu bölmede paketlenmiş biberonlardan birini buldum ve yedek biberonu da buzdolabına koydum.

Simon kaşlarını çattı. "Lainey emziriyor sanıyordum."

"Emziriyor ama Kody kreşteyken içebilsin diye sütünü sağıyor. Ayrıca böylece Kody'yi doyurma işini ben de yapıyorum. Lainey de ihtiyacı olduğunda rahat nefes alabiliyor."

Biberonu ona teklif ettim ama başını iki yana salladı. "Bunu gerçekten yapamam."

"Denemekten zarar gelmez, değil mi?"

Kısa bir bakış attıktan sonra, onu besleyebilmesi için Kody'yi nasıl tutacağını göstermeme izin verdi. Sorunsuz bir şekilde biberonu aldığında biraz rahatsız oldum çünkü Simon'a sadece banka hesabım ve sperm bağışımdan daha fazlası olduğumu göstermek için bir fırsat arıyordum.

"Lainey'in tekrar çalışmaya başladığına inanamıyorum. Kody'yi kreşteki bir bakıcının değil onun büyütmesi lazım." Kody'yi tutuşunu düzeltip bana anlamlı bir bakış attı.

Göz temasını bozmadım, bakışlarını kaçırmanın bir ayıyla karşı karşıyayken geri adım atmak gibi olacağının farkındaydım. "İşini seviyor." En azından edindiğim izlenim buydu. İstemese, neden ülke çapında dolaşıp böyle bir pozisyonu kabul edeceğini anlamıyordum. Ya da belki de tek seçeneğin bu olduğunu düşünmüştü.

"Washington'a dönseydi, evde oturabilirdi ve desteğimizden faydalanırdı. Çalışmasına gerek kalmazdı." Gözlerini pahalı elektronik eşyalar, deri mobilyalar ve hokey temalı sanat eserleri üzerinde gezdirerek oturma odasını taradı ve tekrar soğuk ve suçlayıcı bir şekilde bana odaklandı. "Seni biraz araştırdım, evlat. İkisini de geçindirmeye yetecek paradan fazlasını kazanıyorsun belli ki, o zaman neden bunu yapmıyorsun?"

Bu konuşmanın eli kulağında olduğunu biliyordum ve kendimi buna hazırlamaya çalışmıştım ama şimdiye kadar kızgın bir babanın gazabını tam olarak anladığımdan emin değildim. "Daha yeni tanışıyoruz ve kızınız hakkında bir şey biliyorsam, o da kendisiyle ilgileniliyormuş veya kontrolü dışındaki durumlara zorlanmış gibi hissetmekten pek hoşlanmıyor. Bu yüzden kendimi Kody'yi büyütmeye dahil etmek için elimden gelen ve onun izin vereceği her şeyi yapıyorum." Ellerimi iki yanımda tutmaya ve gerginliğimi belli edecek şekilde ceplerime sokuşturmamaya çabalıyordum.

Simon hemen cevap vermedi. Düşünüyor, sindiriyor, belki de ne kadar içten davrandığımı anlamaya çalışıyordu. "Kızım hakkında niyetin nedir?"

Hakkını vermeliydim. Korumacı bir babanın yapacağı gibi benimle doğrudan yüzleşiyordu. Simon evdeyken "Lainey'in benimle aynı odada kalması" meselesinden şüpheye düştüm. Adam bir mandıra çiftçisiydi. Hayvanları yere seriyordu, yani silah kullanmayı biliyordu. Bu gerçekten rahatlatıcı bir düşünce değildi. "Efendim, Lainey'in bana izin verdiği ölçüde o ve Kody'yle ilgilenmek niyetindeyim. Lainey'in hamileliğini ve Kody'nin hayatının ilk birkaç ayını zaten kaçırdım, onlarla geçirebileceğim zamandan daha fazla kaçırmak istemiyorum."

Etkilenmemiş bir şekilde tek kaşını kaldırdı. "Ancak ne kadar çok seyahat etmen gerektiği düşünülürse yine de çok zamanı kaçıracaksın. Kariyerin aile hayatı için pek elverişli değil."

"Evlenip mutlu aile hayatı yaşayan pek çok takım arkadaşım var."

Kaşlarını çattı, hâlâ bana odaklanmış gözleri kısıldı. "Bu da planının bir parçası mı? Kızımla evlenmek?"

Hissettiklerim bir uçurumun kenarında durup aşağı itilmeyi beklemek gibiydi. Korkunç bir endişeyle yutkundum. "Eğer size yüzde yüz dürüst olmam gerekirse ve Lainey'in de bunu istediği bir noktaya gelirsek, o zaman evet, eninde sonunda sizin de izninizle Lainey'e evlenme teklif etmek istiyorum."

"Peki onun bunu istediği bir noktaya gelemezseniz, o zaman ne olacak?"

Bu sorulardan hoşlanmamıştım çünkü çoktan beni yiyip bitiren korkuları gündeme getiriyordu. "Ne sorduğunuzu anladığımdan emin değilim."

"Ya Lainey başkasını bulursa? Ya Washington'a geri dönmek ister ve orada kendisi için daha iyi biriyle tanışırsa? Bununla nasıl başa çıkacaksın?"

Bir nefes vererek ensemi ovuşturdum, sadece bundan söz edilmesi bile -ya da onun için benden daha iyi birinin olduğu fikri- karnıma sancı saplanmasına neden oldu. "Gerçekten mi? Yıkılırım. Efendim, ben kızınıza âşık oldum ve son bir yılı, o ve ilişkimiz konusunda farklı seçimler yapmış olmayı dileyerek geçirdim. Ama eğer benim onun için doğru kişi olmadığıma karar verir ve başkasıyla tanışırsa, mutluluğuna engel olmam ve Kody'yi ikimizin de onu sevdiğini bilmesini sağlayacak şekilde yetiştirmenin bir yolunu buluruz. Bu olana ya da Lainey bana aramızdakini yürütmekle ilgilenmediğini söyleyene kadar, onun kalbini tekrar kazanmak için gücüm dahilindeki her şeyi yapacağım."

Biraz gevşemiş gibi görünüyordu ama yüzü hâlâ taştan bir maske gibiydi. "Bunun olmasını istiyorsan, ona para savurmaktan daha fazlasını yapman gerekecek."

"Farkındayım, efendim. Para kesinlikle birçok yönden işleri kolaylaştırabilir ancak zaman ve sevginin yerine geçemez.

Kariyerim her zaman onlarla birlikte olamayacağım anlamına gelse de Lainey ve Kody'ye elimden geldiğince fazlasını vermeyi planlıyorum."

Başıyla onayladı ama duruşu hâlâ temkinliydi. "Umarım bunda ciddisindir çünkü Lainey'i hiç o yolculuktan döndüğündeki kadar perişan görmemiştim ve aynı şeyi bir daha yaşamasını asla istemiyorum. Pek çok yönden güçlü olabilir ama yumuşak bir kalbi var. Senin ya da başka birinin onu ezip geçmesini izlemeyeceğim, önüme ne kadar para ve gösteriş savurduğun umurumda değil."

"Çekincelerinizi anlıyorum ve Lainey'i koruma isteğinize saygı duyuyorum ama onunla vakit geçirip kızınıza –ve oğlumuza– sırılsıklam âşık olduğumu kendi gözlerinizle görmeniz için gelmenizi istedim."

YİRMİ BEŞİNCİ BÖLÜM

Hokey Kabul Töreni

Rook

Lainey'in yakın zamanda geçirdiği grip ve ailesinin ziyareti için, akvaryum ona haftanın geri kalanında izin vermişti. Buz üzerinde geçirdiğim zaman ve antrenman dışında, sahip olduğum her boş anı Lainey, Kody ve ailesiyle geçirdim.

Lainey'in ne kadar inanılmaz derecede yetkin ve bağımsız hale geldiğini, belki daha önce görmedikleri bir şekilde görmüşlerdi. Ayrıca aşırı korumacılığı kendi gözlerimle görmüş oldum ve Lainey'in neden Şikago'ya geldiğini daha iyi anladım.

Lainey kendine geldiği zaman, ben seyahate çıktığımda Lainey'in destek alacağını annesiyle babasının görmesini sağlamanın iyi bir yolunun takım arkadaşlarımı ve ailelerini bir akşam yemeğine davet etmek olduğuna karar verdim. Teoride harika bir fikir gibi görünüyordu, gerçek biraz farklı oldu.

Şu anda mutfak ile oturma odası arasında durmuş, yaklaşık üç yüz elli metrekarelik yaşam alanının birdenbire nasıl sıkışık hissettirdiğini anlamaya çalışıyordum. Oturma odası, dinlenebileceğimiz bir yerden çok, yağmalanmış bir oyuncakçı dükkanına benziyordu.

Eşlerden bazıları ve Lainey, evin içinde dolaşamayacak kadar küçük çocukları ve bebekleri kuşatmak için geniş bir dizi ayarlanabilir bebek kapıları ve çitlerle çevrili alanda bir daire içinde oturuyorlardı. Bebek hapishanesinin dostça bir versiyonuydu.

Merdivenlerden düşme veya ağızlarına tehlikeli nesneler koyma riski daha az olan daha büyükler, Alex ve Miller ile arka bahçedeydi. Tabii ki hokey oynuyorlardı.

Lainey'in annesi mutfakta, Lance ve Randy'ye emirler yağdırıyordu, o ikisi de önlük takmış ve onun talimatlarını yerine getirmekten başka bir şey yapamayacak kadar korkmuş ya da kafası karışmış görünüyordu. Lainey'in mutfaktaki patronluğunu nereden aldığını anlamıştım.

Violet, bebeklerin bulunduğu kordonla çevrili alanın hemen dışında durmuş, Simon ve eşlerle hararetli bir şekilde konuşuyordu. Bu iyi ya da kötü bir şey olabilirdi çünkü Violet'in aklından geçirdiği hemen hemen her şey ağzından filtresiz olarak çıkardı.

Kody yuvarlanmayı öğrenmişti ancak yalnızca bir yöne gidebiliyordu, bu yüzden Violet ve Simon'ın ayaklarının yanındaki kapının bariyerine çarpana kadar zeminde topaç gibi yuvarlandı.

Tezgâhtan portakal suyu ve gazlı beyaz üzüm suyundan oluşan alkolsüz bir mimoza ve buzdolabından bir şişe bira alıp onlara doğru ilerledim.

"Alex, dünyaya geldiği anda Robbie'ye o kadar âşık olmuştu ki." Violet'in gözleri kocaman açıldı ve eğildi. "Yani, bebeklerin hepsi biraz tuhaf görünür, değil mi? En azından ilk başta. Robbie bir uzaylı gibi görünüyordu. Kafası lanet olası bir koni şeklindeydi ve çılgınca şişkin gözleri vardı. Lanet olası vajinamı mahvetmek için beklerken yeşil iblisin her türünü tüttürmüş gibi görünüyordu." Karnını okşadı. "Umarım bu, kanaldan aşağı indiğinde E.T.'nin* uzak bir akrabasından çok normal bir insana benzer."

Simon'ın şoke olmasını bekliyordum ama bunun yerine başını geriye atıp kahkaha attı. "İlki her zaman en tuhaf görünendir. Bundan sonra biraz daha az ezilmiş görünmeye başlıyorlar." Eğilip sesini alçalttı. "Lainey en başından beri mükemmel görünüyordu. Lainey'den sonra başka çocuğumuz olmayacağını biliyorduk, bu yüzden Elaine ebeden işleri biraz düzeltmesini istedi." Belinin altına doğru işaret etti.

"Aman Tanrım, baba! Sen ciddi misin?" Lainey dehşete düşmüş gibiydi.

Simon'ı savunmak gerekirse, son üç saattir insanlar ona durmadan bira veriyorlardı ve ben de ona bir tane daha ikram etmek üzereydim.

Violet bu tartışmadan hiç rahatsız görünmüyordu. "İşe yaradı mı? Alex şunun yüzünden bir hokey takımı oluşturmamızı istiyor." Violet, aynı zamanda Alex'in küçük kız kardeşi olan Sunny'yi omzunun üstünden işaret etti. "Ona en fazla üç tane doğuracağımı söyledim çünkü o noktadan sonra sanırım hapşırınca hemen kayıyorlar, anlıyor musun?"

Simon güldü. "Tekrar sanki yeni evliymişiz gibiydi."

İşte bu, müstakbel kayınpederim ve kayınvalidem hakkında ihtiyaç duyduğumdan çok daha fazla bilgiydi. "Kadehini doldurmak isteyen?" diye sordum, sesim ergenliğe girmeye başlayan bir delikanlı gibi çıkmıştı.

Simon ve Violet hafifçe irkildiler, muhtemelen benim cırtlak sesim yüzündendi. Violet bardağı elimden alıp iki büyük yudumda bitirdi. "Sürekli susuyorum ama bu çocuk mesanemi tramplen gibi kullanmaya çalışıyor." Violet, Simon'ın omzuna hafifçe vurup ardından belinin altını işaret etti. Simon'a hakkını

* E.T. (özgün adı: E.T. the Extra-Terrestrial), 1982 yapımı bilimkurgu filmi. (e.n.)

vermek lazımdı, gözlerini onun yüzünde tuttu. "Kadınlık organlarımın kalıcı olarak mahvolmayacağına dair güvence verdiğin için teşekkürler ama bu hikâyeyi Alex ile paylaşmazsan bu harika olur. Altı çocuğum olmasına rağmen bir beden küçük olabileceğimi bilmemesini tercih ederim." Violet ana kattaki banyoya doğru paytak paytak ilerledi.

"Çok eğlenceli bir kadın, değil mi?" Simon şişeyi kafasına dikip bir yudum aldı.

"Kesinlikle eğlenceli olabilir. Hemen hemen her zaman aklından geçenleri harfi harfine söyler." Kody kapılı bariyere çarptı ama Lainey onu tekrar çemberin merkezine götürmeye çalıştığında sinirli bir şekilde ciyaklayıp bana uzandı.

"Benimle ve dedenle takılmak ister misin, küçük adam?" Onu Lainey'den aldım ve havaya kaldırıp karnına yüzümü sürttüm. Yüksek sesle kıkırdadı ve kollarıyla bacaklarını savurdu. Arka uçtan başka sevimli bir ses geldi.

Lainey saate baktı. "Onu birazdan emzirmem gerek, yoksa huysuzlanmaya başlayacak."

"Ben ona biberon versem, sen de gerçek mimoza içip kızlarla vaktinin tadını çıkarsan nasıl olur?" diye önerdim.

"Emin misin?"

"Kesinlikle." Yanağından öptükten sonra ona bir mimoza getirdim ve Kody'yi besleyebilmek için buzdolabındaki biberonlardan birini ısıttım. İlk başta ona biberon vermeye çalıştığımda direnirdi ama şimdi alışmıştı. Lainey'in hasta olması onun için pek iyi olmasa da Kody'nin benden biberonu kolayca almasına yardımcı olmuştu. Uzun koltuklardan birine rahatça yerleştim ve Kody de rahatlayıp yüksek sesle emmeye koyuldu.

Simon yanımdaki koltuğa oturdu.

"Biliyor musun, Lainey aklından geçenleri hiç söylemezdi, ta ki geçen yaza kadar. Ve söylemeliyim, başta alışması zor olsa da bence bu iyi bir değişiklik oldu." Simon koltuğunun kolçağına vurup oturma odasına bir göz attı. "Arkadaşların senin nasıl bir insan olduğun konusunda bana bir sürü şey anlattı, RJ."

"Onlar ikinci ailem gibidir. Lainey hiç yalnız kalmayacak. Ben seyahate çıkmak zorunda kalsam bile, etrafında güvenebileceği insanlar olacak."

Simon başıyla onayladı, dikkati mutfakta Randy'nin sakalından saç bonesini çıkarmasına yardım etmeye çalışan Elaine'den –Randy'nin daha başta onu takmasına izin vermesi bir mucizeydi– Lainey'ye ve sırayla bebekleri gıdıklarken birbirleriyle gülen eşlere kaydı. "Bunu görebiliyorum ve ona alan ve bağımsızlık vermek ne kadar zor olursa olsun, belli ki ona iyi geliyor. Sen ona iyi geliyorsun." Bunu neredeyse isteksizce ama sonunda onu kazandığımı söyleyen bir gülümsemeyle söylemişti.

"O ve Kody başıma gelen en iyi şey."

***

Akşam yemeği partisi benimle Simon için bir dönüm noktası olmuş gibiydi. Ondan sonra gevşeyip gardını indirmişti. Beyzboldan ve çiftçilikten konuştuk, bir öğleden sonra Lainey ve annesi spada birlikte pedikür yaptırırken Simon ile Kody'yi stadyuma götürdüm.

Lainey'in ailesinin eve dönüş uçağından iki gün önce Elaine, Lainey ile benim bir randevuya çıkmamız gerektiğini söyledi. "İkinizin Kody'yle bu kadar ilgileniyor olması harika ama biz nineyle dedeye torunumuzla bir gece verin ve keyfinize bakın. Lainey'i hoş bir akşam yemeğine çıkar ve sinemaya gidin."

"Emin misin? Kody saat yedi civarı huysuzlanabiliyor ve bazen bir saat ağlıyor."

Elaine, Lainey'e bir bakış attı. "Ben sekiz çocuk büyüttüm. Ağlama sesine bağışıklık geliştirdim sayılır. Gidip eğlenin, birbirinizle takılmanın tadını çıkarın."

Bir araya geldiğimizden beri Simon biraz rahatlamıştı, bu yüzden kendimi daha az bıçak sırtında hissediyordum.

Hayranlar tarafından rahatsız edilmeyeceğim en sevdiğim seçkin restoranlardan birinde rezervasyon yaptırdım.

Şimdiye kadarki en büyük zorluklardan biri, kesintisiz yetişkin olmak için zaman bulmaktı. Bu yüzden sunulan fırsatı değerlendirdik. Ben siyah pantolon ve gömlek giyip bir kravat takarken, Lainey de ebeveynlerine olası alışılmadık senaryoların bir listesi de dahil olmak üzere Kody'nin her ihtiyacının ve isteğinin bir özetini verdi. Ta ki Elaine elini kaldırıp ona bebek torunuyla bir geceyi halledebileceğini ve dönmeye acele etmemesini söyleyene kadar.

Ve bunun ardından bizi kapıdan kışkışladı.

Benim evimde giyecek resmi bir şeyi olmadığı için akşam yemeğine uygun kıyafetlerini giyebilsin diye Lainey'in evine uğradık. Ben beklerken, emzirme ile alkol pek iyi gitmediği için seçenek olmadığı için özür dileyerek bana evdeki tek içki olan beyaz şaraptan bir kadeh ikram etti.

"Özür dilenecek bir şey yok. Ben seninle vakit geçirebilmekten mutluyum, şarap koleksiyonun umurumda değil."

Koridordan yatak odasına doğru gözden kayboldu. Peşinden gitmek istiyordum. Ailesiyle geçirdiğim zaman iyiydi ama kendimi liseye dönmüş gibi hissetmiştim. Bunun dışında, mahremiyet için gerçekten hiç fırsat olmamıştı ve herkes yatağına yattığında ikimiz de bitkin düşmüş oluyorduk.

Bu yüzden Lainey dar siyah bir elbiseyle koridorda belirip fermuarını çekmeye yardım edip edemeyeceğimi sorduğunda, kafamdaki tüm kan karnımın altındaki bölgeye hücum etti. Akşam yemeği boyunca azgın, potansiyel olarak utanç verici bir ereksiyonla oturmak zorunda kalma olasılığı pek çekici değildi. Ve onu o elbiseden çıkarıp her santimine tapınmak, kafamda dönen tek düşünce haline geldi.

"Rook?" Lainey birkaç kez parmaklarını şaklattı.

"Hımm?" Adımı hiç söylemezdi, muhtemelen bir şeyleri kaçırmıştım.

"Boş ver. Gidip başka bir şey giyeceğim."

"Bekle. Ne? Hayır. Üstünü değiştirmeni istemiyorum. Çok etkileyici görünüyorsun."

İç çekip güvensiz bir şekilde elini karnının üstünden geçirdi. "Vücudum değişti."

"Benim gördüğüm tek değişiklik yukarıda." Göğsüne dokundum. "Ve bundan şikâyet etmeyeceğimden dibine kadar eminim."

"Artık emzirmediğimde ve bunlar sönmüş balonlara benzediğinde edebilirsin ama."

Emzirme koltuğundan kalktım -saçma bir şekilde konforluydu ve oturmak çok rahatlatıcıydı- ve durduğu yere ilerledim. "Kendini bu kadar küçümsediğin yeter. Sen muhteşemsin. Nokta. Vücudum yalan söylemez." Pantolonumun darlaşan ön kısmını işaret ettim.

Lainey'in gözleri aşağı indi ve o çok özlediğim kızarıklık yanaklarını renklendirdi. Başını eğdi. "Beni bir süredir çıplak görmedin. Bunun altındaki hiçbir şey aynı değil."

"Bu bir davet mi, meydan okuma mı, yoksa gerçeğin ilanı mı?"

Avuçlarını göğsüme dayadı ve bir an için beni uzak tuttuğunu düşündüm ama sonra, "Üçü de olamaz mı?" dedi.

"Daveti ve meydan okumayı kabul ediyorum ama gerçeğin ilanı olduğunu sanmıyorum. Belki de sen kendini benden farklı görüyorsundur." Saçını omuzlarının üzerinden geriye ittim, ona iyice yaklaşırken hafif titremesinin ve nefesinin kesilmesinin keyfini çıkardım.

"Memeler gözünü kör etti."

"Fazlasıyla inanılmazlar." Bir elimi yan tarafında gezdirdim. "Ama geri kalanın da aynı şekilde."

Bana doğru bir adım atıp başını kaldırdı. Bundan daha fazla teşvike ihtiyacım yoktu. Geçen birkaç hafta boyunca onu yanağından defalarca öpmüştüm ama bu aynı şey değildi. Bu defa, Alaska'da vedalaştığımızdan beri onu ilk kez öpecektim - *onu gerçekten öpecektim.*

Çenesinin kenarını okşadım ve başparmağımı altdudağının üstünde gezdirdim, beklentinin tadını çıkardıktan sonra başımı eğip dudaklarımı dudaklarına sürttüm. Yumuşak iniltisi ve tırnaklarının enseme batışıyla milyonlarca hatıra sel gibi zihnime doluştu. Ve daha fazlasına dönüşme vaadi olan diğer öpücükler gibi –ve hatta olmayanlar gibi de– tatlı başladı. Tadı aynıydı, hissettirdikleri aynıydı - ama daha iyiydi. *Benimmiş* gibi, *ev* gibi, *aşk* gibi hissettiriyordu.

Tatlı sevimli bir engelleyici olan Kody'nin burada olmadığının -burada yalnız, yapayalnız olduğumuzun- oldukça farkındaydım ve beni delirten tüm bu gerilim doğruca pantolonumda birikiyor gibiydi.

Lainey kalçasını benimkine bastırıp yumuşak bir şekilde inledi. Parmakları saçıma dolanıp çekti ve dili dışarı çıkarak dilime dolandı. İki veya üç kadifemsi okşama, hızla sevişmeye dönüştü. Ekstazi almış ve birbirine doyamayan ergenler gibiydik.

Lainey gömleğimi çekip kumaş pantolonumdan çıkardı, elleri yukarı ve aşağı kayarak sırtımda gezindi. Sonra kemer tokamı çekiştirerek kemerimi çözdü.

Öpüşmeyi bıraktım, donup kaldı. Parmaklarını pantolonumun belinden içeri sokup, delicesine sert ereksiyonuma yaklaştırdı. Nefes nefese birkaç saniye birbirimize baktık.

"Yatak odası?" diye sordum.

"Yer, kanepe, mutfak tezgâhı. Gerçekten umurumda değil."

Onu kaldırıp bacaklarını belime doladım ve öpüşmeye devam ettik. Yatak odasına gittiğimizde biraz sabredebildiğimi söylemek isterdim ama bu yalan olurdu. Onu yatağın kenarına bıraktım ve geriye doğru kayarken ben de onu takip ettim.

Lainey'in eteği yukarı sıyrılınca altındaki saten dantelli külot ortaya çıktı. Onu dişlerimle çıkarmak istiyordum. Vitesi 4 milyondan 2 veya 3'e kadar yavaşlatmamızı sağlayabildiğimde, bu da benim ana planımın bir parçası olacaktı.

Lainey pantolonumun düğmeleriyle uğraşırken ben kravatımı gevşetip özensizce başımın üzerinden geçirdim. Gömleğimin ilk birkaç düğmesini açtım ve o da fermuarı aşağı çekti, metalik titreşim aletimin seğirmesine neden oldu.

Lainey boxerıma uzanıp muhteşem, yumuşak elini penisimin etrafına sardığında ve beni serbest bıraktığında hiç oyalanmadı. Daha bir kez bile okşamadan eğilip dudaklarını başının çevresine sararak nazikçe emmeye başladı.

İnleyerek birkaç pis küfür savurdum, bu onun aletimin etrafında hem kızarmasına hem de gülümsemesine neden oldu. Sonra eliyle ve ağzıyla okşayarak beni daha da derine çekti. Bir anlığına bıraktı, büyük olasılıkla taşaklarımı her zaman patlayacakmış gibi hissettiren o çılgınca hareketi yapacaktı. Bir yıldan uzun süredir deneyimlemediğim ama o kadar canlı hatırladığım bir şeydi. Genellikle kendimi tatmin ederken düşündüğüm hayal et-hisset kombinasyonum buydu ve elbisesini başının üzerine çekip çıkarma fırsatını değerlendirdim.

Hemen beni emmeye geri döndü.

Dikkatim çok dağılmıştı ama onu benim kadar çıplak bir duruma getirmeye çok kararlı bir şekilde sutyeninin kopçasıyla uğraştım. Sutyen kollarından aşağı kayıp aramızdaki yatağa düştü. "Tanrım, sana dair her şeyi özledim."

"Ben de," demesine yetecek kadar beni ağzından çıkarıp sonra kaldığı yerden devam etti.

Göğüsleri ortaya çıkınca, dayanıklılığım korkunç bir şekilde düşmüştü ve gelmek üzere olduğuma dair bir uyarı verdim. Ve bunu yapar yapmaz, sanki nihayet hızlı seks treninden atlamış gibi, yeniden odaklanabildim.

"Teşekkürler. Bu inanılmazdı." Kan akışımın yüzde 90'ı artık belimin altında birikmediği için acele etmeden onu yatağa yatırdım. O epey dolgun ve diri göğüslerini avuçlayıp öpücüğe boğdum.

"Yüzüne fışkırmasını istemiyorsan, çok sert sıkma," dedi Lainey, nefes nefese.

Göğsüne doğru güldüm. "Öpüp yalayabilir miyim?"

"Evet ama her şey aşırı hassas, yani dikkatli ol."

Onlarla tamamen büyülenmiş halde göğüslerine bakıyordum, bu zamana kadar yanlarına yaklaşmama gerçekten izin verilmemişti. Lainey altımda kıvranıyordu, bacakları belime dolanmış, parmakları saçlarımdaydı.

Sonunda aşağı inip karnının üzerinden öptüm. Ve tıpkı planladığım gibi, külotunu dişlerimle aşağı çekip boşalana kadar onu öptüm.

Komodinin üzerinden uzanıp en üst çekmeceyi açtı ve içini karıştırarak bir kutu prezervatif çıkardı. Beni bir kıskançlık dalgası sardı.

Lainey elini yanağıma bastırıp beni bakışlarımı ona çevirmeye zorladı. "Sen buraya her gece gelmeye başladıktan sonra aldım bunları. Tüm dizginlerim buharlaşır ve böyle bir şey olursa diye hazırlıklı olmak istedim."

Hak etmediğim bir ferahlama beni ele geçirirken bacaklarının arasına yerleşip kalçamı çevirdim. "Seni özledim. Bizi özledim."

"Ben de."

Kutuyu açıp folyoyu yırtarak bir prezervatif çıkardım. Lainey onu parmaklarımdan aldı göğsüme bastırdı. Yuvarlayarak taktıktan sonra beni üzerine çekmek yerine kucağıma oturarak beni yavaşça içine aldı.

Ve bu şekilde birlikte olurken, olabileceğimiz en samimi şekilde birbirimize bağlandığımızda, sanki hiç ayrılmamışız gibi, bizi ayıran yıl silinmişti sanki. Birbirimizi öpmeye, dokunmaya ve nefes almaya fırsat tanıyan yavaş bir ritim bulduk. Önce Lainey geldi ve mutluluğun yüzünde yayılmasını izledim. Onunla bunu yaşamayı özlemiştim. Yokluğunda her şeyi özlemiştim ama bu duygu, sanki dünyam yeniden hizaya girmiş gibi, bana o zamanlar bildiğim ama kabul edemediğim şeyi anlatıyordu: O hep benim dengem olmuştu ve her zaman da olacaktı.

Kendi orgazmım vururken bakışlarımı ondan ayırmadım ve sonrasında birbirimize sarılmaya devam ettik. Öpüştük, ellerimiz birbirimizin üzerinde geziniyordu, dokunarak birbirimizi yeniden keşfediyorduk.

Elimle yüzünü kavradım ve büyüleyici çikolata gözlerine baktım. "Seni seviyorum, Lainey."

Yumuşak bir şekilde gülümsedi. "Ben de seni seviyorum."

"Alaska'dayken sana bunu söylemek istemiştim, ama zamanım tükendi," diye itiraf ettim.

"Pekâlâ, artık bana istediğin kadar söyleyebilirsin, değil mi?"

***

Yatağından ayrıldığımızda akşam yemeğine ucu ucuna yetişecektik. Önemli değildi çünkü zaten masamızı ayırmışlardı. Biz asansörü beklerken Lainey koridordaki aynada yansımasına baktı. "Aman Tanrım, boynumda bir iz mi bıraktın?" Başını yana yatırıp boğazının sağ tarafını kontrol etti.

Kolumu beline dolayıp göğsümü sırtına bastırdım. "Hiçbir şey göremiyorum ama bir iz istiyorsan oraya bir tane yerleştirmekten memnuniyet duyarım."

Boynuna burnumu soktum ve tam asansör kapıları açılırken orayı hafifçe ısırdım. Lainey beni dirsekledi ve bir adım geri attım, o sırada Walter'ın asansörde durduğunu fark ettim.

Lainey bir şey saklıyormuş gibi boynunun yanını örttü. "Walter! Merhaba!"

Bu eğlenceli olacaktı.

"Lainey." Bana ters bir baş selamı verip arkasındaki bir şeye elini uzattı. Minyon esmer *bir kadın* gözüktü. Kadını yanına çekip beceriksizce kolunu omzuna attı. "Bu benim kuze... kız arkadaşım Ursula."

"Kız arkadaşı" Ursula'nın gözleri büyüdü ve başını kaldırıp ona baktı. Sanki kafası karışmış gibiydi. Walter omzunu sıkınca kız yüzünü buruşturdu. "Yemeğe gittik, şimdi de *Jeopardy!* izleyeceğiz." Başını çevirip ona baktı. "Değil mi, Ursula?"

"Ee, evet?" Ursula'nın gözleri benimle Lainey arasında gidip geliyordu ve sonra kaşlarını kaldırdı. "Aman Tanrım, bu senin komşun mu? Koridorun karşısında oturan?"

"Gitmemiz gerek! *Jeopardy!* başlamak üzere ve ilk turu kaçırmak istemeyiz! Seni tekrar görmek güzel, Lainey." Ursula'yı asansörden dışarı sürüklerken bana keskin bakışlar fırlattı. "RJ."

"Hoşça kal, Walter. Tanıştığımıza memnun oldum, Ursula." Lainey bana kaşlarını kaldırdı.

Asansöre bindik ve kapılar kapanmaya başladı ama öncesinde Ursula'nın, "Bu Rook Bowman değil miydi?" diye sorduğunu duyduk. "Şu hokey oyuncusu? Aman Tanrım! İmzasını almalıydım ya! Ve o da senin çıktığın kadın Lainey miydi? Tanrım, gerçekten güzelmiş. Bu kadar dağıtmana şaşmamak gerek. Annene onu anlatmaman iyi olmuş, değil mi?"

Kapılar kayarak kapandı vc lobinin düğmesine basıp konuşmadan önce hareket edene kadar bekledim. "Eveeeet..."

Lainey yüzünü buruşturdu. "Ah, bu çok tuhaftı."

"Herkesten çok Ursula için öyleydi sanırım. Benzerliklerine bakarak onun gerçekten kız arkadaşı olmadığını tahmin ediyorum." Ne demek istediğimi belli etmek için burnuma hafifçe vurdum, sonra kollarımı Lainey'in beline dolayıp onu kendime doğru çektim. "Siz ikiniz beraber *Jeopardy!* mi izlediniz?"

"Neden? Bu seni kıskandırır mı?"

Omuz silktim. Doğrusu, belki birazcık kıskanmıştım ama daha çok, bu programın Lainey'in Kody'ye yatmadan önce meme-atıştırmalıklarını verdiğinde başladığını bildiğim içindi. "Zekâ seksidir, Lainey. Walter bile bunu bilir."

"Peki ben neyi seksi buluyorum, biliyor musun?"

"Neymiş?"

"Seni. Özellikle de oğlumuzu ne kadar sevdiğini bana gösterdiğinde."

Eğildim ve asansör çınlayana kadar onu öptüm.

Sonuç olarak yemek rezervasyonumuza geç kaldık ama Lainey en iyi iştah açıcıydı. Daha sonra eve döndüğümüzde, onu tatlı niyetine yemem için sessizce yatak odama çıktık.

YİRMİ ALTINCI BÖLÜM

Endişeli Yeni Başlangıçlar

Lainey

Annemlerin ziyareti hem iyi hem kötüydü. İyiydi çünkü RJ'in ne kadar çabaladığını ve bu işte yanımda olduğunu kanıtlama isteğinde ne kadar içten olduğunu açıkça görmüşlerdi. Kötü kısmı ise gidişleriydi çünkü aşırı korumacılıklarıyla beni çıldırtsalar da onları özlüyordum.

Onların çatısı altında yaşamayı ya da çaresiz bir bebekmişim gibi benim için yaygara koparmalarını değil ama yakınımda olmalarını özlüyordum. Gerçekten kolay bir çözüm de yoktu. RJ, Şikago'da oynarken olmazdı. Çok yakında yola çıkması gerekecekti ama burası hâlâ onun ana üssüydü.

Babam, akvaryumla olan sözleşmem sona erdiğinde ne yapmayı planladığımı defalarca sormuştu. Bunun yalnızca geçici bir araştırma pozisyonu olması gerekiyordu ve dürüst olmak gerekirse, araştırmayı ayrılan sürede tamamlamak durumundaydım. RJ'in önerdiği gibi çalışma saatlerini azaltsam ve biraz daha uzun bir sözleşme yapmayı başarsam bile, bu iş bittiğinde yeni bir iş aramaya başlamam gerekecekti. Tabii özellikle yunuslar ve balinalar olmak üzere suda yaşayan hayvanların çiftleşme alışkanlıkları hakkında daha fazla araştırmaya ihtiyaçları olursa başkaydı. Bu da pek olası değildi.

Şikago gibi bir şehirde, özellikle üç yüksek lisans diplomasıyla yeni bir iş bulmak zor olmamalıydı. Ama mülakatlarda pek iyi iş çıkaramıyordum çünkü çok geriliyordum ve başka herhangi bir iş yerinin akvaryumdakiler kadar uyumlu olacağının garantisini veremezdim. Şimdilik, kontrol edemediğim şeyler hakkında çok fazla endişelenmemeye çalışıyordum. Bunun yerine, işteyken araştırmaya, işten çıkınca da Kody'yi sevmeye ve ne zaman birlikte olsak RJ'e yeniden âşık olmaya odaklanmıştım ki son zamanlarda sürekli birlikteydik.

Annemlerin eve döndüğü hafta, üç gece RJ'in evinde kaldım. Yatağında, onunla. Üçünde de seks yaptık.

Şu anda yatağında sarmaş dolaştık. Kody yan odada uyuyordu ve ben yunusların baştan çıkarma tekniklerini gözden geçirirken, RJ hokeyle ilgili makaleler okuyordu. İnsanlar gibi, bir erkek yunus da dişinin cinsel beğenisini kazanmak için dişiye bir hediye sunardı ancak çiçek veya çikolata yerine deniz süngeri kullanıyordu.

Şimdiye kadar, RJ bana hokeyi açıklamaya çalıştığında, yabancı bir dilde konuşuyormuş gibi hissetmiştim. Sporu hiçbir zaman gerçekten anlamamıştım, bu yüzden hepsi beni biraz aşıyordu.

"Ailen Seattle'dan ne kadar uzak?"

Okuduğum makaleden başımı kaldırdım. "Hava şartlarına bağlı olarak yaklaşık iki buçuk saat. Neden?"

"Sadece merak ettim." Telefonunu kenara koyup dirseğine yaslandı. "Sanırım sezonun başlaması konusunda konuşmalıyız."

"Hokey sezonundan mı bahsediyorsun?"

RJ başıyla onayladı. "Hazırlık maçları yakında başlar. Kody'yi bir hazırlık maçına getirirsen çok sevinirim. Birçok eş ve kız arkadaş gelecek ve çocuklarını da getirecekler."

"Orada çok insan olacak mı?" Parmaklarım çoktan dudaklarımdaydı. Geçen yıl çok yol kat etmiş, kalabalık ortamlarda bulunmanın verdiği kaygıyla nasıl baş edeceğimi öğrenmiştim.

Ancak binlerce insanla dolu bir stadyum, akvaryumla, dolu bir otobüsle, hatta bir alışveriş merkezinin içiyle aynı değildi. Üstelik alışveriş merkezinden bile mümkün olduğunda kaçınıyordum. Aslında, gün içinde son ikisinden de kaçınmayı tercih ederdim.

"Antrenmanlar oldukça tenha, bu yüzden gelmeni istiyorum. Stadyum fikrinin seni korkuttuğunu biliyorum ama normal sezondaki gibi çılgınca olmayacak. Hazırlık maçlarına bile o kadar yoğun katılım olmaz. Ben sadece... bunun nasıl bir şey olduğunu görmeni istiyorum, böylece alışabilirsin. Ve eğlenceli olacağına söz veriyorum." Çok gergin ve umutlu görünüyordu.

Sadece ara sıra dışarıda akşam yemeği ya da arkadaşlarla bir araya geldiğimizde ve orada burada yapılan market alışverişleri için dışarı çıkıp onun evinin ve benim dairemin küçük baloncuğunda yaşayamazdık. İlişkimizin çoğu, bir ev içi uyumluluk kozmosunda inşa edilmişti.

Hokey onun tutkusu, işi ve onu harekete geçiren şeydi. Hayatının büyük bir parçasıydı ve onunla televizyonda maçlar izlemiş ve oynarken görüntülerini görmüş olsam da bu onu gerçek hayatta buzda görmekle aynı şey değildi. Alaska'da tanıştığım adamı ve oğlumun babasını seviyordum ama onun tamamını, hatta beni korkutan kısımlarını bile sevebilmek istiyordum. Buna kadınların ağzının suyunu akıtan NHL yıldızı da dahildi.

Bunu yapabilmek için, hayatının diğer çok önemli kısmıyla nasıl başa çıkacağımı öğrenmem gerekiyordu. Ve bunu, birlikte yaşamlarımızı bir evin içiyle sınırlayarak yapmayacaktım. "Bence Kody'yle beraber bir antrenmana gelmemiz iyi bir fikir."

"Öyle mi?" RJ'in gülümsemesi ışık saçıyordu.

Başımla onaylayıp ben de ona gülümsedim ama benimkinin nefes kesici değil gergin olduğundan emindim. Ailem buradayken, kızlarla harika zaman geçirmiştim.

RJ elimi kaldırıp parmaklarımı öptü. "Lance ve Miller'la konuşabilirim, buraya geldiklerinde onların eşleriyle epey iyi anlaşıyor gibiydin.

"Poppy ve Sunny mi? Tatlı insanlar ama Lance ve Miller'la konuşmana gerek yok. Ben kızlara mesaj atabilirim, bir mesaj grubumuz var. Bir şeyler ayarlayabiliriz. Zaten ne zaman antrenmana geleceğimi sorup duruyorlardı, yani bir sonrakine geleceğimi söyleyince sevinirler."

"Harika." Belime sarılıp beni daha yakına çekti. "Seninle konuşmak istediğim bir şey daha var."

Biraz daha doğruldum, o da doğruldu "Nedir?"

Biraz kaydı, kucağını işaret etti. "Buraya gel."

Ona dik dik baktım. "Daha iki saat önce seviştik."

"Seksten bahsetmiyorum. Sadece bana yakın olmanı istiyorum."

Ona inanıp inanmadığımdan emin değildim ama doğrulup kucağına oturdum. Ellerini kalçalarımın dışında gezdirdi ve dudaklarını yaladı. Ama cinsel bir şey değildi, gergin olduğu içindi.

"Neler oluyor?"

"Yani, her şeyin oldukça yeni olduğunu biliyorum ve kısa sürede çok fazla değişiklik oldu. Belki benim için senden daha fazla ama bilmiyorum... bu sadece... Çok yakında seyahate etmem gerekecek, bu da sen ve Kody ile eskisi kadar fazla zamanım olmayacağı anlamına geliyor."

"Hepimiz programa uyacağız."

Başıyla onayladı. "Biliyorum. Bu yüzden düşündüm de... Sen işteyken ve ben deplasmanda maça gittiğimde Kody'ye bakabilecek yarı zamanlı bir dadı bulabiliriz diye düşündüm."

"Ama kreşi var zaten ve Kody orada sorun yaşamıyor."

"Evet, biliyorum." RJ dudağının içini çiğnedi. "Kristen onunla harika zaman geçiriyor."

"Gerçekten de öyle." Oğlumdan uzak olmayı sevmesem de onunla ilgilenmesi konusunda kendimi rahat hissettiğim birinin olmasını hoşuma gidiyordu.

"Bu yüzden, ona eğer sadece Kody'ye bakmak isterse, şimdiki maaşının iki katını ödemeyi teklif ettim."

"Ne yaptın?"

RJ ellerini kaldırdı. "Önce beni dinle, o kadınlar yaptıkları işin karşılığını alacak kadar ödeme almıyorlar ve Kristen'in Kody'yle arası çok iyi."

"Ama diğer çocuklarla birlikte olmasını seviyorum. Bu kısım gerçekten önemli, RJ. Ben evde eğitim görenlerin topluluk etkinlikleri dışında zamanımın çoğunu kardeşlerimle geçirdim. Kody'nin birçok arkadaşıyla dolu dolu bir sosyal hayatı olmasını istiyorum. Onun bu konuda sorun yaşamasını istemiyorum, eskiden ben de yaşadım. Bazen şimdi bile yaşıyorum. Çoğu zaman," diye düzelttim.

"Tamamen aynı fikirdeyim ama insanlarla düşündüğünden çok daha iyisin. Ama bunu söyleyeceğini de biliyordum. Miller da Lance de bu mahallede yaşıyor. Dadıları Kristen ve Kody'yle oyun buluşmaları ayarlayabilir. Bir sürü arkadaşı olur."

"Ama her gün işe gelmeden önce onu buraya getirmem gerekir. Bunun neresi verimli?" Onun evinde çok daha fazla zaman geçiriyordum ama ilişkimiz hakkında ciddi ciddi konuşmamıştık. Durumumuz çok normal olmadığı için bizi ilgilendiren hiçbir şey standartlara uymuyor gibiydi.

"Şey, bu da konuşmak istediğim başka bir konu." Ellerini bacaklarımda yukarı aşağı gezdirmeye devam ediyordu. "Peki buraya taşınsan? O zaman her şey daha kolay olur, değil mi? Özellikle de bazen evden çalışabileceksen ve akvaryumda çalışma saatlerin esnek olacaksa."

"Yanına taşınmamızı mı istiyorsun?" Gerilme sırası bendeydi. RJ'le Alaska'da geçirdiğimiz zaman hariç beraber yaşadığım tek insanlar ailemdi.

"Bu büyük bir adım ama en mantıklısı bu, sence de öyle değil mi? Seyahatteyken seni ve Kody'yi zaten özleyeceğim ve eve geldiğimde sizinle olmak istiyorum. Senin de aynısını istediğini umuyordum."

Onun yanına taşınmak, tamamen bağımsızlığımın ortadan kalkması demekti ancak aynı zamanda hakkı da vardı. Farklı bir çatı altında yaşarsam, ikimizin de istediğini düşündüğüm şekilde partner olamazdık. O hayatımızın bir parçası olmak istiyordu ve bunu ben de istiyorum. Ve aşk buydu, başka birine nasıl sırtını dayayacağını öğrenmek, bunu birlikte yapmaktı.

"Tıpkı Alaska'daki gibi olacak, sadece burada arkadaşların da var ve antrenmana gelince kızlarla daha da kaynaşırsınız. Şu an karar vermek zorunda değilsin. Sadece bir aile ve bir çift olarak birlikte vakit geçirmemizi kolaylaştırmak istiyorum. Bunu bir düşün, tamam mı?"

"Tamam. Düşüneceğim."

"Güzel." Ellerini belime yerleştirdi. "Şimdi o dudakları buraya getir, uyumadan önce aşkını bir kez daha tatmak istiyorum."

Bir öpücük için eğildim ve tatlı, yavaş sevişmeye doğru ilerledi. Bu bir yandan RJ'in sorduğu her şeyden geçici olarak dikkatimi uzaklaştırmaktı. Öte yandan beni sevdiğini ve benim ona ihtiyacım olduğunu kabul etmeye başladığım kadar onun da bana ihtiyacı olduğunu göstermenin bir yoluydu.

***

Üç gün sonra, Kody ile antrenman için RJ'e eşlik ettik. Saçma bir şekilde defalarca üstümü değiştirdim, en sonunda RJ sonunda bana kot pantolonun ve arkasında adının yazılı olduğu bir takım formasının mükemmel olduğunu söyledi. Haklıydı: Stadyum, onunla maç tekrarlarını izlediğimde gördüğüm gibi insanlarla dolu değildi. Bunun yerine ara ara sıralara oturmuş bir grup izleyici vardı. RJ bana etrafı gezdirdi ve daha önce tanışmadığım oyuncularla tanıştırdı. Hatırlamam gereken bir sürü yeni isim olduğu anlamına geldiği için gerildim. Aslında harika bir hafızam vardı ancak gergin olduğumda bu biraz zorlayıcı olabiliyordu.

Ailem buradayken RJ'in evine gelen birkaç adamı tanımaya başladığımda rahatladım ve Sunny'nin sarı saçlarını, Poppy'nin dalgalı kırmızı yelesini ve Violet'in kumral at kuyruğunu gördüğüm anda tamamen sakinledim. Yavaş yavaş, hayatımda olan her şeyi kontrol edemeyeceğimi öğreniyordum ama onlara nasıl tepki vereceğimi kontrol edebilirdim. Korkularımı yenmenin tek yolu, mümkün olduğu kadar çok güvenlik ağıyla onlarla yüzleşmekti.

"Seni tekrar görmek ne güzel." İkimizin de kucağında bebek olduğundan Sunny bana yandan sarıldı. Ve ayrılmaya çalıştığımızda, çocuklarımızın yumruğundan birbirimizin saçını kurtarmak zorunda kaldık.

"Üstümü değiştirip buza çıkmalıyım. Her şey yolunda mı?" RJ önce Kody'nin başının tepesini, sonra da beni dudaklarımdan öptü.

Violet dudak büktü. Kocası artık takımda oynamasa da diğer kızlarla takılmak için maçlara gelmeyi hâlâ seviyordu. "İyi olacak Rookie, bugün tavşansız günümüzdeyiz. Yani ona öğretmemize gerek kalmayacak, bilirsin işte, bir hokey sürtü..."

Kadınlardan biri koluna vurdu, adının Charlene olduğuna neredeyse emindim. "Vi, sansür."

Violet yüzünü buruşturdu. "Doğru. Pardon. Emin ellerde."

RJ beni son bir kez öpüp koridorda soyunma odasına doğru gitti.

Violet kolunu koluma doladı. "Bugün geleceksin diye çok heyecanlandık! Rook'un evine geldiğimizde seninle öyle çok fazla konuşma fırsatım olmadı ama baban harika biri. Her neyse, ayrıca sana Rook'a ikinci bir şans vermene de çok memnun olduğumuzu söylemek istiyorum çünkü bir yılı aşkın süredir ilk defa bu kadar mutlu. Biliyor musun, geçen sene Alaska'dan geldiğinde, hepimiz onun için çok endişelenmiştik. Genellikle çok pozitif bir adamdır, ama Tanrım, altı ay boyunca Eeyore* gibiydi, başının üstünde sürekli kara bulutlar vardı resmen."

"Gerçekten mi?"

"Ah evet, çok üzgündü." Sunny bebeğinin poposuna pat pat vurdu ve üç sarışın oğlu, Violet'in ve Poppy'nin oğullarıyla önümüzde koşturuyordu. Üç büyük oğlan, üç küçüğü kontrol etmeye çalışıyordu. "Hepimiz babasının ölüm yıl dönümünden dolayı öyle olduğunu düşündük."

"Çünkü eskiden Alaska'ya babası ve abisiyle gidiyormuş ama o yaz tek başına kalmıştı."

"Aynen." Sunny başıyla onayladı. "Haliyle çocuklar bundan dolayı olduğunu düşündüler ama sonra onlara senden bahsetti. Ah, hepimiz aşk acısı çektiğini anladık." Gözyaşlarının eşiğindeymiş gibi birkaç kez gözlerini kırpıştırdı. Eliyle yüzünü yelpazeledi. "Kusura bakma, ilk üç ayımdayım da normalden daha duygusallaşabiliyorum. İnsanların acı çektiğini görmekten nefret ediyorum ve Rookie çok uzun süre depresifti."

Poppy onun omzunu sıktı. "Şu son birkaç aydır tekrar kendine geldi."

"Doğum günü partisinden beri, aslında," diye ekledi Violet. "Geçen yıl kimseyle çıkmadı. Keşiş gibi yaşadı. Sahte hamilelik olayından sonraki halinden daha kötüydü."

"Sahte hamilelik mi?" İşi hakkında yalan söylediğini öğrendikten sonra onu internette arattığımda karşılaştığım pek çok nahoş haberden birinde bununla ilgili bir şey gördüğümü hatırlıyordum.

"Ah evet, Şikago'ya geldikten birkaç yıl kadar sonra, bir kadın onu takıntı haline getirdi, o kadar ki işi hamileymiş gibi yapmaya kadar götürdü. Hatta hamile kız kardeşinin karnının kalıplarını çıkarıp bebek bekliyormuş gibi davrandı. Sosyal medyada her yerdeydi, sonra Rookie'nin avukatı işe el attı."

---

* Winnie the Pooh çizgi filminde karamsar ve depresifliğiyle de bilinen eşek karakteri. (ç.n.)

"O zamandan beri böyle bir şey yaşandı mı?" Bununla nasıl başa çıkabileceğimi hayal dahi edemedim.

"Hayır. Rookie uzun bir süredir çizgisini bozmadı, o zamandan beri de hiç çılgın tavşan meseleleri olmadı. Bunlar olduktan sonra bir yıl kadar bekâr gezdi."

"Kadın cidden deliydi," diye ekledi Sunny.

"Benden bile deli," diye ekledi Violet. "Neyse, bu olaydan sonra Rookie duruldu. Ve Alex emekli olduğunda, kaptan görevini o üstlendi, o zamandan beri fazlasıyla oturaklı. Bütün arkadaşların evli ve çocuklu olduğunda başını belaya sokmak zordur."

Bunların hepsinin duymam gereken şeyler olduğunu farkındaydım. Alaska'da tanıştığım adamla kısa süre önce hayatıma giren adamın hiç de farklı olmadığı bir kez daha doğrulanmıştı. Düşündüğüm gibi olmayan sadece mesleğiydi. Tek bir ihmal onun bir bütün olarak kim olduğunu değiştirmezdi ve daha önce sahip olduğumuz veya şimdi kurmaya çalıştığımız bağlantıdan bir şey eksiltmezdi. Bu kadınlarla oturup RJ'i onlar aracılığıyla tanıdıkça, hayatının bu kısmıyla başa çıkabileceğime dair kendime daha çok güvendim. Onu küçük evrenimizin dışında ne kadar çok tanırsam, bunu o kadar yürütmek istiyordum. Onun yanına taşınırsam ikimiz için de çok daha kolay olacaktı.

***

Kendi dairemin olmasından RJ'in evine taşınmaya geçiş, önümüzdeki birkaç hafta boyunca kademeli olarak gerçekleşti. Asansörde tekrar Walter'la karşılaşmıştım ve tabii ki bana üç kez kız arkadaşının evine gitmek üzere olduğunu söyledi.

Hazırlık maçları başlamıştı, bunlar antrenmanlardan *çok daha* kalabalıktı ama stadyumda herkesle aynı şekilde oturmak zorunda olmadığımı öğrendim. Sıraların arkasında oturma seçeneğim vardı ya da özel bir locaya geçebilirdim.

Diğer eşler, özellikle de Sunny, Poppy, Violet, Charlene ve Lily beni kanatlarının altına aldılar, özel korumam gibi davranıyorlardı. Medyayla nasıl başa çıkacağımı öğrendim, başlangıçta ben ve Kody'yle çok ilgiliydiler.

RJ özel bir röportaj verip nasıl tanıştığımızı, âşık olduğumuzu ve ardından fazlasıyla talihsiz koşullar nedeniyle iletişimi kaybettiğimizi açıkladı. Baştan aşağı çok romantikti, RJ beni bilmediğim ama sevdiğim bir şekilde tarif etmişti. Benim için cesur, güçlü ve zeki demişti ve bunun için onu daha da çok seviyordum.

Asıl sezon başlayınca, onsuz olmanın ne kadar zor olduğunu fark ettim. Ama en azından o yokken yanımda Kody vardı.

İlk deplasman maçları serisinde Şikago'da sıcak bir dönem yaşıyorduk ve bununla birlikte bir fırtına geldi. Geçen yıl düzenli terapinin yardımıyla uzun bir yol kat etmiştim ancak bir zamanlar çocukken yaptığım gibi bir fırtınanın güzelliğini takdir edebileceğimden şüphelerim vardı.

Şimşek ve gök gürültüsünü görmek zorunda kalmamak için tüm perdeleri kapattım, etrafımı onun kokusu sarsın diye RJ'nin oduncu gömleklerinden birini giydim ve Kody'yi kontrol ettim. Huzur içinde uyuyordu.

Ninni müziğini açtım ve odasındaki emzirme koltuğuna yerleştim, anksiyeteyi aşmak için derin nefesler alarak kendime evde güvende olduğumuzu hatırlattım. Birkaç dakika sonra göğüs cebimdeki telefonum titredi. Görüntülü aramaya cevap vermek için Kody'nin odasından sıvıştım.

"Selam bebeğim, hava durumunu yeni gördüm. İyi misin?" Endişeyle alnı kırışmıştı.

"İyiyim, bu akşamki galibiyetinizi kutlarım." Bir gök gürültüsünün sesiyle irkilmemeye çalıştım.

"Teşekkürler. Keşke orada yanında olsaydım." Elini ıslak saçlarından geçirdi. Arkadaki görüntüye bakılırsa, otel odasındaydı.

"Keşke ama Kody huzurla uyuyor ve ben de kokunla sarılıyım, yani sorun yok," diye ona güvence verip telefonu vücuduma doğru indirdim. Tekrar yüzüme çevirdiğimde, yüzündeki ifade endişeden açlığa dönüşmüştü.

"O benim gömleğim mi?"

"Hı-hı. Kokunu aldığımda neredeyse buradaymışsın gibi oluyor." Yakasını kokladım, tıraş losyonunun kokusu en çok burada belirgindi.

"Deplasman maçlarına senin kıyafetlerinden birini getirmeye başlamam gerek, belki geceliklerinden biri iyi fikirdir."

"Eminim bu oda arkadaşının bazı sorular sormasına neden olurdu."

"Hımm. İyi bir nokta."

"Bahsi geçmişken, oda arkadaşın nerede?"

"Barda. Belki duyusal dikkat dağıtıcıya ihtiyacın vardır diye seni aramak istedim." Yatağına yerleşince çıplak göğsü ekranda göründü, beline bir havlu bağlamıştı.

"Farklı eyaletlerde olduğumuz göz önüne alınırsa, bu biraz zor olabilir." Yatağımıza çıktım.

"Belki de eğlenceli olur?" Tek kaşını kaldırdı.

"Telefon seksi mi teklif ediyorsun?"

"Hımm. Kulağa ahlaksızca geliyor, çok hoşuma gider ama buna duyusal keşif araştırması da diyebiliriz." Havlunun ucunu tuttu. "Ne dersin Lainey, bir deneyelim mi? Etkili bir sakinleşme yöntemi miymiş, bakalım mı?"

Gülümsedim, oduncu gömleğinin ilk düğmesini açtım. "Denemekten zarar geleceğini sanmıyorum."

İşimiz bittiğinde, fırtına çoktan bitmişti, ikimiz de rahatlamıştık ve kesinlikle etkili bir sakinleştirme yöntemi olduğunu söyleyebilirdim.

***

Kody ile uzaktayken RJ'i özlesek de endişeyi uzak tutmak için Eden ve edindiğim yeni arkadaşlarım vardı. Hiçbir zaman sosyal medyayı pek seven biri olmamıştım, bu yüzden insanların gönderdiği tüm korkunç şeylere karşı oldukça güvendeydim.

Ayrıca kızlar veba gibi yayılan yorumları okumaktan kaçınmam konusunda beni uyarmıştı. Şey, aslında Violet uçuk kaplı bir çük gibi bundan kaçınmam gerektiğini söylemişti ama ne demek istediğini anlamıştım. İnsanların korkunç hikâyeler uydurmayı, RJ'nin parlak olmayan geçmişini sürekli ağızlarına almayı bu kadar çok sevmesi oldukça rahatsız ediciydi.

Yine de direndik ve binlerce RJ hayranıyla çevrili bir hokey stadyumunda gerçekten rahat olacağımı düşünmesem de onu oynarken izlemeyi ve ben küçükken hiç sahip olmadığım deneyimleri Kody'ye yaşatmayı seviyordum.

Charlene harika sakinleştirici şekerlere sahip olduğunu ve emzirmeye son verdiğim zaman, maçlara gittiğimizde, benimle paylaşmaktan mutluluk duyacağını söylemişti. Şimdilik sadece bol miktarda papatya çayı içiyordum ve gülünç endişelerim için koruyucu ve yatıştırıcı bir merhem özelliği taşıyan RJ'nin öpücüklerini topluyordum.

Kody'nin Noel'den önce emeklemeyi öğrenmesi dahil pek çok değişiklik olsa da bir şey aynı kalmıştı. Ailemi özlüyordum. Sezon başından beri iki kez daha ziyarete gelmişlerdi.

Kody ile Noel için Seattle'a uçtuk, bunun bir nedeni de kısmen RJ'in tatilden hemen önce oralarda maçları olmasıydı.

Onun ailesi de kutlamak için Seattle'a uçmuştu, böylece onları daha iyi tanıyabildim. RJ özellikle kız kardeşi Stevie ile yakındı. İkisi Kody ve yeğeni Max'i bir öğleden sonra alışverişe götürdüler ki bu çok tatlıydı. Stevie, RJ'e bir beyzbol şapkası taktırmıştı, Şikago'yla alakası yoktu ve ona bir olay çıkarırsa onu iki çocukla orada bırakacağını söylemişti.

Bu birkaç gün içinde RJ hakkında çok şey öğrenmiştim. Stevie için inanılmaz bir abiydi ve abiliği oldukça ciddiye alıyordu. Ve birçok yönden onun için babasının yokluğunu doldurmak istiyor gibi görünüyordu. Abisi Kyle'la harika bir dostluğu vardı. Birbirlerine neşeli alaylarla takılıyorlardı ve ben RJ'in gençken nasıl biri olduğu hakkında her şeyi öğrenmiştim: Fazlasıyla hokeye odaklıymış, kızlara –daha doğrusu başka bir şeye– ayıracak zamanı yokmuş.

Ayrıca kesinlikle çok tatlı bir şekilde bir ana kuzusuydu. Beni o kadar isteyerek ve nezaketle ailelerine kabul etmelerinden ona taptıkları belliydi ve ben başka bir kız kardeş ve erkek kardeş ve ikinci bir anne kazanmış gibi hissetmiştim.

Başka bir deplasman maçına gitmek zorunda kalmadan önce sadece üç gün tatili vardı. Bu yüzden ailesi Los Angeles'a geri döndü, ben de orada kalıp ailem ve kardeşlerimle biraz zaman geçirdim.

"Hokeyi daha fazla izlemeye başladım," dedi babam televizyon koltuğundan. Kody kucağında uyuyordu. Çok büyümüştü, doğum gününe daha aylar vardı ama şimdiden on iki aylık çocuk kıyafetleri giyiyordu. Bence babasına çekmişti.

"Çok heyecanlı, değil mi?" RJ'nin takımı bu gece Colorado'yla oynuyordu ve şimdiden iki gol atmış, bir de asist yapmıştı. İnanılmaz bir oyuncuydu, liginin en iyilerinden biriydi ve taraflı konuşmuyordum. İstatistikleri bunu kanıtlıyordu.

"Gelecek yıl burada, Seattle'da bir hokey takımı kurulacağını biliyor muydun?" Babam Kody'yi düzeltti. Bir saattir onu bu şekilde tuttuğu için, kolunun uyuştuğuna şüphe yoktu. "Genişleme taslağı denen bir şey var."

Başımla onayladım. "Ligdeki her takımdan birer oyuncu alıyorlar. Görünüşe göre aynı şey bir süre önce Vegas'ta da olmuş." RJ bundan pek bahsetmemişti ama kızlar bundan çok bahsediyordu çünkü sadece belirli sayıda oyuncuyu bu seçimden koruyabiliyorlardı.

"Rook'un takas edilememe maddesi olması çok kötü, onun herhangi bir yeni takım için en iyi seçim olacağından oldukça eminim. Ayrıca Alex Waters'ın koçluk yapmak istediğine dair bazı konuşmalar var ve bu ikisi arkadaş, değil mi?"

Ona bir bakış attım. "Sen bütün bunları nereden biliyorsun?"

Sanırım umursamaz olduğunu düşündüğü bir şekilde omuz silkti. "Erkek arkadaşın buradayken onunla biraz gece yarısı sohbetlerimiz oldu. Dahası sen benim bebeğimsin, Lainey ve önemli bir hokey oyuncusuyla yaşıyorsun, yani her şeyi öğrenmek istediğim için beni suçlayamazsın."

"Yani aniden internet dedikoducusu mu oldun, öyle mi?"

"Bence buna araştırma demek daha doğru."

Bir kahkaha attım, Kody ağzını şapırdatarak onun kollarında gerindi. Saate baktım. Muhtemelen onu uyuması için yatırmalıydım ama onu henüz babamdan almak istemiyordum.

"Hepimiz seni özlüyoruz Lainey, hepsi bu. Şikago'da arkadaş edindiğini biliyorum ve bu harika. Sizi engellemek istemiyoruz ancak seni uzaklaştırmak yerine yakınlaştırma fırsatı bulursam elbette onuşunuu açacağım. Annen çok endişeli ve eminim sen büyürken, bunun sana her zaman faydası dokunmadı, özellikle de üniversitede olanlardan sonra. O delikanlı cinnet geçirdiğinde sen de o sınıfta olsaydın..." Babam boğazını temizleyerek Kody'nin saçını düzeltti, sesi sadece bir fısıltıdan ibaretti. "Şu an yanımızda olmayabilirdin, bu küçük mucize de öyle."

Koltuğumdan kalktım ve elimden geldiğince ona sarıldım çünkü dokuz kiloluk bir bebekle televizyon koltuğunda uzanıyordu, babam Şikago'daki evindeki koltuğu çok sevdiği için RJ ona da almıştı.

"Seni çok seviyoruz, Lainey ve belki biraz fazla sevdik ama seni kaybetmekten çok korktuk." Omzuma doğru burnunu çekti.

Ona böyle beceriksizce, sevgisini ve dürüstlüğünü içime çekerek sarıldım çünkü o trajedinin yaşanmasından bu yana geçen onca yıl boyunca, gerçekten ilk kez bu konuda ne hissettiğini ifade ediyordu. "Ben de sizi seviyorum baba. Sadece beni güvende tutmaya çalıştığınızı biliyorum ama hayatımı kontrolüm dışındaki şeylerden korkarak yaşayamam."

Yüzünü görebilmek için onu geri çekildim. Gözleri, sanki duygularıyla girdiği savaşı kaybetmiş gibi parlıyordu. Ben koltuğunun yanındaki sehpaya oturunca elimi ellerinin arasına aldı. "Rook senin için iyi biri. Sen onunlayken çok daha... özgüvenlisin. Ya da belki hep öyleydin ve o bunu senin içinde bizim yapabileceğimizden daha iyi ortaya çıkardı."

"Baba..."

"Kendimi küçümsemiyorum. Bugünlerde sadece düşünüyorum. On torunum var ve çocuklarımdan sadece biri benden on dakikalık sürüş mesafesinde yaşamıyor. Bu insanı düşünmeye sevk eden bir şey, hepsi bu."

Buna hafifçe güldüm. "En küçük çocuk her zaman en çılgınıdır ya da ben öyle duydum. Sadece istediğim gibi yaşıyorum."

"Eğer en çılgın olanım sensen, bence iyi iş çıkarmışız." Elimi sıktı ve ifadesi ciddileşti. "O adam senin üzerine öyle bir titriyor ki, yaptığı hatalardan dolayı olağanüstü bir suçluluk duyuyor. Seni mutlu etmek için hemen hemen her şeyi yapar."

"Biliyorum." Kody ve benim için yaptığı her şeyde bunu görebiliyordum. Sevgisini hissediyordum.

"Bu zaaftan yararlanmayı deneyebilirsin, Lainey." Bana göz kırptı, ben de güldüm.

Kody ciyakladı, ben de onu babamdan alıp dudaklarımı şakağına bastırdım. "Ve bir de deden küstahlığımın kime çektiğini merak ediyor."

YİRMİ YEDİNCİ BÖLÜM

Shotlar, S-S-S-Shotlar

Rook

Yılbaşı arifesinde öğleden sonra Lainey ve Kody'yi havaalanından aldım. Gelen yolcu kapısından geçer geçmez, ona sımsıkı sarıldım. "Siktir, seni çok özledim." Kody'nin önünde küfrettiğim için beni azarlayacak vakit bulamadı çünkü ağzını ağzımla kapatıp onu öptüm.

Telefon kameralarının flaşı ve tıklamaları bana kendi evimizin veya yatak odamızın mahremiyetinde olmadığımızı hatırlattı. Tabii bir de Kody'nin görmezden gelinmekten rahatsız olan ciyaklaması vardı. Lainey'yi serbest bırakıp mahcup bir şekilde sırıttım. "Devamı gelecek. Eve döndüğün için çok mutluyum."

Kody'yi bebek arabasından alıp kollarımda kaldırdım. "En sevdiğim küçük adam nasıl? Uzaktayken benim yerime annene iyi baktın mı?" Yanağına gürültülü bir öpücük kondurdum ve karnını gıdıklayarak onu güldürdüm. Sonra Lainey'yi çekip bir kez daha öptüm ama bu sefer dilimi kullanmadım. "Tanrım, seni seviyorum. Senden uzak kalmak için fazla uzundu bu."

"Sen de maçlar için daha uzun süre gittin," dedi Lainey.

"Evet ama ev boş kaldı resmen. Siz ikiniz içinde olmadan orası artık ev değil." O ve Kody taşındığından beri ilk kez bir deplasman serisinden sonra evde beni karşılamamışlardı ve takım arkadaşlarımın önceleri Şikago'daki iniş pistine vardığımızda neden bu kadar sabırsız olduğunu sonunda anlamıştım.

Kody'yi göğsüme bağladım, Lainey'in valizini alıp bizi eve götürmek için bekleyen bir arabanın olduğu valeye doğru ilerledik. Dikkatimi araba kullanmaya vermek istemiyordum. Hepimiz kemerlerimizi bağlayıp eve giden otoyola çıktığımızda, kolumu koltuğun arkasına atıp Lainey'in saç örgüsünün ucuyla oynamaya başladım. "Ailenle iyi vakit geçirdin mi?"

Lainey yumuşak bir şekilde gülümsedi. "Tatilde onlarla olmak harikaydı. Sanırım hepimizin buna ihtiyacı vardı ama eve dönmek güzel. Hepimiz bir aradayken daha rahatım."

Şakağını öptüm. "Bunu anlıyorum. Uzak kaldıktan sonra kapıdan içeri her adım attığımda ben de böyle hissediyorum, sanki yeniden bütünmüşüm gibi."

Eve vardığımızda ve Lainey'in bavulunu açıp yerleştirdikten sonra Kody'yi uykuya yatırdık ve ben bu boş zamanı Lainey'ye onun her bir santimini ne kadar özlediğimi göstererek geçirdim. Yanımda yatıyordu, bacakları benimkilere dolanmış, başı göğsümde, karnımdaki girinti ve çıkıntıları takip ediyordu.

"Bu bizim birlikte ilk yılbaşımız."

Başını kaldırıp çenesini göğsüme yasladı. "Eve dönme telaşından bir şey planlamayı düşünemedim bile. Sanırım sakin bir gece geçireceğiz, ha?"

"Aslında sana bir teklifim var." Gergindim, önermek üzere olduğum şeyin biraz ikna gerektireceğinin farkındaydım. Takım bu sezon iyi gidiyordu ve ikinci yarıya kadar bir maçımız yoktu. Bu da onu bunun iyi bir fikir olduğuna ikna edebilirsem bu gece dışarı çıkabileceğimiz anlamına geliyordu.

"Ah? Ne gibi bir teklif?"

"Randy bu gece dışarı çıkmanın eğlenceli olacağını düşündü ve Alex'in de Velvet Room'da bazı bağlantıları var, bu yüzden bu geceki parti için oradaki özel odalardan birini kiraladı."

"Velvet Room ne?"

"Bir bar." Yüzündeki anlık paniği silmeyi umarak devam ettim. "Takım arkadaşlarımın çoğu gidiyor ve bütün kızlar orada olacak – Sunny, Poppy, Lily, Violet ve Charlene. Dediğim gibi, oraya gidince özel bir odamız olacak, yani sıradan yabancılar yerine sadece tanıdığın insanlar olacak."

"Kody ne olacak?" Lainey altdudağını ısırdı.

"Gerekli ayarlamaları çoktan yaptım. Miller tüm çocukların onun evine gelmesini teklif etti. Kristen yardım etmeyi kabul etti, Lance ile Miller'ın dadıları da orada olacak ve küçük bir kutlama yapacaklar."

"Miller'ın dört çocuğu, Lance'in oğlu ve Kody orada mı olacak?"

"Violet'le Alex'in oğlu Robbie de. Merak etme her şeyi ayarladılar. Herkes için eğlenceli bir gece olacak. Ne dersin?"

Lainey parmaklarını dudaklarına bastırdı. "Ona göre giyinip süslenmem gerekiyor mu?"

"Evet, ama bunu zaten hallettim. Senin bedeninde deneyebileceğin birkaç elbise aldım. Vi ve kızların saçını ve makyajını yapacak birileri var ve sana çoktan bir yer ayırdılar." Saate baktım: gitmeyi kabul ederse birkaç saat içinde Sunny'nin evinde olması gerekiyordu.

"Bütün kızlar orada olacak mı?"

"Evet, hepsi."

"Daha önce hiç yılbaşında dışarı çıkmadım."

"Yeni bir şey denemek için şimdi gibisi yoktur, sence?" Bunun, denemek isteyeceği bir şey olması için dua ettim.

"Tamam." İlk başta kararlı bir şekilde başıyla onayladı, sonra bana o yürek eriten gülümsemelerinden birini sundu. "Çıkabiliriz."

"Gerçekten mi?"

"Gerçekten."

Onu coşkuyla öptüm ve çok daha fazlasına dönüşecek gibi görünüyordu ama sonra zamanımızın olmadığını fark ettik. Bir yanım hayal kırıklığına uğramıştı ama geri kalanım onun heyecanıyla heyecanlanmıştı. Bu yüzden hazzı ertelemeye razıydım.

Bir saat sonra Lainey duş almış ve üzerine düğmeli bol bir gömlek ve kot pantolon geçirmişti, yanında da bir yığın elbise vardı. Stevie'nin online alışveriş becerilerinin yardımıyla bu hafta onları gardırobuna eklemiştim.

Kızlarla saçını ve tırnaklarını yaptırsın diye onu Sunny ve Miller'ın evine bıraktım. Violet bizi ön kapıda karşıladı ve ben Kody ile içeri girmeye çalıştığımda elini kaldırdı. "Bebekler ve erkek arkadaşlar arkadan dolaşacaklar. Burası sadece yetişkin hatunlara özel bölge. Birkaç saat sonra görüşürüz." Ve ardından kapıyı suratıma kapattı.

Kody'yi evin arka tarafına, Miller'ın çocukları, Poppy'yle Lance'in çocuğu ve Violet'le Alex'in oğlunun onlara destek olan üç dadıyla takıldığı yere bıraktım. Erkeklerle bir saat takılıp bir bira içtim, sonra kendim hazırlanmak için eve geçtim.

Yedi buçukta tüm bebekler farklı farklı beşiklerde ve oyun matlarında uyutulmuştu ve daha büyük çocuklar, patlamış mısır ve dökülmeye karşı dayanıklı bardaklarda meyve sularıyla Sunny ve Miller'ın küçük sinemasına doluşmuşlardı. Böylece biz de akşam yemeği için dışarı çıktık.

Seçkin bir restoranda özel bir odamız vardı, yani hayranlar için endişelenmemize gerek yoktu. Lainey, daracık siyah elbisesiyle, başını bir taç gibi saran karmaşık bir dizi örgüyle şekillendirilmiş saçıyla harika görünüyordu. Onu bu zamana kadar pek çok elbiseyle görmüştüm ama bu çok başkaydı, gözlerimi ondan alamıyordum ve ellerimi de üzerinden çekemiyordum.

Onları birkaç aydır tanıdığından, bu kadınların yanında gayet iyi, rahat ve keyifli bir şekilde idare ediyor göründüğü için rahatlamıştım. Onu hayatıma yavaşça sokmaya çalışmış, ona kendi hızıyla bazı büyük korkularıyla yüzleşme fırsatı tanımıştım.

Yemekten sonra bekleyen limuzinlere doluşup bara doğru yola çıktık. Yemekte içtiği şaraptan Lainey'in yüzü kızarmıştı, yanıma sokuldu. "Bu çok eğlenceli. Bu akşam beni dışarı çıkmaya ikna ettiğin çok iyi oldu."

Dudaklarımı şakağına bastırdım. "Gerçekten eğlenceli."

Ballistic, daveti tüm takıma gönderdiğinden, birçok kişi muhtemelen kulüpteydi. Buna rağmen büyük bir gruptuk ve dikkat çektik. İçeri girmeyi bekleyen sıranın yanından geçerken, insanlar bizi tanıdı ve alçak bir heyecan mırıltısı bizi takip etti.

Lainey gece kulübüne girerken kolumu sıkıca tutarak yanıma yapıştı. Güçlü bir bas sesi bizi karşıladı, bara ve dans pistine giden karanlık, dar koridordan ilerledik. Burası birkaç katlıydı ve kiraladığımız oda bir kat yukarıdaydı. Lainey pek anlayamadığım bir şey söyledi. İlerlemeye devam ederek eğildim, bas daha da yükselmişti.

Koridordan ana kulübe adım attık, ışıklar müziğin vuruş ritmine eşlik edecek şekilde yanıp sönüyordu. Lainey'in kolumdaki tutuşu daha da sıkılaştı ve bunun ona fazla gelmesinden endişelendim. Belki de düşündüğüm kadar makul bir fikir değildi. Zaten bir bebekle eve yolculuk ederek uzun bir gün geçirmişti ve şimdi burada konfor alanının çok dışındaydı. Onu buna zorlamamalıydım. Takıldığımız küçük barı gayet iyi idare edebilmişti ama orada bile rahat etmesi için birkaç kez katılması gerekmişti.

Maçlara geldiğinde, genellikle normal koltuklar yerine locada oturuyorlardı çünkü orası o kadar da bunaltıcı değildi ama bu... şey, bu bundan milyon kat daha kötüydü.

Gürültülü, dans pistinin her santimine doluşmuş insanlar vardı. Etraftaki insanlar yüzünden ikinci kata çıkacağımız merdivenlere ulaşmak iyice yavaşlamıştı. Panik yapmasın diye bunu Lainey'ye açıklamak üzereydim ama birdenbire müzik çığlık sesleriyle gölgelendi.

Göz açıp kapayıncaya kadar Şikago hayranları tarafından kuşatılmıştık tamamen. Bu yıl şimdiye kadar harika bir sezon geçirmiştik ve tanıtım yüksekti, bu yüzden dışarı çıkmak sorun olabiliyordu ama bu bizim için bile çok fazlaydı. Bunun tüketilen alkolle ve kutlama atmosferiyle ilgisi olduğunu düşünüyordum.

Lainey'i güvende tutmak için korumacı bir tavırla kolumu omzuna koymak istedim ama artık kolumda değildi. Bunun yerine Violet, Charlene ve Lily, onun etrafında koruyucu bir yarım daire oluşturarak onu çığlıklar atan hayranlardan uzaklaştırmıştı.

Poppy ve Sunny ittirerek yanıma geldiler. "O bizde, merak etme."

Kalabalığın içinde ilerlemeye başladıklarında, kızlar onu uzaklaştırırken omzunun üzerinden bakmaya çalışan Lainey'i kısa bir an gördüm. Parmakları ağzında, gözleri panikle kocaman olmuştu. Kızlardan birine endişeli bir ifadeyle bir şeyler söyledikten sonra bedenler denizinde gözden kayboldu.

Lance omzuma vurdu. "Sorun yok Rookie, kızlar onunla ilgilenir."

"Ama kalabalıklardan nefret ediyor. Siktir, bunu tahmin etmem gerekirdi. Buraya geleli iki dakika bile olmadı." Telefonum onun çantasında kalmıştı, yani nerede olduğunu öğrenmek için mesaj bile atamazdım.

"Kızlar bunu daha önce de yaşadı, hallederler. Şimdi gülümse ve hayranlarınla birkaç fotoğraf çektir."

Süslü kadınlar ve terli adamlar etrafımızı sardı. Kollar belime dolandı ve kameralı telefonlar yüzümde yanıp sönmeye başladı, giderek daha fazla insan katılabilecekleri bir şeylerin döndüğünü fark etmeye başladı. İnsanlar birbirini itip kakarak yoldan çekiyordu. Kalabalığın ortasındaki iki adam, sanki birbirlerine saldırmayı düşünüyormuş gibi göğüslerini çarparken, diğer sarhoş hayranlar etraflarından dolaştılar.

Alex hayran kalabalığı büyümeye devam ederken bağırarak herkese sakinleşmelerini ve rahatlamalarını söyledi. Güvenlik nihayet sürekli genişleyen kalabalığın kenarına giden yolu bulmuş gibi görünüyordu ve sıkışıklığı gidermek için insanları yoldan çekmeye başladılar.

Dört kız dudaklarını öne çıkararak o garip ördek suratını yaptı ve flaşları açıkken arkalarında grubumuzla bir milyon selfie çekerek hepimizi toplu olarak kör ettiler.

Görüş alanımdaki noktalardan kurtulmak için gözlerimi kırpıştırdım ve sağlık görevlilerinin hızla geçip kızların gittiği yöne doğru ilerlediklerini gördüm. Ne kadar zamandır burada sıkışıp kaldığımız, peçete imzalayıp fotoğraf çektiğimiz hakkında hiçbir fikrim yoktu.

"Neler oluyor?" diye sordum hemen yanımda duran Alex'e.

"Bilmem."

"Ya Lainey'e bir şey olduysa? Panik atak filan geçirdiyse?" Ben onu sakinleştirmek için yanında değilken, onun orada olduğu düşüncesiyle göğsümün sıkıştığını hissettim.

"Dur bir Violet'in mesajlarına bakayım."

Güvenlik sonunda kalabalığı yarıp bizim için bir yol açarak bizi dışarı çıkardı. Sağlık görevlilerinin gittiği yöne doğru gitmeye çalıştım ama insanları incitmeden kalabalığın arasından geçemeyecek kadar iriydim.

"Siktir, siktir, siktir." Ellerimi saçlarımdan geçirdim, anksiyetem artıyordu. Dönüp Alex'in ceketinin yakalarına yapıştım. "Ya durumu iyi değilse? Ya o lanet sağlık görevlileri onun için geldiyse? Bu çok aptalcaydı. Bu gece evde kalmalıydık. Şimdi tamamen bunalacak. Ya bunun çok fazla olduğuna karar verirse? Ya hayatımın bu kısmıyla başa çıkamazsa? Siktir. Şu an *ben* bile başa çıkamıyorum!"

Zaman hem çok hızlı hem de çok yavaş akıyordu sanki. Sağlık görevlileri geleli ne kadar olduğu hakkında hiçbir fikrim yoktu. Onu alıp buradan çıkarmış bile olabilirlerdi.

Alex enseme bir şaplak attı. "Nefes al, dostum. Her zaman böyle olmaz ki. Kızlar onunla, sensiz bir yere gitmesine müsaade etmezler. Violet artık tuvalette olmadıklarını söyledi."

"Hangi cehennemdeler?"

"Görünüşe göre özel odaya varmışlar."

En başından beri yanımızda olması gereken güvenlik ekibinin peşinden ikinci kata çıkarken boğazım düğümlendi. Özel oda dans pistine bakıyordu ve takım arkadaşlarımla doluydu. Delirmiş gibi Lainey'i arayarak odaya bakındım ama karanlıktı ve herkes ondan çok daha iriydi. Sonunda kırmızı elbiseli Violet'i gördüm ve aceleyle ona doğru ilerledim. "Lainey nerede? O iyi mi?"

"İşte orada..." Violet başparmağını omzunun üzerinden kaldırdı ve sözünü bitirmesini beklemeden işaret ettiği yöne gittim.

Lainey'i barın yanındaki köşede, Sunny ve Poppy'nin arasında buldum. Onu tutup göğsüme doğru çektim. "Çok özür dilerim. Eve gidebiliriz. Bu kadar şiddetli olacağını düşünmemiştim. Çok özür dilerim."

Kollarımda kaskatıydı ve her şeyi mahvetmiş olmaktan, henüz çok erken olmasından ve aptalca bir kararla kaydettiğimiz tüm ilerlemeyi geriletmekten korkuyordum. Elini göğsüme koyup itti, ben de gönülsüzce onu tutan elimi bırakarak geri çekildim. Anksiyetem tavan yapmıştı ve işler onun için tamamen kontrolden çıktığında nasıl hissettiğine dair bir fikir edinmiştim çünkü bendeki her şeyin kontrolden çıktığını hissediyordum.

"Nefes al." Sıcak ve yumuşak elini göğsümde gezdirdi.

"Çok özür dilerim. Düşünemedim. Hadi eve gidelim. Arka kapıdan çıkarız."

"RJ, ben iyiyim." Bir avcunu yanağıma yerleştirince, ben de ona temas etmek için elimi elinin üzerine kapattım.

"Ama kuşatılmıştık." Boşta olan elimi kolundan aşağı kaydırarak yüzünde ve açıkta kalan teninde herhangi bir şekilde zarar gördüğüne dair işaretler, morluklar veya başka herhangi bir işaret var mı diye baktım. "Ve sonra nereye gittiğini göremedim ve telefonum sende ve bir sürü lanet insan vardı ve nerede olduğunu bilmiyordum." Tanrım. Sanırım şu anda kontrolümü tamamen kaybetmiştim.

"Hey, hey." Lainey iki eliyle yüzümü kavradı. "Derin nefes al, bebeğim. Ben buradayım ve iyiyim." Kollarını boynuma doladı. "Sanırım büyük oyuncak ayımın güvenlik sarılmalarına ihtiyacı var."

Zayıf ya da aptal gibi görünmeme aldırış etmeden onu kendime doğru çektim çünkü haklıydı. Ona ihtiyacım vardı, onu hissetmeye, güvende ve burada olduğunu bilmeye ihtiyacım vardı. Yüzümü boynuna gömdüm ve sakinleşmeye çalıştım. "Bunun sana çok fazla geleceğini ve sonra beni terk edeceğini sandım."

Kollarını omuzlarımdan ayırmadı ama geriye doğru eğilerek başımı kaldırmaya zorladı. "Neden böyle bir şey yüzünden seni terk edeyim?"

Hiçbir yere gitmemesi için kollarımı beline doladım, gitmeyi planlıyormuş gibi de görünmüyordu gerçi. "Ben sadece... tıpkı üniversitede başına gelenler gibi bunun sana çok fazla geleceğini düşündüm, sonra bununla, benimle ya da hayatımla başa çıkamayacağına karar verip vazgeçeceğini sandım."

Parmaklarını ensemden saçlarımın arasına geçirdi. "Bunun ne kadar mantıksız olduğunun farkındasın, değil mi?"

Aslında şimdi o söyleyene kadar hiç de farkında değildim. "Panikledim," dedim sakin bir şekilde.

"Ben sürekli panikliyorum ama yine de beni seviyorsun, değil mi?"

"Eskisine göre çok daha sakinsin."

"Çünkü sen varsın, senin güvenlik sarılmaların var, Kody var ve beni sevip destekleyen bir sürü harika insan var. Benden kurtulman için bir hayran kuşatmasından katbekat fazlası gerekiyor, RJ." Bir öpücük beklentisiyle çenesini kaldırdı.

Başımı eğip onu uzunca öptüm. Sonunda nefes almak için başımı kaldırdığımda, "Seni seviyorum," dedim.

"Ben de seni seviyorum. Hadi biraz shot atalım."

YİRMİ SEKİZİNCİ BÖLÜM

Sorular

Rook
Üç ay sonra

İç çamaşırı çekmecemi her açtığımda soğuk terler döküyordum. Bu da kız arkadaşım, çocuğumun annesi ve müstakbel eşime daha da fazla saygı duymamı sağlıyordu çünkü birçok şey ona böyle hissettiriyor ama o gücüyle bunları aşıyordu.

"Peki bir düğün planlıyor muyuz, planlamıyor muyuz?" diye sordu kız kardeşim.

"Henüz teklif etm..."

Gürültülü bir bam sesi lafımı kesti, metal bir şeyin yere düşme sesine benziyordu. "Nihayet evlenme teklifi ettin mi?" diye bağırdı annem coşkuyla. Onu mutfakta hareket eden belirsiz bir karartı olarak gördüm.

Kız kardeşime dik dik baktım, annemin dinlediğine dair beni uyarabilirdi. Bana *üzgünüm* diyen bir ifadeyle baktı ama pek ikna edici değildi.

"Henüz etmedi, anne," diye benim yerime cevap verdi Stevie.

"Ah. Yani boş yere o kadar heyecanlandım," diye bağırdı annem. "Siz ikiniz eleme maçları yaklaşıyor ve Şikago son zamanlarda bir numara oldu diye heyecanlanmayı deneyebilirsiniz."

Stevie gözlerini devirdi. "Annemle bu yılki finaller için ziyarete gelmemiz gerekebilir diye kılık değiştirmek için alışveriş yapıyorum ben."

Arkada bir gürültü oldu ve annem anlamadığım bir şey sordu. Artık her ne dediyse, Stevie sırıttı. "Annem evlenme teklifi konusunda sana neyin engel olduğunu öğretmek istiyor, açıkçası ben de bilmek istiyorum. Yüzüğü alalı aylar oldu."

Harika, şimdi ikisi de bu konuda başımın etini yiyordu. "Doğru zamanı bekliyorum."

"Peki doğru zaman ne zaman gelecek? Onu tekrar hamile bıraktığında mı?" Annemin hazırcevaplığı Violet'inkiyle yarışırdı.

Stevie kıs kıs güldü. "Taşı gediğine koydun, anne."

"İkinizin Los Angeles'ta beraber yaşamanızın size iyi geldiğini sanmıyorum."

"Konuyu değiştirmeye çalışma." Stevie'nin hemen yanında annemin yüzü belirdi ve bana sert bir bakış attı. "Ve Stevie yaz sonunda muhtemelen erkek arkadaşıyla yaşamaya başlayacak, o yüzden eğlenceli bir ev arkadaşımın olduğu bu muhtemel son zamanların keyfini çıkaracağım."

"Oha. Ne? Erkek arkadaşınla beraber mi yaşayacaksın? Neler oluyor ya? Neden benim haberim yok?" Stevie bana genelde her şeyi anlatırdı, muhtemelen bilmek istemediğim şeyler de dahil.

"Çünkü olup olmayacağını gerçekten bilmiyorum." Stevie annemin omzunu dürttü. "Yaz için planlarımın ne olacağını bilmem gerekiyor ve sen de ayağını sürümeyi bırakmalısın çünkü kısa bir nişan olacağını umuyorum. Böylece sen ve Lainey bana seveceğim daha çok yeğen yapmakla meşgul olabilirsiniz."

"Bunun annem ve kız kardeşimle süper rahatsız edici bir sohbet olduğunun farkındasın, değil mi?"

"Sen de iki yıl önce, sanki ben on beş yaşındaymışım gibi benimle seks konuşması yapmak istedin, yani bu da intikamı. Tereddüt etmeyi bırak da kıza teklif et artık."

"Tereddüt etmiyorum. Sadece ona teklif etmenin en iyi yolunu bulmaya çalışıyorum. Hazır olduğundan emin olmak istiyorum."

Stevie tek kaşını kaldırdı. "İkinizin bebeği var, beraber yaşıyorsunuz ve son geldiğimizde çocukların yaşlarının yakın olmasının en iyisi olacağından bahsediyordu. Yani hazır olduğundan son derece eminim."

"Daha çok torunum olmasını isterim," diye ekledi annem. "Ve bana bir torun daha vermeden önce ikinizin düğününü yapsak iyi olur. Hah, bir de mümkünse bir kız torun rica ediyorum."

"Önce kıza teklif etmesini sağlayalım, anne." Annem mutfağa geri dönerken Stevie pis pis sırıttı. "Bak, Lainey'in öyle büyük bir jeste ihtiyacı yok. Sadece ona teklif etmen gerekiyor ki evet diyebilsin. Sonra düğünü planlamaya başlayabiliriz ve siz de daha çok bebek yapabilirsiniz falan filan. Belki de şu şampanya şişesine yüzük atma şeyini yapabilirsin."

"Ama ya boğazına takılırsa?" diye sordu annem.

"Sadece bir öneriydi." Stevie bacaklarına vurdu. "İlişkinizin en büyük simgesi ne?"

"Kody." Üzerine düşünmeye gerek yoktu.

"O zaman bir şekilde onu dahil et. Birlikte olmanızın nedeni o, bu yüzden onu da bir parçası yap."

"Bu gerçekten harika bir fikir." Simon'la son birkaç aydır benzer konuşmalar yapmıştık. Noel'de, Lainey ile evlenmek için ondan izin istemiştim ve o zamandan beri soruyu ne zaman soracağım konusunda benimle dalga geçiyordu. Ayrıca genişleme taslağından epey bahsetmişti ve çoğu zaman bu iki konuşma aynı anda yaşanmıştı.

Stevie gülümseyerek kirpiklerini kırpıştırdı. "Gördün mü? Sadece güzel bir yüzden ibaret değilim."

"Sen her zaman güzel bir yüzden fazlasısın, Stevie."

"Sen de öyle, RJ."

Hepimiz güldük, teklif ettiğimde onları aramaya söz verdim ve bu akşam olmasını umuyordum.

Aramayı sonlandırdım ve uzun, ağır bir nefes verdim. Bu konuşmayı yeterince ertelemiştim. Lainey'in akvaryumla olan sözleşmesi üç hafta sonra bitiyordu. Mart gelmişti ve elemeler yakındı. Sonrasında da genişleme taslağı seçimleri yapılacaktı.

Takımımızdan biri Seattle'a gidecekti. Lainey kabul ederse, o ben olacaktım.

Giyinip saçıma şekil vermeyi tamamladığım sırada aşağıda alarmın çalarak Lainey'in eve gelişini haber verdiğini duydum. Onu ön girişte buldum, Kody koridorda uçarcasına koşturmadan önce onun kar tulumunu çıkarmaya çalışıyordu. Kesinlikle benim oğlumdu. İki hızı vardı: hızlı ve daha hızlı. Altı aylıkken emekledi, sekiz aylıkken ayaklandı, dokuz aylıkken de yürümeye başladı. Sarhoş bir minyatür delikanlı gibi etrafta yalpalıyordu. Dahası boy ve kilo açısından yaşıtlarından ilerideydi, yani benim gibi iri bir çocuk olacaktı.

"Ba!" diye haykırdı. Beni görünce Lainey'in ellerine vurmaya başladı. Bana gerçekten *baba* mı diyor yoksa sadece çıkarabildiği tüm sesleri çıkarmaya mı çalışıyor emin değildim ama ben ilki doğruymuş gibi yapacaktım.

Lainey yenilgiyle ellerini kaldırdı ve Kody yuvarlandı, sonra doğrularak ayağa kalktı. Aşırı dolgun bir marshmallow gibi görünüyordu, bana doğru zikzak halinde yalpalarken kolları dümdüz iki yana açıktı. Yere çömeldim, onu yakalamaya hazır bir şekilde kollarımı açtım. Yarı yolda düştü ama pes etmedi. Dengesizce hemen geri kalktı ve son birkaç adımda tökezleyerek kollarıma geldi. "Aferin sana, küçük adam."

Onu havaya kaldırıp uçak sesleri çıkarmaya başladım. Kıkırdadı ve haykırdı. Onu kar tulumu giymiş bir futbol topu gibi koltuğumun altına sıkıştırdım ve Lainey ile aramdaki mesafeyi kapattım.

Paltosundan tek kolunu çıkarmıştı ama henüz diğeri içindeydi. Parmaklarımı saçlarının arasından kaydırıp başını geriye çektim ve onu öptüm –dil kullanarak– bu arada Kody kolumun altında kıvranıyordu.

Lainey'i bırakıp bir adım geriledim. "Merhaba."

"Sana da merhaba." Tek kaşını kaldırdı ve silkelenerek paltosundan kurtuldu. Kody'yi matının üzerine indirdim ve kar tulumundan çıkmasına yardım ettim. Serbest kalınca yere çöküp Lainey'in çantasındakilerin içindekilere daldı, eline geçen her şeyi yiyecek gibi ağzına sokmasa, bunda sorun yoktu.

"Onu anneye ver." Lainey bir dudak parlatıcısını onun tombul parmaklarından aldı. Lainey onun yerine yumuşak bir hokey diski verene kadar Kody hoşnutsuz bir şekilde bağırdı. Diski anında ağzına soktu.

"Yine diş çıkarıyor sanırım."

"Bugünlerde her şeyi çiğniyor. Küçük bir kunduz gibisin, değil mi?" Lainey onu kaldırıp yanlarını gıdıkladı ve giderek oyuncaklar tarafından ele geçirilen oturma odasına doğru ilerlediler.

Ortalık bir tür çocuk eğlence parkına dönmesin diye alanı bölmeye çalışıyorduk.

Lainey onu eğitici oyuncaklarından birinin önüne oturttu, ışıklıydı ve yanıp sönüyordu… ve kulak tırmalayıcı bir müzik çalıyordu ama Kody seviyordu. Biz yemek hazırlarken onu eğlendiriyordu, o yüzden gürültüye katlandık.

"Spada günün nasıl geçti?" Lainey diğer eşlerden birkaçıyla gitmişti. Biraz molaya ihtiyacı vardı çünkü zamanın çoğunu annelik yaparak geçiriyordu.

Başından beri bebek adımlarıyla ilerliyorduk: onu mali konularda daha az endişelenmeye alıştırmak, onu benim hayatıma ve benim dünyama dahil etmek, medyanın ilgisine alıştırmak. Bunun özellikle rahat edeceği bir şey olduğunu sanmıyordum ama bir anda üzerine çok gitmediğim sürece, durumu iyi idare ediyor gibi görünüyordu.

Ellerini kaldırıp parmaklarını oynattı. Şikago renklerinde oje vardı.

Elini elime alıp parmak uçlarını öptüm. "Bunlar hoşuma gitti."

"Eminim gitmiştir." Bana yaklaşarak sesini alçalttı. "Ve eminim daha sonra bunların aletinin etrafına sarılmış halini görmeye can atıyorsundur."

Kaşlarımın neredeyse tavana kadar yükseldiğini hissedebiliyordum. Kesinlikle haksız değildi ancak Lainey genellikle bu kadar cesurca açık sözlü değildi. Dudağını ısırdı, yanakları pembeleşti. Sırıttım ve hiçbir şey söylemeden bekledim.

"Violet bana böyle söyle dedi," diye yumurtladı.

"Bak buna inanırım. Bunun sonucunda saatlerce yaşayacağım rahatsızlık için Violet'e teşekkür edebilirsin, ne de olsa bu deneyimi yaşamak için Kody'nin uyumasını beklemem gerekiyor."

Suratını buruşturup omzunun üzerinden Kody'nin başını belaya sokmadan mutlu bir şekilde oynadığı yere baktı. "Onu on dakikalığına odasına götürebiliriz."

Kahkaha attım. "Sanırım hazzın ertelenmesini seçeceğim ama düşündüğün için teşekkürler. Belki onu bu gece biraz erken yatırabiliriz."

"Bu hoşuma gider." Ellerini yumuşak bir iç çekişle göğsümde gezdirdi. Sonra geri çekildi, birbirimize dokunup baştan çıkarmaya devam edersek, kendimizi daha sonra aceleci ve ahlaksızca bir durumda bulacağımızın farkındaydı ve bu, bu geceki planının bir parçası değildi.

Lainey ve ben her zamanki akşam yemeği rutinimize giriştik. Yani o bana ne yapacağımı söylemeye başladı, ben de söylediklerini yaparken onun dibine girip durdum.

Buzdolabının önünde durup sebzelikten bir şey almak için eğildi ve ben de bu fırsatı değerlendirip arkasına geçtim. Doğrulup geri çekildiğinde göğsüme çarptı. Havuç torbasını elinden alıp boynunu öptüm. Lainey bana yaslanıp başını yana yatırdı, ben de havuçları tezgâhın üzerine atarak kulak memesine kadar öpücüklere boğdum.

Bir ölçü kabı almak için bir dolabı açtığında, devreye girip kabı onun için ben aldım. Birbirimizin etrafında dolaşıyor, sürekli öpüşüyor, ellerimiz durmandan birbirimizin üzerinde geziniyordu. Akşam yemeği hazırlığı bizim için ön sevişme gibiydi.

"Bugün menajerinle toplantın nasıl geçti?" diye sordu Lainey, kızartma tavasını ocağa koyup baharat dolabına gidebilmek için yanımdan geçti.

Havuç doğrama görevime ara verdim. "İyiydi. Seninle konuşmam gereken bir şey var."

Öğütülmüş zencefili tezgâha koyup bana döndü. "Ciddi bir şeymiş gibi söyledin."

Önlüğünü tutup –takım temalıydı– onu kendime çektim. "*Kötü* anlamda ciddi değil. Sadece seninle değerlendirmem gereken bazı seçenekler var."

"Tamam." Kody'ye bir bakış attı. Bir kitabı çiğniyordu. Zaten çiğnenmesi için yapılmıştı, o yüzden Lainey yeniden bana odaklandı.

"Yani biz Seattle'daki genişleme taslağından bahsettik..."

Başıyla onayladı. "Kızlar, onların kimi burada tutacaklarına dair fikir yürütüyorlar. Senin takas edilmeme şartın varmış, bu da seni o dokuz kişiden biri yapıyor."

"Genişletme taslağı için takas edilmeme maddesinden feragat etmeyi seçmediğim sürece, doğru."

Lainey'in kaşları çatıldı. "Ama bunu neden yapasın ki? Sen takım kaptanısın ve burada seni seviyorlar."

"Sözleşmem iki yıl içinde sona eriyor, sonunda takas edileceğim. Menajerimle konuştum ve bu maddeden feragat edersem Seattle beni alacak."

Lainey altdudağını ısırdı. "Bunu istiyor musun?"

Dudağını dişlerinden kurtardım. "Ailene daha yakın oluruz."

Avucunu göğsüme yerleştirdi. "Ama bu adamlar senin ailen gibi. Onlarla yıllar geçirmişsin."

Elimi elinin üzerine kapattım. "Ama sevgilim onlar değil, sensin."

Ağır ağır başını iki yana salladı. "Buradaki her şeye daha yeni alışmaya başlamıştım. Eğer takas edilirsen, sezon sonunda taşınmamız gerekecek, değil mi?"

"Zamanlama da iyi olacak ama. Akvaryumla sözleşmen yakında bitiyor. Eminim onlar yenilemek ister ama doktorana başlamak istediğini de biliyorum. Ve Seattle'da olmak ailenle görüşmeni daha da kolaylaştırır."

Anlamaya başladığında kollarını göğsünde kavuşturdu. Bu kadar sinirli görünmeseydi, hoş olurdu. "Takas edilmeme şartından feragat etme nedenin bu olamaz. Kendi aileme yakın olayım diye seni ailenden uzaklaştıramam."

"Onları özlüyorsun."

"Kariyerini ve uğrunda bu kadar çok çalıştığın her şeyi, sen tekrar takas edilene kadar ailemi görmemi kolaylaştırmak için tehlikeye atamayız."

Onu kaldırıp tezgâha oturttum. "Öncelikle, Seattle'a gitmek hiçbir şeyi tehlikeye atmayacak. Ve bu artık sadece kariyerim ya da benimle ilgili değil, Lainey. Bu sen, ben ve Kody, üçümüz için en iyisinin ne olduğuyla ilgili. Ve eğer ailene daha yakın olmak senin için daha iyiyse, otomatik olarak Kody ve benim için de daha iyi olur."

"Değer verdiğin bu kadar insandan ayrılman gerekecek."

"Hepsinden değil." Ellerimi dizlerinin üzerine yerleştirdim. "Alex ve Violet Seattle'a geliyorlar."

"Öyle mi?"

"Henüz duyurulmadı ama onu baş antrenör olarak alıyorlar. Takımın genel menajerini bizzat tanıyor. Beni istiyorlar. Oyuncular sürekli takas edilir Lainey, insanlar gelir ve gider. Önümüzdeki yıl birçok kontratın süresi doluyor. Eğer buna evet dersen, menajerim telefon etmeye hazır bekliyor. Zaten Seattle'ın takım sahibiyle bir süredir konuşuyordu. Benimle beş yıllık kontrat imzalamak istiyorlar ve teşvik olarak yılda fazladan bir milyon teklif ediyorlar ama parayı bir kenara bırakırsak, bu aile olarak bizim için iyi bir hamle olur."

"Bunu ne zamandır düşünüyorsun?"

Ona daha yakın olabilmek için bacaklarını aralayıp aralarına yerleştim. "Bir süredir."

"Bu büyük bir değişiklik, RJ." Ellerini boynumun arkasında birleştirdi, parmakları ensemdeki saçlarıma doladı.

"Sadece birimiz için. Aramızda en çok değişiklikle uğraşmak zorunda kalan kişi sensin. Bak Lainey, Alaska'da geçirdiğimiz o altı hafta hayatımın en iyi zamanıydı ve sensiz geçen sonraki yıl karanlıktı. Geri dönmen, Kody'ye âşık olmam, sana yeniden âşık olmam beni daha iyi bir adam yaptı." Kendimi demir atmış gibi hissetmek için ellerimi arkasında kavuşturdum.

"Bunu beraber yapalım istiyorum. Birlikte karar verelim, hayatı, nasıl ebeveyn olacağımızı ve çocuğumuza nasıl sebze yedireceğimizi birlikte çözelim. Seni sevmek istiyorum. Noel yemeklerinde abilerin tarafından kandırılmak istiyorum. Benimkiler de West Coast'ta olduğundan ikimizin ailesine de yakın olacağız. Daha mantıklı yani, değil mi? Eğer burada kalmak istersen, takas edilmeme maddesi değişmez ama Seattle'a gitmek istersen, maddeyi kaldırtırım ve gideriz."

"Emin misin?" Altdudağını ısırdı.

"Kesinlikle. Ne diyorsun?"

"Diyorum ki... hadi Seattle'a gidip yeni bir takım kuralım."

Lainey uzun bir öpücük için beni kendine çekti ve Kody arkamdan gelip bacağıma sarılarak bu kararı özel olarak kutlamamıza daha saatler olduğunu hatırlatıncaya kadar devam ettik.

Kody'yi kucağıma aldım. "Yeni bir maceraya çıkıyoruz, küçük adam."

Anlamış gibi iki yanağıma pat pat vurarak sırıttı. Ben onun akşam yemeğini hazırlarken Lainey ona çiğnemesi için küçük bir file alete doldurulmuş bir parça donmuş meyve verdi.

Yemekten sonra, bir şeyi kutluyorsak, iki şeyi de kutlayabiliriz diye karar verdim. Lainey, Seattle'a taşınmayı kabul etmişti, o yüzden uzun vadeli bir ilişkinin içinde olacağımızdan fazlasıyla emindim.

"Ben Kody'yi alıp yatmaya hazırlayayım." Lainey'in başının tepesini öptüm.

Kupasına bir poşet çay koydu, başını kaldırıp bana baktı. "Üstünü ben değiştiririm."

"Hallederim. Sen çayının tadını çıkar, biz iyi geceler dilemek için birkaç dakikaya ineriz."

Bana gülümsedi. "Teşekkürler."

Onu üst kata çıkardım, pijamalarını giydirdim ve yatak odamıza uğradık. "Bu gece yardımına ihtiyacım var küçük adam, tamam mı?"

"Ba!" Parmaklarını ağzına soktu.

Elimi bir çift çorabın altına sokup kutuyu buldum. Kalçamla iterek çekmeceyi kapattım ve derin bir nefes aldım. Son birkaç aydır bunun alıştırmasını yapıyordum: ne diyeceğimi, bunu nasıl yapacağımı falan. Ama ailem haklıydı, büyük bir jeste gerek yoktu çünkü Lainey'in sevdiği şey bu değildi.

O sade ve düşünceli şeylerden hoşlanıyordu.

Kutuyu parmaklarımın arasında çevirdim ve Kody'yi aşağı indirdim. Lainey kanepenin köşesine kıvrılmış bir dergi okuyordu.

Kody'yi yere indirip beyaz kurdeleyle bağlanmış küçük kutuyu kaldırdım. "Bunu anneye verebilir misin?"

Ona kutuyu uzattım ama on bir aylık bir çocuğa böyle bir şey vermenin aslında iyi bir fikir olup olmadığından emin değildim. Yapmaya çalıştığı ilk şey onu ağzına sokmak oldu.

Ağzından çıkardım. "Anneye ver."

Lainey'yi işaret ettim ve kutuyu tek yumruğunda tutarak ona doğru ilerlemeye başladı. "Ann!" Arkasından onu takip ettim ve bir daha yemeye çalışmadığından emin oldum.

Lainey dergiyi masaya koyup bacak bacak üstüne attı. Öne eğilerek kollarını uzattı, düşerse onu yakalamaya hazırdı. "Merhaba bebeğim, yatmaya hazır görünüyorsun. Annenin gelip seni yatırmasını ister misin?"

Kody kutuyu yüzüne doğru sallayınca Lainey'in bakışları Kody'den bana kaydı. Sessiz bir soruyla başını eğdi.

"Kutuyu anneye ver." Önüne çömeldim ve Kody'nin elini sabit tutmasına yardım ettim, ne kadar başarabilirsem çünkü benim ellerim de titriyordu.

"Bu da ne? Doğum günüme daha iyi ay var."

"Doğum günü hediyesi değil. Hadi aç bakalım." Kody'yi dizime oturttum.

Kutunun üzerinde ıslak bir nokta ve bazı diş izleri vardı ama bu, bugünlerde etrafta sık gördüğümüz bir şeydi.

Lainey ucunu çekince kurdele açıldı. O kapağı açarken Kody'nin başının tepesini öptüm, karnım düğümlenmiş, avuçlarım terliydi. İçindeki minik kadife kutuyu çıkardı.

"RJ?" Gözleri irileşti, şimdiden gözyaşları vaadiyle bulutlanmıştı. Onun bu özelliğini seviyordum, duygularını hissettiği sırada yüzünden görebiliyordum.

Kody uçuk mavi kutuyu aldı, ben de parçaları ona verip yere bıraktım. Yanıma çöktü, mükemmel bir eküri sayılmazdı ama henüz bir yaşında bile değildi. Bu yüzden ona biraz müsamaha gösterebilirdim. İki parçayı birbirine vurup zevkle ciyakladı.

"Müsaade et." Kadife kutuyu ona doğru çevirip açtım. Yan masadaki ışık elmasa çarparak parıldamasına ve prizmalar saçmasına neden oldu, Kody mutlu bir şekilde kıkırdayarak yakalamaya çalıştı.

"Ah!" Lainey titreyen elini ağzına götürdü, kahkahayla gözyaşları arasında bir yerde kalmış gibi görünüyordu.

"Seni seviyorum Lainey, ikinizi de çok seviyorum. Alaska'da seninle geçirdiğimiz altı haftanın hayatımın en iyi dönemi olduğunu sanıyordum ama yanılmışım. Yanımda olduğun her gün, bir öncekinden güzel ve hayatımın geri kalanını seni severek geçireceğime söz veriyorum. Tek yapman gereken evet demek. Benimle evlenir misin?"

Ondan çıkan ses kesinlikle yarı kahkaha yarı hıçkırıktı. "Evet. Milyonlarca kez evet. Seni seviyorum, sensiz ve Kody'siz bir hayatı hayal dahi edemiyorum."

Yüzüğü yastıklı yuvasından çıkarıp parmağına taktım. Lainey kollarını bana doladı ve boynumu, yanağımı ve son olarak dudaklarımı öptü, defalarca *seni seviyorum* diye fısıldadı.

Kody dizime tutunarak ayağa kalktı. "Ann!" diye bağırdı.

İkimiz de güldük ve bunun -romantizm eksikliğine rağmen- bizim için mükemmel bir teklif olduğunu fark ettim çünkü Kody tüm denklemin bir parçasıydı.

Onu yatağına götürdük. Lainey'nin parmağındaki yüzüğü görünce onu çıkarmaya çalıştı ve bu işe yaramayınca annesinin elini ağzına sokmaya çalıştı.

Lainey dikkatini dağıtmak için en sevdiği oyuncak ayısını önünde tuttu. Kody oyuncağı alıp göğsüne bastırdı. Ona iyi geceler öpücüğü verip müziğini açtık, odasından çıkmadan önce gece lambasını yaktık.

"Bu çok güzel. Kendime seçeceğim türden bir yüzük," dedi Lainey, bunu kutlamak için bir şişe şampanya patlatıyordu.

Övgüyü kendime saklamak isteyip istemediğim konusunda kararsız kaldım. "Tatilde Stevie'yi alışverişe götürmüştüm, hatırlıyor musun?"

"Etkinlik için mi ne bir şey için bir şeye ihtiyacı vardı ama bir şey bulamadan dönmüştünüz."

"Bu konuda yalan söylemiş olabilirim."

"Bunun ikinizin biraz baş başa zaman geçirmesi için bahane olduğunu düşünmüştüm."

"Evet, o da vardı. Ama aslında yüzük seçmeme yardımcı olmasını istedim. İki seçenek arasında kalmıştım."

"Çok sinsisin." Gömleğimin ön tarafını yakalayıp dudaklarımı dudaklarına çekti. "Bunu aylardır sakladığına inanamıyorum!"

"Sadece teklif için uygun zamanı bekliyordum. Hazır olduğundan emin olmak istedim."

"Yine de bunu saklamak için çok uzun bir süre. Stevie'nin bir şey söylemediğine inanamıyorum."

Kahkaha attım. "Akıllıdır."

Lainey dudağını ısırdı, ağzının kenarında nazlı bir gülümseme belirdi. "Biliyor musun, eğer birbirimize karşı tamamen dürüst olacaksak, muhtemelen sana söylemem gereken bir şey var."

"Ah? Nedir?"

"Alaska'dayken bana araba kullanmayı öğrettiğin zamanı hatırlıyor musun?"

"Tabii ki." Tüm o süre boyunca ereksiyon halindeydim. Kamyonetin direksiyonuna geçmiş Lainey lanet derecede seksiydi.

"Ama ben sana ehliyetim yok demiştim, araba kullanmayı bilmediğimi değil."

"Anlamıyorum."

"Eskiden sürekli babamın kamyonetini sürerdim. Hiç ehliyet alma zahmetine girmemiştim çünkü otoyolda araba kullanmak hoşuma gitmiyordu. Sen de bana öğretmek konusunda çok hevesliydin, ben de bunu senin için mahvetmek istemedim, kendim için de istemedim aslında."

Kollarımı beline dolayıp onu sıkıca kendime çektim. "Şimdi sinsi olan kimmiş?"

"Sadece küçük beyaz bir yalandı."

"Sanırım berabereyiz o zaman, değil mi?" Çenesinin kenarına bir öpücük kondurdum.

"Hımm. Yalana karşı yalan. Sanırım artık bunlarla işimiz bitti, değil mi?"

"Kesinlikle. Ama bu bir amaç içindi. Küçük bir özel kutlamaya hazır mısınız, müstakbel Bayan Bowman?"

"Fazlasıyla hazırım."

Sonraki bir saati, Lainey'e onu ne kadar çok sevdiğimi ve bir daha asla onsuz olmak istemediğimi hareketlerimle ve sözlerimle göstererek geçirdim.

SON BÖLÜM

Hayat Eğitimi

Rook
Dört ay sonra

Lainey'in parmakları saçlarımdaydı, kalçaları dilimle birlikte hareket ederken nazikçe saçlarımı çekiştirdi. Yarın ona âşık olduğum yerde, Kodiak Adası'nda karım olacaktı. Bu yüzden bu gece küçük bir ön kutlama yapıyorduk.

Aslında yaklaşık bir saat içinde, Lainey'in ailesi ve benim annem, Lainey kız arkadaşlarıyla bir gece geçirebilsin diye geleceklerdi, ben de erkeklerle çıkacaktım. Burada bar seçenekleri sınırlıydı, o yüzden yolun aşağısındaki kulübelerden birinde kamp ateşi yakıp bira içecektik. Lainey'in ilk kaldığı yerdi, sadece ben satın almış, kulübeyi yıktırmış ve yepyeni bir kulübe yaptırmıştım. Biraz abartılı bir hareket olabilirdi ama ailemin dört yatak odalı kulübesinin bize yetmeyeceğini düşünmüştüm. Yazlarımın büyük bir bölümünü burada geçirmeyi planlıyordum, bu yüzden geniş ailem ve arkadaşlarım için de yerimiz olurdu. Yeni kulübede sekiz yatak odası, sekiz banyo, iki mutfak, iki büyük salon ve büyük bir yemek odası vardı. Ayrıca üç yatak odalı bir konukevi de vardı.

Hem Lainey'in ailesi hem benim ailem buraya sığıyordu. Şikago'dan arkadaşlarımız ve zaten yakın olduğum Seattle'dan birkaç adam, yolun çok aşağısında olmayan küçük otellerden birinin çoğu odasını kiralamışlardı. Seattle'a taşınmak Lainey ve benim için iyi olmuştu ve Şikago'daki arkadaşlarımı özleyecek olsam da Alex'in koçum olması, Lainey'in ailesinin de yakınlarda olması inanılmazdı. Daha da iyisi, kız kardeşim bir iş için Seattle'a taşınıyordu, bu yüzden ikimiz de ailelerimize olacaktık.

Yeni takımıma çoktan alışmaya başlamıştım ve takımdaki çoğu kişi harikaydı. Birkaç baş belasının dışında, oldukça yumuşak bir geçiş olmuştu. Yepyeni bir takımın kaptanı olmak göz korkutucu ama aynı zamanda ilham vericiydi. Bishop Winslow adlı yetenekli biri sayesinde neredeyse kaçıracağım bir pozisyondu ama sonunda elde etmiştim. Ama daha da önemlisi, Lainey Seattle'da mutluydu, Kody de öyle.

Ve şu anda, küçük inlemelerine ve cesaretlendirici iniltilerine bakılacak olursa, müstakbel karım *kesinlikle* mutluydu.

Lainey'in bir eli saçımı bırakıp yastığı kavradı, bu da gelmek üzere olduğunu ve Kody'yi uyandırmaktan korktuğu için sesini bastırmaya çalıştığını gösteriyordu. Yatakta pek gürültü yapmazdı ama başladığımız işi kesintiye uğramadan bitirmek istiyordum, bu yüzden onu durdurmadım.

Otuz saniye sonra bacakları kafama kenetlendi ve o gelirken kulaklarıma hücum eden kan haricindeki tüm sesleri engelledi. Bacakları tekrar gevşer gevşemez vücudunu öperek yukarı çıktım ve bacaklarının arasına yerleşerek içine girdim.

"Seninle bir daha seviştiğim zaman, karım olacaksın."

"Seksi bir nişanlısın ama daha seksi bir koca olacaksın." Ağzımı kendi ağzına yaklaştırdı ve ağzıma doğru alçak sesle inledi. Kısmen içinde olduğum için, kısmen de ona oral seks yaptıktan sonra öpüşmeyi sevdiğindendi. Lainey eskiden olduğu tatlı ve korunaklı birine göre, bugünlerde yatakta fazlasıyla maceracıydı. Kalçalarının dönüşüne göre üzerinde hareket ederken başının arkasını avucumla tutuyordum.

"Bana geri döndüğün çok memnunum," dedim dudaklarına doğru.

"Biz birbirimize geri döndük."

Öpüşerek birbirimize sarıldık ve birbirimizin ağzına inledik. Lainey diliyle beni her zaman heyecanlandıran o şeyi yaptı, ben de sağ bacağını kaldırıp dizini kaburgalarıma bastırdım ve tırnaklarını enseme geçirerek adımı inlemesine neden olan noktaya ulaşabildim.

"Seni çok seviyorum." Tekrar gelmek üzere olduğunu biliyordum. Kolumun üzerinde kalktım, bunu izlemek istiyordum çünkü bir sonraki sefer resmen sonsuza kadar benim olacaktı.

Yanağıma dokundu, gözleri yumuşak ve ihtiyaç doluydu. "Ben de seni seviyorum." Yumuşak bir şekilde iç çekişinin ardından "Tanrım" dedi ve adımı haykırdı. Vücudundaki sertlik hafifleyip kalçaları benimkine çarpmayı bırakınca tempomu değiştirip daha hızlı hareket ederek kendi orgazmımın peşine düştüm.

Tırnaklarını sırtımdan aşağı kaydırdı. "Üste geçip seni zirveye çıkarayım."

Böyle şeyler söylemesi hoşuma gidiyordu. Bu sözlerde ne olduğunu bilmiyordum ama beni harekete geçiren bir sahiplenme duygusu uyandırıyordu. Onu da beraberimde götürerek sırtüstü döndüm. Ellerini göğsüme yasladı, üzerime çıktı. Kalçaları sekiz şeklinde hareket ediyordu, beni birkaç kalp atımlık süre boyunca derinde tuttuktan sonra yükselip kıçını üzerime indirdi. Göğüsleri zıplıyor, uzun saçları sırtından aşağı sallanıyordu.

Öne eğilip sırtını gerdi, göğüs uçları göğsüme sürtündü. "Çok güzelsin." Altdudağımı ısırdı. "Ve tamamen benimsin." Sert ve istikrarlı bir şekilde üzerimde sürtünüyor, beni içeriden sıkıştırıyordu. "Her parçan benim, benim her parçam da senin."

Onu kalçalarından tutup doğruldum, bacaklarını belime doladım. Onu daha hızlı, daha sert kaldırıp indirirken ağzı kocaman açıldı. "Çok yaklaştım," diye fısıldadı dudaklarıma doğru. "Benimle gel."

Bu defa birbirimizin peşinden bulutlara yükseldik.

Uzun dakikalarca birbirimize sarılıp öpüştük, ellerimiz birbirimizi okşuyordu. En azından ikimizin de telefonları çalmaya başlayana kadar. Artık Kody olduğu için, telefon sinyalini yükseltmiştim.

Telefonları elimize aldık, aynı anda boğazımızı temizledik. Arayanlara cevap verirken birbirimizin omuzlarına doğru güldük.

Lainey'den taraftaki konuşmayı duyamıyordum ama verdiği cevaplara bakılırsa, soruların aynı olduğuna emindim.

"O yarından itibaren sonsuza kadar senin olacak, bir gece onsuz yaşayabilirsin."

Abim iyi bir noktaya değinmişti, iki gün içinde bir haftalık tatil için Hawaii'ye uçacaktık. Nineleri ve dedesi Kody'ye bakacak ve kulübenin keyfini çıkaracaklardı.

Kyle'a, "On beş dakika içinde çıkmaya hazır olurum," dedikten sonra telefonu kapattım.

Lainey üzerimden kalktı ve onun ılık, ıslak yumuşaklığına hiç benzemeyen soğuk havaya inledim.

Dudaklarıma bir öpücük kondurdu. "Yirmi dört saatten kısa süre sonra yine yanında olacağım."

"Sonsuza kadar."

"Sonsuza kadar."

Kot pantolon ve bir örnek ekose gömlek giydik çünkü biz tamamen uyumlu bir çifttik. Ayrıca arkalarında *Müstakbel Damat* ve *Müstakbel Gelin* yazıyordu. Biraz temiz hava almak ve yatak odamızdaki seks kokusundan kurtulmak için pencereyi açtım.

Lainey dalgın dalgın saçlarını tarıyordu ve perdeler serin bir esintiyle dalgalanırken şeytani bir şekilde sırıttı. İfadesine bakılacak olursa, keskin bir şey söylemek üzereydi. En azından yatağın altından beyaz bir şey fırlayıp zemine inene kadar öyleydi. Lainey çığlık atarak dağınık yatağa tırmandı. Gereksiz bir hamleydi çünkü bu fare değil, sadece bir kâğıt parçasıydı ki farelerin dışarıda olmalarının sorun olmadığını keşfetmiştim. Ama kulübede göründüklerinde öyle olmuyordu. Kâğıdı almak için eğildiğimde Lainey'in el yazısını tanıdım. İki yıl önce, Alaska'dan ayrıldığımın ertesi gününün tarihi yazılmıştı.

RJ,

Bir fırtına yüzünden elektrik kesildi ve tüm telefon hatları bu sabaha kadar kesikti. Senden haber almak için mümkün olduğunca bekledim. Bunu bir sene sonra bulacak olsan da, aramızdakilerin böyle bitmesini istemediğimi bil ve sen de aynı şekilde hissediyorsan, lütfen beni ara.

Sevgilerimle,
Lainey

"Bunca zaman buradaymış." Yere düşüp yatağın altına kaymış olmalıydı.

"Ne buradaymış?"

Ona kâğıdı uzattım, ne olduğunu anlayınca yumuşak ve hüzünlü bir şekilde gülümsedi.

Elini nazikçe yanağıma koydu. "Birbirimizi tekrar bulduk, şu an önemi olan tek şey bu."

Kaderin bizi tekrar bir araya getirmenin bir yolunu bulmasına şükrederek onu kollarıma aldım. Dijital bebek telsizini çalıştırana kadar uzun bir süre öylece birbirimize sarılarak kaldık. İkimiz de telsize aynı anda baktık. Kody çoğu zaman gece boyunca uyuyordu, bu yüzden ona eskisi gibi ihtiyacımız yoktu ama noktalar her yerde zıplayarak ses sinyali veriyordu, bu yüzden açılmıştı.

"Ne yapıyor?"

Odasında mırıldandığını duyabiliyorduk ama başka bir ses daha vardı, sanki bir şeyle beşiğinin yan tarafına vuruyormuş gibi bir vızıltı.

"Umarım beşiğinden çıkmayı başarmamıştır, buna hiç hazır değilim." Lainey video monitörünü açtı.

Sadece on beş aylıktı ama her şeyi erken öğreniyordu ve bunu derken her şeyi kastediyordum. Fiziksel yeteneklerinden ağzından çıkanlara kadar, bu çocuk genetik ikramiyeyi vurmuştu. Onda annesinin inanılmaz zekâsı ve kararlılığı, benim boyum ve atletikliğim vardı. Dünyayı avucunun içine alacaktı, özellikle de onu hizada tutacak Lainey gibi bir annesi varken.

"Aman Tanrım, bunu görmen gerek." Lainey elini sallayarak beni çağırdı ve görebilmem için video monitörünü çevirdi.

Kody hâlâ beşiğindeydi. Bir uçta Bowman formalı oyuncak ayısı –her yere yanında taşıyordu– ve öteki uçta Kody duruyordu. Elinde ona aldığım küçük hokey sopası ve diskle oynuyor ve onu ayıcığa doğru fırlatıyordu. Şut atışını, ayısına doğru yürümesini ve onu almasını, ardından diğer uca geri dönmesini ve her şeyi yeniden yapmasını izledik.

"Onu yatağa yatırdığımda sopayı bırakmadı, onunla yatmak istedi. Şimdi sanırım nedenini biliyoruz."

"Belli ki babasının ayak izlerini takip edecek." Lainey başını geriye atıp bana doğru gülümsedi.

Kolumu beline doladım ve elimi düz karnının üzerine uzattım. "Belki oynamak için küçük bir erkek veya kız kardeşe ihtiyacı vardır."

"Hapımı almayı bırakacağım, böylece ben Bayan Rook James Bowman olur olmaz yatak odalarını doldurmaya başlayabiliriz."

Gülümsememi de ağlamamı da durduramıyordum ve daha yeminlerimizi etmemiştik bile. Tanrı akmayan maskaraları kutsasın.

Eden bana bir mendil daha uzattı, RJ elimi avuçlarının arasına alarak güven verici bir şekilde sıktı. Gözleri benimkilerle aynı duyguyla doluydu ama yaşları akıtmamayı başarıyordu.

RJ'in kız kardeşi Stevie'nin yüzük taşıyıcımız Kody'yi koridordan bize doğru yönlendirmesini izledik. Küçük bir düğündü, sadece ailemiz ve yakın arkadaşlarımız vardı. Yanımda yedi kardeşim ve RJ'in Seattle'dan birkaç takım arkadaşı ve Şikago'DA görüştüğümüz insanlar varken ne kadar küçük olabilirse. İnsanların bana bakması beni endişelendiriyordu ama bu yıl bununla nasıl başa çıkacağımı öğrenmiştim.

Kody minicik siyah smokini içinde sevimli görünüyordu ve yüzünde kocaman bir sırıtışla mutlu bir şekilde bize doğru geldi. Eden yüzüklerin olduğu yastığı almaya çalıştı ama Kody onu göğsüne bastırıp, "Benim!" diye bağırdı.

Kody'nin yüzükleri almamıza izin vermesini sağlamak için ben ve RJ'in onu biraz ikna etmesi gerekti. Sonra annelerimiz onu ön sıradaki sandalyelere götürmeye çalıştıklarında "Anne! Baba!" diye bağırıp bize doğru uzandı.

"Sorun değil, bugünkü yeminlerime Kody de dahil." RJ onu kucağına aldı ve ben de yanına sokularak kolumu Kody'nin etrafına doladım.

Rahip bize yemin ettirirken Kody saçımdaki çiçeklerle oynayıp durdu ve RJ burnunu çekerken Kody birden fazla kez onun burnuna dürttü. Ve rahip, "Gelini öpebilirsin," dediğinde Kody, sıcak avuçlarını yanaklarımıza bastırdı. Her iki yanağında da büyük, ıslak öpücük kondurduktan sonra birbirimizi öptük. Onun saf neşe dolu kıkırdamaları zincirleme olarak misafirlere de yayıldı.

Kody, Şikago'ya gelmemin sebebiydi. RJ'e ikinci bir şans vermemin sebebi oydu. Bana gerçek aşkın nasıl olduğunu gösterdi, koşulsuz ve bağışlayıcı, zaman ve mesafeyi aşan ve iki kalbi birbirine döndüren aşkın.

Bana en büyük aşkımı veren adam tarafından kırılıp iyileştirildiği için kalbim daha güçlüydü. Ve buradan birlikte büyümesini izleyebilirdik.

TEŞEKKÜRLER

Sebastian ve Kidlet, harika bir destek ekibi olduğunuz, beni sevdiğiniz ve bana hayallerimin peşinden gitme fırsatı verdiğiniz için teşekkür ederim. İkinize de sahip olduğum için çok şanslıyım.

Kimberly, sen bir temsilciden çok daha fazlasısın. Bunun mümkün olan en iyi kitap olduğundan emin olmama yardımcı olmak için harcadığın zaman, özen ve enerji için ve bu hikâye için mükemmel yuvayı bulmama yardımcı olduğun için çok teşekkür ederim. Seninle çalışmak ve sana arkadaşım demek benim için bir onur.

Lauren, Lindsey ve tüm Montlake ekibi, konseptten yayına kadar bu harika ve tatmin edici deneyimi yaşattığınız için teşekkürler. Bu projeyi hayata geçirmek büyük bir keyifti ve bir sonrakini sabırsızlıkla bekliyorum.

Deb, seni ne kadar sevdiğimi gerçekten kelimelerle ifade edemiyorum. Her zaman yanımda olduğun ve arkadaşlığınla dünyamı daha iyi bir yer haline getirdiğin için teşekkür ederim.

Leigh, en çok ihtiyacım olduğunda her zaman cesaret verici sözlerin olduğu ve harika, ilham verici bir arkadaş olduğun için teşekkür ederim.

En büyük hayranlarım ve amigolarım oldukları için aileme kocaman sevgiler. Bazen yazdıklarımı okuduğun için utanıyorum anne ama bu kadar gurur duyduğun için teşekkür ederim. Senin sevgine sahip olduğum için çok şanslıyım.

Sarah P., seninle her şey her zaman kusursuz. Sen bir asistandan çok daha fazlasısın: sen bir arkadaşsın ve bunu yolu sensiz yürüyemezdim. Hustlers, pozitifliğiniz ve heyecanınız bulaşıcı, tüm sevginiz ve desteğiniz için çok teşekkür ederim.

Bir kitabın yayınlanmasına yardımcı olmak için gereken her zaman, enerji ve çılgın organizasyon için Nina'ya sonsuz sevgiler.

Jenn, Sarah, Brooke ve SBPR ekibi, bu kadar harika olduğunuz ve benim yapamadığım zamanlarda işlerin sorunsuz yürümesini sağladığınız için teşekkür ederim. Kabilemin bir parçası olmanızı seviyorum.

Gel ve Sarah, çok güzel grafik çalışmaları yapıyorsunuz, yeteneğinizi benimle paylaştığınız için teşekkür ederim.

Okuyucular, blog yazarları ve Instagram kitap fenomenleri: Yazılı metinler konusunda bu kadar tutkulu olduğunuz, okuma ve öykü sevginizi paylaştığınız, benimle heyecanlandığınız ve bu heyecanı bu harika toplulukla paylaştığınız için teşekkürler.

Bu toplulukta her zaman birbirinin amigosu olan yazar arkadaşlarıma teşekkür ederim. Böyle inanılmaz bir girişimciler grubunun parçası olduğum için çok şanslıyım. Deb, Leigh, Tijan, Kellie, Ruth, Erika, Susi: Tutkunuz, bağlılığınız ve sürekli desteğinizle bana ilham veriyorsunuz. Hepinize bayılıyorum. Ne yaptığımı bilen ve anlayan gerçek hayattaki arkadaşlarıma -Marine, Julie, Kathrine, Laurie ve Jo- bana kafamın dışında bir dünya olduğunu hatırlattığınız ve arada bir nefes almak için ara verdiğimden emin olduğunuz için teşekkür ederim.